LA FRANCE PRÉSIDENTIELLE

L'influence du suffrage universel sur la vie politique

Également aux Presses de Sciences Po :

Olivier Duhamel, Jean-Luc Parodi (dir.), *La Constitution de la Cinquième République,* Collection Références, 2e édition, 1988

Michel Debré, Nicholas Wahl et al., *Naissance de la Cinquième République. Analyse de la Constitution par la* Revue française de science politique *en 1959,* Collection Références, 1990

Bernard Lacroix, Jacques Lagroye (dir.), *Le président de la République. Usages et genèses d'une institution,* 1992

Bernard Tricot, Raphaël Hadas-Lebel, David Kessler, *Les institutions politiques françaises,* Collection Amphithéâtre, 2e édition, 1995

Le catalogue général sera envoyé sur simple demande adressée aux Presses de Sciences Po, 44, rue du Four, 75006 Paris.

LA FRANCE PRÉSIDENTIELLE

L'influence du suffrage universel sur la vie politique

sous la direction de
Nicholas Wahl
Jean-Louis Quermonne

PRESSES DE LA FONDATION NATIONALE
DES SCIENCES POLITIQUES

Couverture : Emmanuel Le Ngoc

© 1995, PRESSES DE LA FONDATION NATIONALE
DES SCIENCES POLITIQUES
ISBN 2-7246-0658-2

ONT CONTRIBUÉ À CET OUVRAGE

Pierre AVRIL, Université Paris II.
Guy CARCASSONNE, Université Paris X.
Roland CAYROL, Fondation nationale des sciences politiques, Centre d'étude de la vie politique française contemporaine.
Jean-Claude COLLIARD, Université Paris I.
Olivier DUHAMEL, Université Paris I.
Éric DUPIN, *Libération*.
Serge HURTIG, Fondation nationale des sciences politiques.
John T.S. KEELER, University of Washington (Seattle).
Alain LANCELOT, Fondation nationale des sciences politiques et Institut d'études politiques de Paris.
Didier MAUS, Université Paris I.
Yves MÉNY, Institut d'études politiques de Paris et Institut universitaire européen de Florence.
Jean-Louis QUERMONNE, Fondation nationale des sciences politiques et Institut d'études politiques de Grenoble.
Martin A. SCHAIN, New York University.
Nicholas WAHL, New York University.

TABLE DES MATIÈRES

AVANT-PROPOS

Les 4, 5, 6 décembre 1992 furent réunis à l'Institut d'études françaises de New York University une trentaine d'universitaires nord-américains et français à la recherche de l'influence exercée par le mode d'élection du président des États-Unis d'Amérique sur celui qui s'applique, depuis 1965, au président de la Cinquième République en France.

Cette manière de commémorer le trentième anniversaire de la révision constitutionnelle de 1962 a conduit les participants à évaluer l'influence de ce mode d'élection sur l'évolution du système politique français et à le positionner par rapport aux régimes politiques pluralistes qui font également place à la présidentialisation du pouvoir. Un large consensus s'est dégagé pour admettre l'importance de cette influence.

Le débat ayant porté à la fois sur la comparaison des modes d'élection des présidents américain et français et sur l'étude des conséquences du système électoral sur l'exercice du pouvoir exécutif en France, la recherche d'une corrélation entre ces deux éléments s'est immédiatement imposée. Elle a donné naissance à la proposition d'écrire un ouvrage collectif qui tende à mieux la cerner.

Voici donc cet ouvrage, fruit d'une étroite coopération entre constitutionnalistes et politistes américains et français.

Sans doute ne retrace-t-il qu'incomplètement les travaux du colloque dans la mesure où, à part notre propre chapitre et celui qui a pour auteurs Martin A. Schain et John T.S. Keeler, les autres contributions d'universitaires américains n'ont pu être publiées. Contraintes éditoriales et coût de la traduction obligent ! Il en a été de même, à l'exception d'une seule, des interventions présentées au cours du colloque et qui ont enrichi le débat.

Mais il faut être reconnaissant aux Presses de Sciences Po d'avoir pris le risque d'éditer, outre celles qui viennent d'être mentionnées, l'ensemble des contributions françaises. Elles ont été minutieusement revisitées et actualisées par leurs auteurs. Qu'ils en soient remerciés, ainsi que Louis Bodin et Bertrand Badie. Enfin, la patience de Mireille Perche a permis à Jean-Louis Quermonne, que j'ai associé côté français à mes propres efforts, ainsi qu'à moi-même de vérifier la cohérence intellectuelle de l'ouvrage – dont la problématique est exposée en introduction par celui-ci.

Du trentième anniversaire de la révision constitutionnelle de 1962 à celui de la mise en œuvre de la réforme, en 1965, deux années n'auront pas moins été nécessaires pour atteindre ce but. Puisse la publication de l'ouvrage, à la veille de la sixième élection présidentielle, au suffrage universel direct en France, hormis celle de 1848, contribuer à en éclairer la signification et la portée.

Nicholas WAHL

LES POUVOIRS DU PRÉSIDENT FRANÇAIS ET SON MODE D'ÉLECTION

À la recherche d'une corrélation

Ce livre prend sa source dans un colloque, organisé à l'Institut d'études françaises de New York University à l'initiative de Nicholas Wahl. Or il s'était donné pour objectif d'examiner ce que la France présidentielle doit au précédent américain. Cette dette est incontestable. Car, sans la longue pratique de l'élection au suffrage quasi universel du président des États-Unis, un tel mode d'élection n'aurait jamais acquis, dans le monde occidental, de brevet républicain. Et il y a tout lieu de penser qu'en France le souvenir du 2 décembre l'aurait finalement emporté.

Est-ce à dire que l'on est en présence d'un phénomène de mimétisme institutionnel semblable à ceux qui ont été relevés ailleurs [1] ? La réalité apparaît plus complexe. En effet, il ne faut pas oublier qu'à l'automne 1956 le général de Gaulle critiquait encore sévèrement le régime américain « en raison des modalités d'une campagne électorale trop inféodée au régime des partis d'une part, trop carnavalesque d'autre part [2] ».

---

1. Bertrand Badie, *L'État importé*, Paris, Fayard, 1992 ; Yves Mény (dir.), *Les politiques du mimétisme institutionnel. La greffe et le rejet*, Paris, L'Harmattan, 1993.
2. Cité par Odile Rudelle, « De Gaulle et l'élection directe du président », dans Olivier Duhamel, Jean-Luc Parodi (dir.), *La Constitution de la Cinquième*

En outre, si l'Amérique se dote tous les quatre ans d'un leader, la France est à la recherche tous les sept ans d'un homme d'État. Ce qui n'est pas la même chose. Et il en résulte, de ce côté-ci de l'Atlantique, un déficit démocratique qui tient à la plus grande difficulté d'organiser — en dehors du recours au référendum plébiscite — la mise en jeu de la responsabilité politique du président de la République, bref de faire application du principe bien connu aux États-Unis de l'*accountability*. Enfin, si le président américain est, de par la Constitution de 1787, l'unique titulaire du pouvoir exécutif, la Cinquième République partage ce pouvoir entre le Premier ministre et le chef de l'État, selon un équilibre qui varie en fonction de la conjoncture politique et qui peut mener à la cohabitation.

Il est donc naturel que, du colloque à l'ouvrage, la problématique ait évolué. Sans abandonner l'hypothèse initiale d'un certain mimétisme, pour une large part fondée, les auteurs revenus en France ont mieux pris la mesure de la présidentialisation à la française qui déborde, aujourd'hui, l'espace ouvert à l'action du chef de l'État pour s'étendre, par osmose, à l'ensemble de la vie politique, de l'Élysée au moindre village, en passant par les partis politiques et le mouvement associatif.

La succession des chapitres montre, en effet sous divers angles, à quel point l'élection du président de la République au suffrage universel pénètre tous les rouages de notre système politique. Elle en détermine l'agenda et en fixe les enjeux. Non seulement son échéance commande au bon fonctionnement des institutions, mais encore elle oriente la stratégie des partis et cible les périodes (ce qu'on appelle l'état de grâce) pendant lesquelles il est possible d'édicter de nouvelles politiques publiques... Chaque chapitre apportant son lot d'informations et d'analyses, il est superflu de les inventorier et de les commenter dans cette introduction. Mais leur faisceau éclaire d'un jour cru, par-delà l'institution présidentielle elle-même, l'onde de choc qui est résultée du choix de son titulaire au suffrage universel. D'où la justification de ce livre et son titre : *La France présidentielle*. Il complète les études antérieures qui, sous d'autres aspects, avaient abordé le sujet, y compris dans sa dimension compa-

République, Paris, Presses de la Fondation nationale des sciences politiques, coll. « Références », 1985, p. 114.

rative[1]. Et le dernier chapitre, dû à deux universitaires américains, qui traite du même problème aux États-Unis et au Royaume-Uni, offrira au lecteur le recul nécessaire à sa réflexion personnelle.

Certes, il eût été instructif de déborder le cadre de la société politique pour étendre l'enquête à la société civile. Car du président-directeur général de société anonyme au président d'université, celle-ci est également marquée par le phénomène de la monarchie élective. À tel point qu'il semble devoir constituer un modèle de « gouvernance ». Mais il aurait fallu ajouter un second tome à ce livre. Aussi s'est-on volontairement arrêté au stade des collectivités territoriales, en se gardant d'aller plus loin.

Nous avons dit : modèle. Dès lors se pose la question de savoir si cette imprégnation de la société française – société politique et société civile confondues – n'exprime pas, plutôt qu'un mimétisme susceptible de rejet, une nouvelle forme d'exceptionnalité régénérée par la Cinquième République, mais qui trouverait sa source dans une culture politique plus ancienne ?

L'on a précédemment évoqué la différence qui oppose le régime politique américain, où l'ensemble du pouvoir exécutif réside entre les mains du président, et le régime français, où son exercice est partagé entre le chef du gouvernement et le chef de l'État. D'un côté, un régime présidentiel moniste, de l'autre un régime présidentiel dualiste, comme nous avons tenté de les appeler[2]. Or cette spécificité propre à l'État, d'une part, ne date pas de la Cinquième République, d'autre part, fait également la différence avec les autres systèmes européens dans lesquels le président de la République est élu au suffrage universel. Explicitons ces deux points.

Que le dualisme au sommet soit antérieur, en France, à 1958, nul ne saurait l'ignorer. La dualité du pouvoir exécutif

1. Citons notamment Jean-Louis Seurin (dir.), *La présidence en France et aux États-Unis,* Paris, Economica, 1986 ; Jean Massot, *L'arbitre et le capitaine,* Paris, Flammarion, coll. « Champs », 1987 ; Bernard Lacroix, Jacques Lagroye (dir.), *Le président de la République. Usages et genèses d'une institution,* Paris, Presses de la Fondation nationale des sciences politiques, 1992 ; Terence Marshall (dir.), *Théorie et pratique du gouvernement constitutionnel : la France et les États-Unis,* Éditions de l'Espace européen, 1992.
2. Jean-Louis Quermonne, *Les régimes politiques occidentaux,* Paris, Seuil, coll. « Points Essais », 3ᵉ éd., 1994, p. 161-162.

caractérise, après l'intermède d'Adolphe Thiers, les premières années de la Troisième République [1]. Et elle survit au désarmement de l'Élysée, y compris sous la Quatrième République, à tel point que la France fait exception en Europe par rapport à l'ensemble des régimes parlementaires qui excluent la présence du chef de l'État au Conseil des ministres. Mais encore, le règne de Louis XIV excepté, la monarchie absolue s'est longtemps accommodée de la coexistence entre le roi et son principal ministre, même quand celui-ci n'a pas disposé du pouvoir exceptionnel qu'a exercé Richelieu [2]. À cet égard, la Cinquième République ne déroge donc ni à la tradition monarchique, ni à la tradition républicaine. Et sa singularité, par rapport à celle-ci, tient pour l'essentiel au pouvoir effectif exercé, comme sous la monarchie, par le chef de l'État. Ce que l'élection présidentielle au suffrage universel, établie en 1962, a eu pour effet de légitimer. La source démocratique de ce pouvoir a, depuis lors, ouvert la voie à un consensus sur ce point entre la droite et la gauche, que l'alternance a entériné. François Mitterrand ayant joué après avoir écrit « le coup d'état permanent », le rôle, depuis 1981, de refondateur du régime [3].

Quant à l'analyse comparative des gouvernements qui pratiquent l'élection du président de la République au suffrage universel en Europe occidentale, son étude est également instructive. S'ils forment, aux yeux de Maurice Duverger, la catégorie des régimes semi-présidentiels [4], celle-ci recèle en son sein d'importantes différences. Comme la reine d'Angleterre, les présidentes de l'Irlande et de l'Islande, ainsi que le président autrichien, règnent peut-être mais ne gouvernent pas. Plus grands sont les pouvoirs des chefs d'État finlandais et portugais. Mais aucun n'atteint le degré de puissance dont peut disposer le président français, même en période de cohabitation. Voilà donc un second facteur d'originalité qui vient s'ajouter au premier, lequel oppose, comme on l'a vu, le dualisme de

1. Odile Rudelle, *La République absolue,* Paris, Publications de la Sorbonne, 1986.
2. Francis de Baecque, *Qui gouverne la France ?,* Paris, PUF, 1976, p. 18-19.
3. Olivier Duhamel, *La gauche et la Cinquième République,* Paris, PUF, 1980.
4. Maurice Duverger (dir.), *Les régimes semi-présidentiels,* Paris, PUF, 1986.

l'exécutif à la française au monisme américain qui détenait jusque-là le monopole de l'idéal type présidentiel.

Chacun sait que ce dualisme peut conduire, lorsque les majorités présidentielle et parlementaire sont de vents contraires, à la cohabitation. Or celle-ci peut générer à son tour ce que le général de Gaulle avait récusé : « la dyarchie au sommet [1] ». N'y a-t-il pas là un réel danger que l'exception constitutionnelle française entretiendrait du fait de la capacité de survie qu'offre le suffrage universel au maintien en fonction du chef de l'État, envers et contre toute indication contraire en provenance d'élections législatives intermédiaires ? Observons, avant toute réponse, que les collectivités territoriales, comme d'ailleurs la société civile, ont depuis longtemps paré à ce danger en conférant à leurs présidents la totalité du pouvoir exécutif. Partout domine le modèle du président-directeur général. Et comme si cela ne devait pas suffire, le maire, le président du conseil général et le président du conseil régional président aussi aux délibérations respectives du conseil municipal, du conseil général et du conseil régional. Il en est de même au sein des sociétés anonymes et des universités où le P-DG dirige lui-même les travaux des conseils d'administration. Rien de tel au sommet de l'État où le dualisme l'emporte, si ce n'est que le président de la République préside, sans solution de continuité depuis 1875, le Conseil des ministres.

Pourquoi, donc, le « dédoublement fonctionnel », qui élimine aux échelons inférieurs la distinction des fonctions de chef d'État et de chef de gouvernement, reste-t-il écarté au plus haut niveau ? Et comment expliquer que l'irruption du suffrage universel sur la scène électorale du président de la République ne l'ait pas, du même coup, imposé ? Il serait vain de vouloir faire ici la part des contingences historiques et des pesanteurs propres à la culture politique. De même qu'il serait trop ambitieux de voir dans la conjonction du dualisme gouvernemental et du pouvoir présidentiel légitimé par le suffrage universel, le lieu de l'exception française en matière constitutionnelle, depuis 1962. Et pourtant, n'est-ce pas ce trait caractéristique de la Cinquième République qui recèle le risque de cohabitation ? Soyons clairs. À plusieurs reprises, au cours des trente années

---

1. Jean Massot, *Chef de l'État et chef du gouvernement. Dyarchie et hiérarchie*, préface de Georges Vedel, Paris, La Documentation française, 1993.

qui nous séparent de 1965, dont ce livre célèbre le trentenaire, nombreux ont été les hommes politiques et les universitaires qui ont dénoncé l'ambiguïté du système. Pour les uns, le rétablissement du régime parlementaire s'imposerait ; et d'aucuns ne cachent pas leur souhait de voir le chef de l'État redevenir l'élu, sinon du Parlement, du moins du collège électoral élargi, institué en 1958. Pour d'autres, l'établissement d'un « vrai » régime présidentiel devrait tirer la leçon de l'expérience. Et, s'abritant sous le prestigieux patronage du doyen Vedel, une partie notable de la doctrine s'accorde sur ce point avec d'éminents hommes politiques, situés à gauche comme à droite de l'éventail politique.

La théorie constitutionnelle se satisfait difficilement, en effet, de l'argumentation empirique. Celle-ci fut développée, voilà vingt ans, par le président Pompidou quand il écrivait que « notre système (politique), précisément parce qu'il est bâtard, est peut-être plus souple qu'un système logique : les " corniauds " sont souvent plus intelligents que les chiens de pure race [1] ». Et la classe politique mesure l'obstacle qu'il conviendrait de franchir s'il fallait convaincre l'opinion de renoncer au choix populaire du président de la République, ou s'il fallait éliminer les dernières traces de parlementarisme que recèle la Cinquième République, même au nom de la nécessité de renforcer les pouvoirs du Parlement !

Alors, à défaut d'une telle alternative, certains constitutionnalistes — et non des moindres — emboîtent le pas au second président de la Cinquième République, qui avait proposé, en 1973, au Parlement de raccourcir la durée du mandat présidentiel en instituant le quinquennat, mais qui avait dû y renoncer, n'étant pas assuré d'obtenir la majorité des trois cinquièmes au Congrès.

Si elle devait revoir le jour, la réforme n'offrirait pas une assurance tous risques contre la cohabitation, du moins tant que demeurerait l'éventualité d'une dissolution de l'Assemblée nationale. Mais elle favoriserait le développement de l'*accountability* du président, invité à remettre en cause son mandat au bout de cinq ans, à supposer qu'il en sollicite le renouvellement. En revanche, elle aurait le grave inconvénient

---

1. Georges Pompidou, *Le nœud gordien*, Paris, Plon, 1974, p. 68.

de mêler l'élection présidentielle aux aléas de la politique politicienne en rapprochant son échéance des élections législatives. Et, en assimilant la durée du mandat présidentiel à celle des fonctions du Premier ministre, elle risquerait surtout de confondre les deux rôles. Ce qui dénaturerait la Cinquième République.

Car l'élection du président de la République au suffrage universel n'a pas été seulement voulue par son fondateur pour conférer une légitimité démocratique à ses successeurs, qui ne l'ont pas tenue de l'histoire. Elle visait aussi à permettre aux futurs chefs de l'État de prendre leurs distances à l'égard de leurs supporters et des majorités parlementaires qui les soutiennent, pour mieux rassembler les Français. En outre, et peut-être surtout, ce mode d'investiture correspondait à la préoccupation du général de Gaulle de conforter l'autorité du chef de l'État, en charge de la politique étrangère et de défense, dans les instances internationales, *en liant la légitimité de son pouvoir à la longévité de son mandat*. Or la vision était prémonitoire dans la mesure où le président de la République siège au Conseil européen aux côtés d'un chancelier allemand, d'un Premier ministre britannique et d'un président du gouvernement espagnol que leurs systèmes de partis respectifs garantissent contre la précarité. Ce que ne saurait lui offrir le système de partis français. Par conséquent, la « différence de potentiel », qui oppose la durée, jugée parfois excessive, du septennat à celle nécessairement plus brève de la présence du Premier ministre à l'Hôtel Matignon, n'est peut-être pas aussi obsolète qu'on veut bien le dire ? Surtout si l'on admet que le chef de l'État, aux termes de l'article 5 de la Constitution [1], se trouve en prise sur le long terme, tandis que le chef du gouvernement, responsable devant l'Assemblée nationale, est soumis aux contingences du court terme. Toutes ces raisons se conjuguent pour expliquer qu'en 1993 François Mitterrand, en quête de révision constitutionnelle, ait finalement préféré le maintien du septennat assorti, au vu de sa propre expérience, d'une clause de non-renouvellement.

---

1. Rappelons que l'article 5 prescrit au chef de l'État d'assurer « par son arbitrage le fonctionnement régulier des pouvoirs publics ainsi que la continuité de l'État » et qu'il l'érige en « garant de l'indépendance nationale, de l'intégrité du territoire, du respect des accords de Communauté et des traités ».

Pour guérir la société française du tropisme présidentiel dont l'hypertrophie tétanise trop souvent la vie politique, nul n'est besoin de priver la France de l'atout que représente, pour sa diplomatie et sa défense, la longévité de la présence du président de la Cinquième République sur la scène internationale. Une révision constitutionnelle tendant à renforcer la collégialité du gouvernement, la fonction délibérante du Parlement et l'indépendance de l'autorité judiciaire contribueraient mieux que l'institution du quinquennat à rééquilibrer les pouvoirs. À la limite, on peut penser que le quinquennat exacerberait davantage la dérive présidentialiste qu'il n'en modérerait les excès.

Mais revenons, pour conclure, à la relation entre le pouvoir du président de la République et son mode d'élection, qui est au cœur de ce livre. Plus le temps passe, plus la corrélation entre ces deux composantes du statut présidentiel semble évidente. Et plus s'éloigne à l'horizon le souvenir des événements de l'automne 1962 (les suites de l'attentat du Petit-Clamart, l'accusation de forfaiture du président Monnerville et le débat sur la constitutionnalité du recours à l'article 11), plus la cohérence entre ces deux éléments paraît s'imposer. Rétrospectivement, elle s'inscrit dans la durée, c'est-à-dire dans la recherche de la synthèse entre la tradition monarchique et les valeurs républicaines. Il n'est donc pas étonnant que, débarrassée des polémiques politiciennes, l'élection présidentielle au suffrage universel ait pris corps dans la culture politique nationale, au point de susciter un consensus et de fonder, en relation avec le statut et les pouvoirs du président de la Cinquième République, un régime politique inédit.

À dire vrai, la réflexion qui a progressivement mené à ce projet ne date pas du général de Gaulle. S'il lui revient incontestablement le mérite de l'avoir réalisé, et si l'on doit porter au crédit de ses trois successeurs de l'avoir pérennisé, l'idée cheminait à travers le débat républicain. Prématurément appliquée en 1848, elle avait été aussitôt disqualifiée par le coup d'État du 2 décembre. Mais elle n'avait cessé d'habiter secrètement les pensées des hommes d'État de la Troisième République. Et, avant qu'elle ne hante, à son tour, Léon Blum dans son livre À *l'échelle humaine,* elle avait figuré en arrière-plan du grand brassage d'idées des années 1930, dont Nicholas

Wahl nous a appris, voilà bientôt quarante ans, qu'il se situait aux origines de la Cinquième République [1].

Par conséquent, rien d'étonnant à ce que l'élection du chef de l'État français au suffrage universel, inspirée du précédent américain, n'ait pas engendré, à peine appliquée, une réaction de rejet. Loin de se ramener à un simple phénomène de mimétisme, la greffe s'est opérée sur un terrain préparé à l'accueillir. C'est sans doute la raison pour laquelle la fraction de la classe politique qui lui est aujourd'hui défavorable aura du mal à l'éliminer.

Il n'en reste pas moins vrai que, du fait de la faiblesse du système de partis et de la propension aux querelles de personnes, la fonction présidentielle, en France, ne continuera à s'affirmer que si elle est exercée par des titulaires répondant au profil de l'« homme d'État ». Malheureusement, la science politique a peu investi, jusqu'à présent, dans la définition du concept. Mais, sans prétendre ici en dégager les principaux traits, notons que parmi ces derniers figurent la capacité du président, une fois élu, à prendre ses distances vis-à-vis de ses supporters et de son propre parti, son aptitude à dominer la majorité parlementaire voire à s'en différencier, enfin la nécessité, en cette fin de siècle marquée par la mondialisation des problèmes, d'opérer des arbitrages qui s'inscrivent dans le cadre de l'Union européenne. N'oublions pas, en effet, que le président de la République française est aussi l'un des membres du Conseil européen et qu'il est le seul chef d'État à y siéger [2], et à le présider quand vient le tour de la France, ce qui sera le cas, par une ruse de l'histoire, au long du premier semestre 1995.

Jean-Louis QUERMONNE

1. Nicholas Wahl, « Aux origines de la nouvelle Constitution », *Revue française de science politique,* mars 1959, p. 30 et suiv. Repris dans Michel Debré, Nicholas Wahl (dir.), *Naissance de la Cinquième République. Analyse de la Constitution par la Revue française de science politique en 1959,* Paris, Presses de la Fondation nationale des sciences politiques, coll. « Références », 1990, 270 p.
2. Est-il besoin de rappeler que les autres pays membres y sont représentés par leur chef de gouvernement, cette pratique devant être également observée par les États appelés à adhérer le 1er janvier 1995 ?

CHAPITRE 1

LA PRÉSIDENCE DE LA RÉPUBLIQUE
Histoire et théorie

Ce livre cherche à déterminer dans quelle mesure l'élection du président de la République au suffrage universel a eu un effet secondaire, à peine entrevu en 1962 : un véritable changement de régime à partir de 1965. Cette année, qui fut celle de la première élection directe du chef de l'État, mise à part l'éphémère expérience bonapartiste de 1848, peut être considérée comme l'année fondatrice de la Cinquième République telle que nous la connaissons aujourd'hui [1]. Encore faut-il mesurer l'étendue du changement institutionnel et se demander s'il y a eu changement en profondeur de la culture politique des Français. Ce premier chapitre tente modestement d'aborder cette interrogation ambitieuse en dressant un rapide historique de l'élection directe du président et en analysant les enjeux théoriques que les débats sur la réforme du mode de scrutin suscitent depuis bientôt cent cinquante ans.

La France a été le premier pays à élire son chef de l'État, également chef de l'exécutif, au suffrage universel direct. Le

---

1. On pardonnera à l'auteur de ces lignes le caractère sommaire de ce rappel historique, en se souvenant qu'il a écrit, trois ans avant le changement institutionnel et six ans avant la première élection présidentielle au suffrage universel direct, *The Fifth Republic : France's New Political System*, New York, New York University Press, 1959.

modèle était, on le sait, américain [1]. Il faut reconnaître que les Américains avaient eu plus de chance — au moins au XIXe siècle — dans leur choix d'un modèle et s'étaient montrés plus prudents dans leur choix du mode d'élection que les Français de 1848. C'est en effet l'expérience de 1848-1851 qui conduisit les Français à privilégier le parlementarisme à domination législative qui s'est maintenu sous la Troisième et sous la Quatrième République [2].

Le 18 Brumaire de Louis-Napoléon Bonaparte, ainsi que ses séquelles, ont eu comme résultat l'identification complète de l'élection directe à la tradition bonapartiste, la dissociant pendant un siècle de son inspiration américaine. L'avènement de la Cinquième République, en 1958, conduira quatre ans plus tard — et pour des raisons complètement étrangères à la rédaction originelle — à la résurrection de l'élection directe du chef de l'exécutif. Il ne faut pas oublier que les républicains, sous la monarchie de Juillet, avaient choisi la présidence à l'américaine, par réaction contre l'absence de responsabilité ministérielle à l'anglaise, contre le suffrage censitaire et contre la corruption politique généralisée. Ils aspiraient à un système gouvernemental « propre » facilement intelligible, et *accountable,* c'est-à-dire comptable devant les aspirations du peuple, principe allant bien au-delà de la simple responsabilité ministérielle. On aboutit ainsi à un paradoxe : dans le système prôné par Tocqueville en 1848 — la démocratie à l'américaine —, la pièce maîtresse du dispositif, l'élection du président, fut adoptée par les Français mais avec le suffrage universel direct les conduisant à une seconde dictature bonapartiste, alors que les Américains, pour leur part, avaient, en 1787, rejeté ce mode d'élection.

Sous la Troisième République, le retour au suffrage universel direct pour les élections législatives ne suffira pas à convaincre les républicains qu'on pouvait faire confiance au peuple : la crise boulangiste, l'affaire Dreyfus et la montée de l'antiparlementarisme des années 1920 et 1930 pouvaient justifier leurs

1. Les États-Unis d'Amérique furent, on le sait, les premiers à élire leur chef d'État, mais au suffrage censitaire et indirect ; comble d'ironie, les pouvoirs du président étaient modelés sur ceux de la Couronne anglaise.
2. Voir les arguments développés par Duguit et Hauriou et Carré de Malberg dans leurs ouvrages.

inquiétudes. La popularité du général de Gaulle après la Libération contribuera à maintenir la classe politique dans la conviction que l'élection du président au suffrage direct présente un danger de bonapartisme. Même en 1962, au moment de la révision constitutionnelle, un républicain comme Pierre Mendès France s'opposera au changement en faisant valoir explicitement ce qui était implicite pour la plupart des autres hommes politiques : les Français ne seraient pas suffisamment républicains pour qu'on les laisse choisir leur président au suffrage universel [1]. Cependant, à ce moment, les sondages avaient montré que les Français souhaitaient ce mode d'élection depuis dix ans. Une partie de l'explication réside dans le fait que la Quatrième République était perçue comme inefficace, alors que la stabilité et la solidité de l'exécutif sous la Cinquième rassuraient. Lorsque de Gaulle demande aux Français d'approuver le principe de l'élection du président au suffrage universel direct, les forces antidémocratiques ont disparu à l'extrême droite, ou ont commencé à décliner chez les communistes. En outre, le premier mandat du Général semble avoir démontré que, au moins à partir de 1962 et du référendum, un exécutif fort peut être pleinement responsable vis-à-vis de l'opinion tout en étant simultanément démocratique et efficace.

Pour la première fois dans l'histoire « républicaine », un gouvernement fort et stable organisé par la Constitution a été accepté par l'opinion comme étant véritablement « républicain », c'est-à-dire pleinement démocratique. La voie est désormais ouverte pour l'élection au suffrage universel. Cette dernière étape est franchie en 1965, et les quatre élections suivantes démontreront la popularité croissante de la présidence forte et de son monde d'élection : tout se passe comme si la solution au problème de l'instabilité institutionnelle et politique était trouvée. De Gaulle et « tous » ses successeurs ont contribué à la mise en place d'un *accountable government*, d'un exécutif qui rend régulièrement des comptes aux citoyens. Ce faisant, ils se

---

1. Voir Pierre Mendès France, *Regards sur la Cinquième République, 1958-1978*, Paris, Fayard, 1983, p. 34. Dans ses conversations avec l'auteur de ces lignes, P. Mendès France se montrera encore plus explicite : son expérience de la vie politique des années 1920 et 1930 le conforte dans cette conviction.

sont accordés pour considérer, selon l'expression de François Furet, la Révolution française comme « terminée ».

Mais dans quelle mesure l'élection directe du président détermine-t-elle un gouvernement *accountable* – c'est-à-dire un exécutif fort, élu directement, en rapport constant, direct et interactif avec l'opinion ? Et peut-on affirmer, après un quart de siècle, qu'un gouvernement *accountable* convienne bien à la France ? (Il se peut que F. Mitterrand et P. Mendès France, en 1962, P. Sudreau et E. Pisani, en 1962 également, et J.-F. Revel, en 1992, aient eu en définitive raison dans leur condamnation de l'élection au suffrage universel !) De plus, peut-on légitimement avancer que la réforme de 1962 a changé tout le système politique français ainsi que le comportement politique des citoyens ? Voilà quelques-unes des questions que notre débat aborde et laisse en suspens. Outre les perspectives historiques sur la présidence française ébauchées plus haut, quelques rappels théoriques peuvent servir à structurer la discussion.

Tout d'abord, il serait exagéré d'affirmer que la tradition républicaine, issue de la Révolution et décrite par des auteurs tels que C. Nicolet et J. Plamenatz, rejette d'emblée la séparation des pouvoirs, privilégie le législatif aux dépens de l'exécutif et *a fortiori* exclut un exécutif fort, indépendant et élu au suffrage universel. En théorie, les bons républicains considèrent que seul le pouvoir législatif représente la nation et le peuple et que, pour être démocratique, le pouvoir exécutif doit émaner du législatif. Tout cela est, bien sûr, éloigné du modèle américain, adopté pour peu de temps en 1848. Plus tard au XIXᵉ siècle, lorsque le système parlementaire anglais remplace le modèle révolutionnaire, le même raisonnement théorique prédomine, alors que les concepts de nation et de peuple ne jouent pas un rôle important dans le modèle anglais et que l'élément fondamental de ce mystérieux mélange qu'est le parlementarisme anglais, à savoir le système des deux partis, fait totalement défaut aux Français.

Mais, au début de la Troisième République, lorsque le système anglais est censé avoir été enfin mis en place, la conséquence pratique de la « concentration républicaine » est justement une forme de « régime d'assemblée » et pas du tout le parlementarisme anglais. Cependant, les constitutionnalistes les plus influents, Duguit et Esmein, par exemple, théorisent un « dualisme » implicite du système, qui entraîne de fait une séparation des pouvoirs sur le modèle anglais. Ces idées font l'objet d'une contre-critique de la part de Carré de Malberg qui, avec des disciples comme Capitant, propose de renforcer l'exécutif et de créer un lien direct entre celui-ci et l'opinion publique. Il échoit à l'instabilité ministérielle chronique et aux échecs politiques des années 1930 de renouveler l'intérêt pour un exécutif fort et, ultimement, pour son élection directe. Mais dans les débats théoriques d'avant les années 1940, les républicains traditionnels s'opposent avec force aux arguments en faveur d'un exécutif indépendant de la Chambre, qu'ils associent aux arguments en faveur d'autres réformes dangereuses pour la « concentration républicaine », dont la représentation proportionnelle et le vote des femmes ou celles qui, dans le contexte des années 1930, présentent, comme c'est le cas pour la « réforme de l'État », un aspect autoritaire. Dans les débats constitutionnels de la Résistance et de l'après-guerre, d'autres arguments antiprésidentiels sont avancés par à la fois les républicains traditionnels et les conservateurs. Selon les premiers, un président fort et/ou élu directement n'offre de garantie que dans des systèmes fédéraux caractérisés par une séparation radicale des pouvoirs ; il est, en revanche, franchement dangereux pour des systèmes unitaires et hautement centralisés. Pour les conservateurs des années de l'après-guerre, l'élection directe de l'exécutif est dangereuse dans un pays où le vote « marxiste » approche, voire dépasse, les 50 %.

En 1958, aucun de ceux qui participent au processus constituant n'émet d'arguments en faveur de l'élection du président au suffrage universel. Les hommes politiques de la Quatrième République restent fidèles à l'élection parlementaire du chef de l'État faible. Michel Debré est partisan d'un parlementarisme à l'anglaise et reste attaché à l'idée d'un Premier ministre fort et responsable. Seul de Gaulle persiste dans l'idée d'un chef du pouvoir exécutif fort, élu par un « large collège électoral », qu'il avait présentée à Bayeux en 1946. Les conservateurs d'avant la première guerre mondiale y avaient été favorables et André Tardieu avait repris l'idée dans les années 1930. On sait à présent que de Gaulle lui doit cette idée. Il n'y a guère de doute que le suffrage universel présidentiel a été une option exclue des délibérations de 1958. Aucune allusion n'y est faite dans les discussions de l'été, sauf comme une possibilité à écarter d'emblée. Dans deux entretiens qu'il m'a accordés, au cours de l'été 1958, le général de Gaulle a spécifiquement exclu l'élection au suffrage universel. Sa position est cohérente avec sa pensée constitutionnelle sous la Quatrième République : l'élection directe soumettrait le président au contrôle du parti politique ayant contribué à son élection ; et un tel président n'aurait pas l'autorité de tel autre choisi par la majorité « au-dessus des partis » d'un « large collège électoral », composé surtout de notables locaux expérimentés (c'est-à-dire conservateurs).

Quatre ans plus tard, le point de vue de De Gaulle (inspiré de Tardieu) concernant l'élection du président a complètement évolué, en raison d'un changement de circonstances – fondement traditionnel de toute révision doctrinale chez de Gaulle. Le Sénat, élu par un collège électoral de notables, a démontré à de Gaulle son provincialisme structurel et son choix probable comme éventuel successeur d'un président de type Troisième ou Quatrième République. Or l'exercice par un tel président des pouvoirs exceptionnels prévus par l'article 16, et dont lui-même s'était servi avec succès durant la crise algérienne de 1961, serait-il considéré comme légitime de la part d'un successeur qui ne disposerait pas de son « équation » historique, ou qui serait choisi au suffrage indirect par un électorat largement rural ? De même, la dissuasion nucléaire devenant possible pour la France, la décision d'un tel président de s'en servir serait-elle jugée légitime et crédible ? En proie à ces graves doutes qu'inspire ce changement de situation, le prétexte dramatique des tentatives d'assassinat de 1962 a suffi à de Gaulle pour soumettre aux électeurs, lors du référendum d'octobre 1962, le projet de révision constitutionnelle instituant l'élection au suffrage universel.

Si on laisse momentanément de côté la question empirique de la réalité du changement du système politique français dû à l'élection au suffrage universel du chef de l'État, c'est l'aspect normatif, soit la question de ses bons ou de ses mauvais effets, qui doit nous retenir au terme de cet examen des problèmes théoriques posés par la révision constitutionnelle. Roy Pierce a appelé la présidence française un exécutif *over-leveraged* : un petit mouvement au sommet produisant de fortes mutations à la base, les questions politiques les plus importantes sont inévitablement décidées au sommet. « Tout remonte au château », déplorent constamment les professionnels : des variations de ce même reproche inspirent les critiques de l'institution par les journalistes et des politistes. Implicite à quelques-unes de ces critiques, y compris celle de R. Pierce, est le souci que le pouvoir même du président élu directement rend sa charge vulnérable à des attentes excessives et à des condamnations sévères quand les attentes sont trompées. En d'autres termes, l'élection au suffrage universel a fabriqué, depuis 1965, des présidents trop *accountable* et donc trop vulnérables aux mouvements d'opinion. Avec, comme conséquence, qu'un exécutif puissant et sans médiation s'avère dangereux : avec cela nous touchons à nouveau aux premières préoccupations des républicains concernant l'élection directe du président — la crainte du bonapartisme et celle que les Français ne soient pas suffisamment démocrates...

Il est probablement inévitable que, dans un système unitaire avec un exécutif élu au suffrage universel, toutes les questions importantes soient décidées au sommet. On a constaté cette tendance dans le système fédéral américain depuis le *New Deal*. Compte tenu de la popularité de la charge présidentielle en France et de l'élection directe du chef de l'État, le remède ne consiste pas à restaurer une nouvelle médiation entre l'opinion et l'exécutif, afin de rendre celui-ci moins *accountable* et donc moins tenté par la démagogie. Mais certaines réformes constitutionnelles pourront peut-être limiter les risques inhérents à tout exécutif *over-leveraged*, qui, en France, se trouvent aggravés par la longueur excessive du mandat présidentiel, ainsi que par la toute-puissance du président par rapport au Premier ministre et au gouvernement. L'attention portée à l'actualité de la révision constitutionnelle nous mène ainsi au dernier sujet de discussion, mais non, bien sûr, au terme de nos efforts pour évaluer l'influence de la réforme de 1962 sur la vie politique française, sujet de ce livre.

Nicholas WAHL

CHAPITRE 2

LA PRIMAUTÉ DE L'ÉLECTION PRÉSIDENTIELLE

Rapports entre les consultations populaires
La leçon des résultats

La vie politique française vit périodiquement dans une sorte d'apesanteur. En 1993, le corps électoral a procédé au renouvellement général de l'Assemblée nationale et, à cette occasion, a élu massivement une majorité nouvelle. Ce changement, dans pratiquement tout autre pays démocratique, aurait été perçu comme la consécration durable d'une alternance voulue, annonciatrice de grands changements, en politique intérieure et extérieure, pour la législature à venir. La perspective d'un remplacement de John Major par Tony Blair, d'Helmut Kohl par Rudolf Scharping ou de Felipe Gonzalez par n'importe lequel de ses opposants agiterait toutes les chancelleries et ferait naître, dans chacun des pays concernés, les passions les plus vives.

Rien de véritablement comparable en France. Non, certes, que les élections législatives ne soient perçues comme essentielles. La passation du pouvoir gouvernemental de la gauche à la droite n'est ni anodine ni jugée telle. Simplement, elle n'est pas décisive. Elle colore une fin de règne – qui d'ailleurs ne finit pas pour autant – et, contrairement aux autres pays, ouvre une période nouvelle dans la même ère politique. Et peu importe alors que la réalité du pouvoir passe brutalement d'une rive de la Seine à l'autre et d'une tendance à son opposé : tout cela n'est conçu que comme partiel et provisoire, sujet à confirmation ou infirmation dans un délai maximal de deux ans, l'épreuve ultime pouvant seule ouvrir des temps réellement nouveaux.

On ne saurait mieux, semble-t-il, attester la primauté de l'élection présidentielle dans la mesure où c'est elle qui, à ce jour, marque les changements d'époques mieux que ne fait aucun des autres scrutins. La France en a déjà acquis l'expérience manifeste entre 1986 et 1988, puis entre 1993 et 1995, après y avoir échappé d'assez peu en 1978.

Ainsi se trouve à nouveau validée la thèse d'Alain Peyrefitte distinguant « la grande alternance, à l'occasion de l'élection présidentielle » et « la petite alternance (qui) pourrait jouer à l'occasion des élections législatives [1] ».

Il serait faux d'en conclure que l'originalité française tient au caractère direct de l'élection du président au suffrage universel. Chacun sait que d'autres pays la connaissent. Or qu'il s'agisse, par exemple, de l'Autriche ou du Portugal, l'application à ces nations de la distinction faite par Alain Peyrefitte garde sa pertinence mais à la condition d'en inverser les termes : est petite alternance celle qui peut jouer lors de l'élection présidentielle, tandis que c'est à l'occasion des élections législatives que se manifeste la grande.

Mais une fois établis ces constats, aussi pragmatiques que difficilement réfutables, il convient naturellement d'en rechercher les causes et d'en traduire les conséquences. Cette primauté n'est pas fortuite et puise ses origines dans des sources certaines. Elle n'est pas gratuite et se prolonge dans des effets directs.

LES CAUSES CERTAINES DE LA PRIMAUTÉ

Parce qu'il est généralement admis que les mêmes causes produisent les mêmes effets, un type d'élection comparable devrait provoquer une primauté comparable. On sait que tel n'est pas le cas, ce qui suffit à interdire d'imputer au seul principe de l'élection directe du chef de l'État la totalité de la primauté puisque, présente en France, elle fait défaut ailleurs. Mais cela ne saurait signifier non plus que ce principe est

1. *Le mal français*, Paris, Plon, 1974, p. 355.

neutre. Cela signifie seulement que, nécessaire à l'explication, il serait, seul, insuffisant. En fait, il apparaît que l'atout de la légitimité démocratique s'enrichit dans le cas français d'une adéquation technique et c'est cette addition qui fonde le phénomène.

La légitimité démocratique

À nombre d'électeurs inchangé – l'universalité du corps électoral dans les deux cas – la désignation d'une seule et unique personne est différente à tous égards de celle de 577 députés. C'est là une évidence maintes fois soulignée tant il est clair que la réunion d'une majorité absolue des trente-huit millions d'électeurs, sur un seul patronyme, donne à celui qui le porte un poids symbolique incomparablement plus lourd que la répartition d'un nombre équivalent de suffrages entre des centaines d'élus.

À ce stade, toutefois, demeure inexplicable la singularité française. Divers éléments proprement juridiques pourraient faire apparaître une supériorité, légère mais réelle, des pouvoirs constitutionnels attribués au président français par rapport à ses homologues autrichien ou portugais. Là, pourtant, ne réside pas l'essentiel qu'il est sans doute plus juste d'imputer à un « effet de commencement ».

Il est bien clair que deux trains institutionnels n'évolueront pas de la même façon selon les rails sur lesquels ils auront été mis au départ. Or, pour généraux qu'ils étaient l'un et l'autre, de Gaulle et Eanes n'ont certes pas marqué leurs fonctions présidentielles d'une manière similaire. Et, de même que ce qu'on a appelé la « Constitution Grévy » a fixé durablement le code de conduite des présidents de la Troisième République (puis d'ailleurs de la Quatrième), c'est une sorte de « Constitution Eanes », quoique avec des caractéristiques différentes, qui a réduit le président portugais aux fonctions qui sont aujourd'hui les siennes. Or, si d'autres pays ont connu un cheminement comparable à celui du Portugal, tout différent fut celui de la France.

Le cas français est même à ce point atypique qu'on n'a pas assisté ici à l'élection directe d'un président tirant d'elle argument pour exercer sa force. À l'inverse, on a vu un président profitant de sa force pour imposer l'élection directe. Aussi n'est-il pas abusif de dire que ce n'est pas le mode d'élection du président qui a fait sa puissance, mais sa puissance qui a fait son mode d'élection. Le poids personnel du général de Gaulle, dès 1958, est donc le principe fondateur d'une primauté, à laquelle la réforme de 1962 aura simplement vocation à offrir le moyen, en quelque sorte technique, de se renouveler au profit d'autres titulaires et, ainsi, de se perpétuer.

Là est sans doute la principale variable explicative des différences entre ce système et les autres et, par là même, de la singularité française puisque les mêmes caractéristiques ne se sont rencontrées nulle part ailleurs (du moins à ce jour et de manière avérée, car il n'est pas exclu que des mouvements constitutionnels en cours, dans l'Est de l'Europe notamment, s'appuient sur les mêmes ressorts).

Dès lors, sur la base de cette présidence préalablement affirmée, dans sa force comme dans sa présence, l'élection présidentielle devient un enjeu rapidement perçu comme primant tous les autres. De là aussi les multiples dérives qui font douter du système.

L'effet de l'élection ne s'arrête évidemment pas à la proclamation des résultats du second tour. Cette espèce de concentré de légitimité, attribué à un seul individu, suffit à faire pâlir tous les pouvoirs concurrents et à ternir leur lustre.

De cette évidence et de ses conséquences, on a tiré plus de pièces que nécessaire pour instruire le procès du système : la dérive monarchique, que symbolisent des soucis protocolaires souvent excessifs, la concentration du pouvoir, que crée la subordination politique à l'égard du pouvoir suprême, l'abaissement des autres fonctions, qui prolonge ce magistère sont autant de griefs que la réalité nourrit effectivement.

Il ne fait certes aucun doute que la conception française de la présidence a, dans bien des domaines, perverti ce qui était traditionnellement conçu comme norme démocratique. L'assimilation du Premier ministre à une sorte de fondé de pouvoir, le sentiment de l'abaissement d'un Parlement dont la souveraineté a longtemps été le critère même de la démocratie, le tout aggravé des travers les plus banals de révérence, de courtisanerie et d'aliénation, suscités lorsqu'ils n'étaient pas spontanés, ont fait naître ou entretenu une critique qui va de la réticence à l'exaspération.

C'est avant tout le mode d'élection du chef de l'État qui est rendu responsable de tous ces maux – y compris de ceux qui, trouvant leur source ailleurs, pourraient également trouver plus aisément remède. Et c'est seulement l'attachement que les Français témoignent à cette échéance qui, en fait, non seulement interdit sa remise en cause mais fait même hésiter devant sa contestation publique.

Aussi est-ce cet attachement qui mérite quelque éclaircissement, dans la mesure où c'est lui qui maintient la primauté et assure la durée.

Quelque dérèglement démocratique qu'elle puisse entraîner, l'élection présidentielle, en fin de compte, se ramène à une chose très simple : elle offre aux Français eux-mêmes le pouvoir d'opérer directement un choix fondamental. Tout le succès tient dans cette simplicité roborative, dans cette option finalement binaire entre deux personnalités, deux politiques, peut-être deux avenirs. Et ces caractéristiques, qui suffiraient à être hautement attractives, gagnent encore en séduction par l'existence, au premier tour, de la possibilité offerte aux électeurs de faire la sélection eux-mêmes et, au passage, de colorer leur décision ultérieure.

Or, dans l'exercice de ces choix, et sans doute parce qu'ils ont rapidement compris la logique même de ce qui leur était demandé, les Français sont certes contraints par l'offre disponible mais, sous cette seule réserve, ils jouissent d'une absolue liberté qui, croyons-nous, les rend rétifs à toute influence. Il s'agit de choisir celui qui ressemble le plus aux (ou se distingue le moins des) traits sous lesquels ils envisagent leur futur, et, pour cette raison, ils n'entendent pas utiliser ce petit instrument précieux, leur bulletin de vote, en fonction des recommandations de quelque prescripteur que ce soit.

Le commentaire politique a fréquemment attribué à Jacques Chirac, à son action visible ou souterraine, la victoire de Valéry Giscard d'Estaing en 1974 puis sa défaite en 1981. Sans doute s'agit-il là d'une vision presque aussi erronée que celle qui attribuerait au turfiste la victoire du cheval (on pourrait à ce propos préférer évoquer le jockey, mais même dans ce cas chacun sait que si le mauvais jockey suffit à la défaite, le bon, lui, ne suffit pas à la victoire).

Si prégnante que soit la personnalité du leader dans les élections traditionnelles du régime parlementaire, si évident que soit le poids de son image dans le résultat même du scrutin, ni Helmut Kohl, ni Felipe Gonzalez, ni John Major ne sont dissociés du parti qui soutient chacun d'eux, n'obtiennent en propre les suffrages qui les portent au pouvoir et, surtout, les électeurs, en conséquence, exercent un choix médiat et non pas immédiat.

Ici nulle influence et point d'intermédiaire, nulle combinaison et point d'opacité : c'est à un choix tout ensemble fondamental et chimiquement pur que sont conviés ceux-là seuls qui sont les plus légitimes à l'exercer.

Intrinsèquement primordiales à ce titre, d'autres caractéristiques, plus techniques, renforcent encore la primauté de l'élection présidentielle.

L'adéquation technique

La victoire fait accéder son bénéficiaire à un statut qui pour partie le dépasse, et cette perspective conditionne l'attitude des forces politiques.

Là où le Parlement est *a priori* sujet à des revirements complets, le président est paradoxalement moins libre. On n'a pas tout à fait assez souligné, en effet, que la notion de domaine réservé est, pour le président, à la fois privilège et contrainte.

Le privilège s'est révélé assez fort pour survivre même aux périodes de cohabitation. Passé les escarmouches initiales en 1986, passé la période de rodage en 1993, le gouvernement et la majorité hostiles au chef de l'État se sont néanmoins résignés à ce qu'il joue pleinement le rôle que la pratique a consacré, en politique étrangère et de défense principalement.

Mais dans le même temps, et sur les mêmes sujets, l'élu du suffrage universel se trouve conduit à reprendre à son compte les principes fondamentaux que lui ont légués ses prédécesseurs. Libre à lui de les faire évoluer s'il l'estime nécessaire, mais il devra le faire avec nettement moins de brusquerie qu'il n'en est acceptable ailleurs.

Ainsi, par exemple, les quatre présidents de la Cinquième République ont-ils certes été différemment européens ou différemment attachés à la dissuasion nucléaire, mais tous ont été et européens et attachés à la dissuasion nucléaire, lors même que, candidats, ils avaient pu paraître moins engagés.

On pourrait penser qu'il s'agit là simplement d'un effet de prise de conscience, que placés dans la même situation ils ont tous été conduits à prendre en compte les mêmes considérations et donc à aboutir à des conclusions proches (comme l'a affirmé François Mitterrand, à propos du moratoire sur les essais nucléaires, en pronostiquant que son successeur, quel qu'il soit, suivrait la même ligne que lui). Mais on est également en droit de penser que cette continuité a aussi d'autres sources. Deux semblent se cumuler dont l'une tient aux nécessités de la fonction et l'autre aux besoins de celui qui y accède.

L'idée, implicite mais partagée, qui sous-tend la durée actuelle du mandat est celle, symbolique, d'une permanence maintenue par-delà les mouvements erratiques qui peuvent affecter les assemblées parlementaires. Au-delà des combats politiques et de ce qu'ils peuvent avoir de rude, le président persiste à être perçu comme demeurant au-dessus de certaines contingences, comme incarnant la durée, indépendamment de celle de son propre mandat, bref comme conciliant l'instant avec l'éternité et, partant, le changement avec la continuité. De ce fait, même lorsque des évolutions se font sentir, leurs exégètes officiels tentent toujours de les inscrire dans le droit fil d'une politique affirmée inchangée et présumée approuvée par les Français.

Quant aux besoins du titulaire de la charge, ils sont, aussitôt qu'élu, de faire la démonstration de la justesse du choix des électeurs, et donc, en quelque sorte, d'endosser l'habit présidentiel et de le porter avec prestance. L'affirmation d'une continuité dans les domaines où elle est généralement perçue comme légitime est un moyen commode : on est élu président par le suffrage universel, mais on devient président en s'assimilant à l'image convenue. Au contraire, et quelque bonne raison qu'il pourrait avoir, un nouveau chef de l'État qui s'inscrirait en rupture dans les domaines de la continuité traditionnelle risquerait fort d'hypothéquer gravement, voire de ruiner, le processus nécessaire d'identification de l'homme à la fonction qui lui est dévolue.

Toujours est-il, quelles qu'en soient finalement les causes, que la prise en charge de cette continuité contribue également à la primauté. Parce qu'elle s'exerce dans des domaines traditionnels et prestigieux – ou essentiels pour les Français lorsqu'elle concerne la vigilance sur leurs acquis sociaux –, elle offre matériellement au chef de l'État nombre d'occasions d'ex-

primer et de faire prévaloir une volonté, d'autant plus impérative qu'elle n'est pas celle d'un homme, mais celle d'une
exigence permanente. Autant dire, en fin de compte, que cette
continuité est une incarnation de la France elle-même et que
le président en est le porteur.

Beaucoup plus prosaïquement, et c'est un autre aspect, le
déroulement même de l'élection présidentielle offre un cadre
parfaitement adéquat à des recompositions politiques durables.
L'unicité de l'interlocuteur est un premier élément qui facilite
les discussions. Dans les élections législatives, les négociations
entre partis sont compliquées par des impedimenta qui, mira-
culeusement, disparaissent pour l'élection présidentielle. L'unique
question posée est alors celle, éventuelle, de la fiabilité des
intermédiaires s'il en est. Mais, sous cette réserve, accords ou
ralliements se négocient avec un partenaire potentiel qui, en
cas de victoire, aura tous pouvoirs pour respecter les engagements souscrits par lui, tandis que les responsables des partis,
tous plus ou moins tenus par des logiques collégiales, ont des
capacités moins fermes.

En second lieu, il existe une règle du jeu, non encore assimilée
par tous, à laquelle correspondent des étapes précises. On
pourrait la définir ainsi : la rétribution est proportionnée au
risque pris, et le risque pris se mesure au choix de sa date. En
d'autres termes, dont on voudra bien pardonner la brutalité
crue : le ralliement juste avant le premier tour vaut très cher,
le ralliement entre les deux tours vaut cher, le ralliement après
le second tour vaut peu.

Naturellement, il y aurait lieu de nuancer ces propos en
fonction de diverses variables : cette règle générale ne joue pas
de la même façon selon qu'elle concerne les individus ou des
groupes, selon que les joueurs ont plus ou moins d'impact
personnel, selon que l'élection présidentielle est ou non suivie
d'une dissolution, etc. Mais la logique d'ensemble demeure.

Elle est encore enrichie par deux autres éléments. L'un est
évidemment le caractère binaire du choix ultime (pour ceux
du moins qui n'ont pas opté avant le premier tour) et l'autre
tient à ceci, au moins à ce jour mais sans doute durablement,
que l'élection présidentielle précède toujours les élections législatives. Si individus et groupes politiques devaient faire un
choix irrévocable de coalition lors d'élections législatives précédant immédiatement une élection présidentielle, outre qu'ils

le feraient en quelque sorte à l'aveugle, ils seraient privés de toute possibilité d'évoluer.

Au contraire, l'intervalle minimal d'un an qui a toujours existé entre les élections les plus récentes des députés (1968, 1973) et celle d'un président (1969, 1974) a suffi à justifier pleinement que Progrès et démocratie moderne, emmené par Jacques Duhamel, rejoigne Georges Pompidou lors du scrutin de 1969 et que le Centre démocrate de Jean Lecanuet soutienne Valéry Giscard d'Estaing en 1974.

Qu'existe ou non la perspective d'une dissolution, au moins les responsables politiques ont-ils, du strict point de vue du calendrier, la possibilité d'exercer leur choix puis, s'il est bon, d'en percevoir, ultérieurement mais rapidement, des dividendes. Et c'est évidemment cette possibilité de choix qui donne à l'élection présidentielle la dimension d'une échéance ouverte. Et parce que cette porte est la plus ouverte, mais également parce qu'elle se referme presque aussitôt, toutes les stratégies, individuelles ou collectives, s'organisent en fonction d'elle.

Ainsi, sous quelque angle qu'on aborde l'élection, tous ses éléments concourent à une même primauté. Ils se nourrissent mutuellement, constitutionnels ou politiques, symboliques ou techniques, et se renforcent l'un l'autre pour former un engrenage, logique et entraînant, dont toute la mécanique crée, entretient et reproduit la prééminence de l'élection présidentielle.

Celle-ci, à son tour, engendre directement des effets qui plongent au plus profond de la vie nationale.

LES EFFETS DIRECTS DE LA PRIMAUTÉ

Précisément parce qu'ils ont conscience que l'élection présidentielle leur donne périodiquement l'occasion d'exprimer des choix clairs, les Français s'en saisissent pour délivrer toutes sortes de messages que traduisent les résultats. Mais une fois ceux-ci acquis, la primauté de ce scrutin perdure et imprègne tous les autres.

Un vote libre

Les cinq scrutins présidentiels (voir tableau synthétique en annexe) ont généralement ceci de commun qu'ils provoquent toujours une surprise au premier tour, mais rarement au second. Surprenants, en effet, du moins au regard des pronostics les plus autorisés : la mise en ballottage de Charles de Gaulle en 1965, l'effondrement du tandem Gaston Defferre-Pierre Mendès France et la percée de Jacques Duclos en 1969, la chute de Jacques Chaban-Delmas en 1974, celle de Georges Marchais en 1981 et le score de Jean-Marie Le Pen en 1988. Sans doute cela vient-il de la compréhension immédiate, par les électeurs eux-mêmes, de ce que l'élection présidentielle est la quintessence du scrutin majoritaire à deux tours (au premier on choisit, au second on élimine).

Et cela se confirme encore par l'impossibilité de définir des règles de rapport entre les deux tours. Ainsi François Mitterrand a-t-il prouvé, en 1974 et en 1981, qu'on peut aussi bien dépasser 43 % au premier tour et être défait au second, qu'être élu au second tour tout en ayant plafonné en dessous de 26 % au premier !

En outre, l'offre politique a eu tendance à se diversifier. En 1974, il y avait certes douze candidats mais huit d'entre eux totalisaient ensemble moins de la moitié du score de celui arrivé... en troisième position. Jusqu'à cette élection, incluse, les deux candidats arrivés en tête dépassaient aisément, à eux deux, la majorité absolue des électeurs inscrits et oscillaient entre les deux tiers et les trois quarts des suffrages exprimés. En 1981 et en 1988, au contraire, non seulement les deux finalistes n'atteignent pas, au premier tour, la majorité absolue des inscrits mais ils dépassent à peine celle des exprimés (54,14 % en 1981 et 53,43 % en 1988). Ainsi, ce que les candidatures ont perdu en quantité, il semble qu'elles l'aient gagné en qualité, du moins aux yeux des électeurs qui sont de plus en plus nombreux à donner leur voix de premier tour à des candidats qui ne figureront pas au second. En pleine « tontonmanie », François Mitterrand atteint à peine 34 % des exprimés au premier tour, soit 10 % de moins que Charles de Gaulle et Georges Pompidou et 9 % de moins que lui-même en 1974 (perte que la présence d'un candidat communiste n'explique qu'à hauteur du score réalisé par celui-ci, soit 6,76 %).

Dans ces conditions — et sous réserve naturellement que cette tendance se confirme dans l'avenir, ce qui aujourd'hui semble plus que plausible —, les futurs présidents pourront n'avoir suscité l'adhésion spontanée sur leur nom, au premier tour, que d'un petit quart à un gros tiers des suffrages exprimés. De ce fait, devrait se maintenir, voire éventuellement s'accroître, la tendance à élire non pas celui qui suscite le plus de soutiens (puisque, par hypothèse, il en suscite assez peu) mais celui qui provoque le moins de rejets.

C'est d'ailleurs à ce titre que les pronostics de victoire au second tour, à partir des résultats du premier, n'ont jamais été démentis. Sans doute parce qu'il est plus aisé de percevoir le rejet que de deviner l'adhésion, autant les premiers tours ont dérouté, autant les seconds n'ont jamais suscité de surprise, quant à l'identité du vainqueur du moins.

C'est cet aspect, au demeurant, qui plaidera, plus clairement à l'avenir que dans le passé, pour des recompositions politiques intervenant entre les deux tours.

Sans minimiser le moins du monde les composantes doctrinales et programmatiques des recompositions, elles reposent aussi à l'évidence sur une appétence au pouvoir qui conduit à opérer des choix, de mouvement ou de statu quo, en fonction du pronostic sur le vainqueur. Moins la distance idéologique est grande, plus la compatibilité politique avec un candidat vers lequel on pourrait faire mouvement est une condition à la fois nécessaire et insuffisante. Faut-il encore que ce soit avec des chances très sérieuses de victoire.

Mais si tel est le cas, cela signifie qu'à cette occasion on choisit le camp de celui qui aura la majorité (ou, plus rarement, la minorité) bien plus qu'on ne contribue à faire cette majorité : c'est parce que Georges Pompidou, puis Valéry Giscard d'Estaing devaient gagner que Jacques Duhamel et Jean Lecanuet les ont respectivement rejoints, bien plus que ce n'est parce que Jacques Duhamel et Jean Lecanuet les ont rejoints que Georges Pompidou, puis Valéry Giscard d'Estaing ont gagné.

Ce sont les électeurs, et eux seuls, qui déterminent l'échec et la victoire, eux, donc, qui élisent celui qu'on est forcé d'appeler le moins mauvais à leurs yeux (on ne pourrait vraiment l'appeler le meilleur que si sa victoire était acquise dès le premier tour), et au demeurant on peut considérer qu'ils ne se sont jamais trompés jusqu'à présent, au vu de l'offre disponible et de l'état de la situation au moment où ils tranchent.

Il reste que, une fois qu'ils ont opté, les effets se prolongent.

L'imprégnation présidentielle

Ici n'est pas le lieu de décrire dans le détail l'appareil d'État et le fonctionnement des institutions. Seuls comptent à ce stade les effets directement liés à l'élection elle-même. Deux semblent se dégager : la structuration de l'ensemble de la vie politique, la sacralisation relative des propositions du candidat élu.

Sur le premier point, il ne fait aucun doute que tous les élus nationaux, ainsi qu'un grand nombre d'élus locaux, sont en quelque sorte sommés de se placer dans un camp. Comme les électeurs eux-mêmes, ils ont plus de choix au premier tour, mais, comme les électeurs eux-mêmes, ils sont également contraints de se définir dans le second. Or ces définitions sont ensuite durables et ne peuvent généralement évoluer qu'à l'occasion de l'élection présidentielle suivante.

Certes, on a vu en 1988 plusieurs personnalités choisir de rallier la majorité présidentielle après le second tour. Est-ce parce qu'elles étaient suffisamment peu nombreuses pour cela, ou au contraire d'une qualité exceptionnelle ? Toujours est-il que toutes ont trouvé place au gouvernement. Mais ce qui importe ici est que ces mouvements, même tardifs, se sont produits à l'occasion de l'élection présidentielle et sont irrévocables jusqu'à la suivante, comme l'ont par exemple clairement exprimé les conseillers régionaux de Lorraine et de Bourgogne à Jean-Marie Rausch et à Jean-Pierre Soisson, en 1992.

À la majorité présidentielle répond l'opposition nationale qui, l'une et l'autre, se forgent au même instant pour ne plus évoluer ensuite avant un nouveau scrutin présidentiel. Mais il faut relever que cette bipolarisation a aujourd'hui bien davantage comme effet de marquer la frontière que d'entraîner quiconque à la franchir ou même de solidifier la cohésion des forces unies dans le même camp.

Dès lors, en effet, que le choix et ses rigueurs sont plus subis que voulus, il n'est pas surprenant que ceux qui s'y résignent se sentent médiocrement solidaires de celui auquel cela bénéficie. Ainsi le PCF appartient-il à la majorité présidentielle de François Mitterrand, tout comme le RPR appartenait à celle de Valéry Giscard d'Estaing. Et les deux présidents ont pu penser qu'avec une majorité ainsi composée ils n'avaient pas vraiment besoin d'une opposition.

C'est la raison pour laquelle, si structurante que soit l'élection présidentielle, sans doute est-il devenu sans signification de parler de majorité présidentielle. La notion a perdu toute substance depuis qu'elle a cessé de fixer les contours des coalitions parlementaires.

Jusqu'à 1976 au moins, on pouvait imaginer une majorité présidentielle et une majorité parlementaire hostiles (hypothèse ultérieurement appelée cohabitation), mais on n'imaginait pas que des membres de la même majorité présidentielle puissent être extérieurs à la majorité parlementaire. C'est pourtant bien, pour s'en tenir au cas le plus clair, la situation créée entre 1988 et 1993 avec le Parti communiste qui, après avoir appelé à la réélection de François Mitterrand, après avoir concouru à la victoire, relative, du PS aux élections législatives, s'est toujours trouvé ensuite dans une opposition qui ne fut jamais vraiment moins vive que celle venant des formations de ce qui était alors la minorité présidentielle et parlementaire.

Ainsi sait-on clairement, au soir du second tour, qui appartient à la majorité présidentielle et qui n'y appartient pas. Mais pour satisfaisante que soit cette clarté, il n'est pas sûr qu'elle conserve de véritable sens.

Et naturellement ce qui est vrai des personnalités nationales l'est plus encore des élus locaux. Sans effets directs — autres que de nourrir des comités de soutien au moment même de l'élection — l'appartenance à la majorité présidentielle devient évanescente aussitôt que constatée par la victoire du candidat soutenu. Elle colore les responsables locaux mais n'induit aucune discipline majoritaire, aucune règle de comportement particulier, pas même en ce qui concerne la configuration des alliances politiques municipales ou départementales ou régionales. Et il n'est même pas certain qu'il soit dérogé à cette règle en 1995, lorsque les élections municipales suivront immédiatement l'élection présidentielle.

Sans qu'il faille chercher là une manifestation d'un goût abusif du paradoxe, n'est-on pas amené à conclure que la primauté de l'élection présidentielle est tout à la fois fondamentale et largement inconsistante ?

De même, en ce qui concerne ses effets programmatiques, faut-il relever que l'exception est trop souvent perçue comme la règle ?

L'exception, c'est celle de 1981 et des 110 propositions du candidat François Mitterrand. Elles sont aussitôt devenues en quelque sorte sacrées et suscitèrent la vocation de tabellions nombreux qui comptabilisèrent le nombre et la fidélité des réalisations par rapport aux intentions. Mais ses prédécesseurs avaient été sensiblement moins nets, tout comme lui-même le fut en se bornant, pour le second mandat, à une *Lettre à tous les Français* dont les aspérités étaient fort rares et, pour celles qui subsistaient, aléatoirement respectées.

De fait, il est certain qu'un engagement ferme préalablement pris par celui qui est élu président a une force impérative réelle, mais plus à l'égard des autres qu'à l'égard de lui-même. Comme, en outre, ces engagements sont généralement limités (en nombre ou en précision), la légitimation de l'individu n'emporte pas nécessairement celle d'un programme, ce qui, au demeurant, est sans doute plus conforme à une conception saine des manifestations de suffrage universel.

Au total, donc, la primauté de l'élection présidentielle est à l'évidence considérable, mais seulement dans les champs où elle produit des effets réels et durables, c'est-à-dire ceux des institutions d'une part et de la subordination d'une partie des forces politiques d'autre part, ni moins, ni plus.

Encore convient-il de s'interroger, en guise de conclusion, sur le point de savoir si la pratique n'a pas instauré une présidence à géométrie sensiblement variable.

En d'autres termes, la renonciation présidentielle à tirer, par la démission, des conclusions radicales d'un désaveu du corps électoral a clairement ouvert l'hypothèse d'une cohabitation que Charles de Gaulle et Georges Pompidou avaient refusée, explicitement pour l'un, implicitement pour l'autre. Valéry Giscard d'Estaing et François Mitterrand, au contraire, en ont admis l'un l'hypothèse et l'autre, par deux fois, la réalité.

Or il est certain que le chef de l'État, ramené aux stricts pouvoirs qui sont constitutionnellement les siens, n'a pas grand-chose de commun avec celui qui, dans la majesté de sa pleine fonction, peut imposer sa volonté à qui l'accepte. Mais même devant ce constat, l'enseignement à en tirer est celui de l'éclipse, occasionnelle, de la primauté du président, non de l'éclipse de la primauté de l'élection présidentielle. Cette dernière, au contraire, apparaît, encore plus clairement en période de cohabitation qu'à tout autre moment, comme l'échéance unique et attendue d'une remise en ordre et d'un nouveau départ.

Guy CARCASSONNE

Résultats des cinq scrutins présidentiels

	1965	1969	1974	1981	1988
Inscrits	28 910 581	29 513 361	30 602 953	36 398 859	38 128 507
Votants	25 502 916	22 898 960	25 775 743	29 516 082	31 027 972
	88,21 %	77,58 %	84,22 %	81,09 %	81,37 %
Exprimés	24 254 556	22 603 924	25 538 636	29 038 117	30 406 038
1.	*10 828 521*	*10 051 783*	11 044 373	8 222 432	*10 367 220*
	44,64 %	*44,46 %*	43,24 %	28,31 %	*34,09 %*
2.	7 694 005	5 268 613	*8 326 774*	7 505 960	6 063 514
	31,72 %	23,30 %	*32,60 %*	25,84 %	19,34 %
3.	3 777 120	4 808 285	3 857 728	5 225 848	5 031 849
	15,57 %	21,27 %	15,10 %	17,99 %	16,54 %
4.	1 260 208	1 133 222	810 540	4 456 922	4 375 894
	5,19 %	5,01 %	3,17 %	17,99 %	14,19 %
5.	415 017	816 470	595 247	1 126 254	2 055 995
	1,71 %	3,61 %	2,33 %	3,87 %	6,76 %
6.	279 685	286 447	337 800	668 057	1 149 642
	1,15 %	1,26 %	1,32 %	2,30 %	3,78 %
7.		239 104	190 921	642 847	639 084
		1,05 %	0,74 %	2,21 %	2,10 %
8.			176 279	481 821	606 017
			0,69 %	1,65 %	1,99 %
9.			93 990	386 623	116 823
			0,36 %	1,33 %	0,38 %
10.			43 722	321 353	
			0,17 %	1,10 %	
11.			42 007		
			1,16 %		
12.			19 255		
			0,07 %		
Exprimés	23 703 434	19 007 489	26 367 807	30 350 568	30 923 249
	82,01 %	64,43 %	86,16 %	83,38 %	81,01 %
1.	*13 083 699*	*11 064 371*	12 971 604	14 642 306	*16 704 279*
	55,19 %	*58,21 %*	49,19 %	48,24 %	*54,02 %*
2.	10 619 735	7 943 118	*13 396 203*	*15 708 262*	14 218 970
	44,81 %	41,79 %	*50,81 %*	*51,76 %*	45,98 %

	1965	1969	1974	1981	1988
1.	De Gaulle	Pompidou	Mitterrand	Giscard d'Estaing	Mitterrand
2.	Mitterrand	Poher	Giscard d'Estaing	Mitterrand	Chirac
3.	Lecanuet	Duclos	Chaban-Delmas	Chirac	Barre
4.	Tixier-Vignancour	Defferre	Royer	Marchais	Le Pen
5.	Marcilhacy	Rocard	Laguiller	Lalonde	Lajoinie
6.	Barbu	Ducatel	Dumont	Laguiller	Waechter
7.		Krivine	Le Pen	Crépeau	Juquin
8.			Muller	Debré	Laguiller
9.			Krivine	Garaud	Boussel
10.			Renouvin	Bouchardeau	
11.			Sebag		
12.			Héraud		

(Les pourcentages des candidats sont toujours indiqués par rapport aux suffrages exprimés.)

CHAPITRE 3

LA FABRIQUE POLITIQUE

Une véritable mutation des forces politiques a suivi le changement institutionnel de la Cinquième République. Avant 1958, le système français de partis relevait du « pluralisme polarisé » de Giovanni Sartori [1], c'est-à-dire que le gouvernement y était occupé en permanence par un groupe de partis centraux entre lesquels se concentrait l'essentiel du jeu politique, tandis qu'une double opposition, située à leur droite et à leur gauche, se trouvait exclue de la formation des majorités et rejetée « hors système ». Le multipartisme n'a pas disparu après 1958, mais il a changé de nature : désormais, le centre ne représente plus une position de pouvoir que l'on occupe, il est devenu un enjeu que se disputent la droite et la gauche dans le cadre d'une compétition bipolaire orientée vers l'alternance des majorités.

Cette mutation des comportements électoraux et des stratégies a été essentiellement provoquée par l'élection du président de la République au suffrage universel [2] qui a fonctionné

1. Giovanni Sartori, *Parties and Party Systems. A Framework For Analysis*, Cambridge, Cambridge University Press, 1976, p. 131.
2. La science politique répugne à considérer les institutions comme variables déterminantes et privilégie plus volontiers les facteurs socio-culturels. Ainsi la transformation du système de partis observée autour de 1965 était-elle attribuée au changement de la société française et expliquée par la « moder-

comme un mécanisme à double détente. Le second tour de
l'élection présidentielle détermine d'abord un espace majoritaire
dans lequel les partis doivent s'inscrire sans pouvoir en maîtriser
la formation, puisqu'elle résulte de la décision des électeurs
eux-mêmes ; ensuite, le « couplage » de cette majorité d'électeurs présidentiels avec la majorité à l'Assemblée nationale
détermine la coalition de partis qui soutient le gouvernement.

CANDIDATS ET PARTIS

Au cours de la campagne pour la première élection présidentielle au suffrage universel, en 1965, le général de Gaulle
rappela que la Constitution de 1958 avait été faite dans
l'intention de mettre fin au « régime des partis » et qu'elle
« marche grâce à un chef de l'État qui n'appartient pas aux
partis ». À cette occasion, il mit en garde contre le risque de
voir la présidence retomber « à la discrétion des partis » : « Si
on a fait des confessionnaux, c'est pour tâcher de repousser le
diable ! Mais si le diable est dans le confessionnal, on change
tout [1] ! » C'est dans cette pespective que les conditions de
candidature et les modalités du scrutin de l'élection présidentielle ont été organisées.

Les nouvelles règles du jeu

Initialement, le général de Gaulle n'était pas favorable à
l'élection populaire du chef de l'État qu'il identifiait à la

---

nisation politique ». Mais si les facteurs socio-culturels jouent un rôle évident
dans l'évolution d'un parti donné (par exemple, le déclin du PCF ou la
croissance du PS après celle du mouvement gaulliste), leur impact est
beaucoup moins décelable sur le système que forment ensemble les partis.
Ces facteurs affectent certes les attitudes des différentes catégories socio-
professionnelles, leur propension à voter à droite ou à gauche, mais ils ne
peuvent être directement mis en rapport avec les comportements des acteurs
confrontés à des choix qui s'inscrivent dans des logiques de situation struc-
turées par l'offre électorale et, indirectement, par les institutions qui déterminent les enjeux.
    1. Entretien télévisé du 15 décembre 1965. Charles de Gaulle, *Discours
et messages,* vol. 4, Paris, Plon, 1970, p. 433.

pratique américaine et à la domination des conventions de partis. Ses déconvenues avec le Sénat, dont le corps électoral était très voisin du collège présidentiel institué en 1958 [1], et la perspective de voir ce collège préférer un candidat du genre d'Antoine Pinay l'amenèrent à réviser sa position, d'autant que l'expérience des référendums avait révélé les ressources que lui offrait le dialogue direct avec le suffrage universel, par-dessus les « intermédiaires », c'est-à-dire les partis.

La volonté de soustraire la désignation du président de la République au contrôle des états-majors politiques et de s'adresser pour cela directement aux citoyens fut donc l'un des principaux motifs de la révision opérée par le référendum du 28 octobre 1962 qui institua l'élection au suffrage universel. Dans la rédaction originelle de la Constitution de 1958, le président était élu par un collège composé des parlementaires, des conseillers généraux et des délégués des conseils municipaux ; désormais, ces grands électeurs n'interviennent plus qu'au stade de la présentation des candidats.

En passant du suffrage à deux degrés au suffrage universel direct, un minimum de sélection apparaissait en effet nécessaire, et la solution a consisté à prévoir que les candidats devaient être présentés au Conseil constitutionnel, qui en arrête la liste, par au moins cent élus nationaux ou locaux, représentant dix départements différents, sans que le nombre des élus d'un même département puisse dépasser 10 % du total, afin d'assurer leur caractère national. Cette formalité peut être comparée aux conditions mises par les États pour faire figurer sur le « ballot » les candidats à l'élection présidentielle américaine qui n'ont pas été désignés par les conventions des deux grands partis. Mais la sélection s'est révélée insuffisante, le nombre des candidats à l'Élysée ne cessant d'augmenter (6 en 1965, 7 en 1969, 12 en 1974), si bien que la loi organique du 18 juin 1976 a porté de 100 à 500 le nombre des signatures exigées, et de 10 à 30 celui des départements représentés : le nombre des candidats a effectivement été ramené à 10 en 1981 et à 9 en 1988.

La seconde préoccupation qui inspirait la révision de 1962 était d'assurer l'autorité du président en le faisant désigner à

---

1. Avant 1958, le président de la République était élu par les parlementaires.

la majorité absolue des suffrages. Comme les divisions de l'opinion rendaient improbable que ce résultat fût spontanément obtenu avec un seul tour, la solution a consisté à combiner le traditionnel scrutin français à deux tours avec la limitation du ballottage aux deux candidats arrivés en tête du premier, selon un mécanisme qui avait déjà été proposé en 1848 pour la première élection présidentielle au suffrage universel [1]. Cette procédure a fonctionné un peu à la manière des primaires américaines en faisant arbitrer les candidatures rivales des principales tendances politiques par les électeurs eux-mêmes. Ainsi, sur les 44 candidats qui se sont affrontés au premier tour des cinq élections présidentielles, 10 ont été sélectionnés pour la décision finale.

L'adaptation des stratégies

L'ouverture de la compétition, qui brisait le monopole des partis, et la fermeture du second tour, qui les plaçait devant le fait accompli de la décision électorale, ont constitué un défi pour les formations politiques traditionnelles ; leurs dirigeants ont d'abord répugné à s'engager dans un jeu dont ils ne maîtrisaient pas les règles, mais ils ont fini par s'y adapter [2].

On peut, à cet égard, distinguer deux périodes entre lesquelles la transition se situe en 1974. Au candidat « institutionnel » qu'étaient le général de Gaulle, président sortant en 1965, puis son ancien Premier ministre, Georges Pompidou, en 1969, s'opposaient :
— en 1965, le « candidat unique » de la gauche, François

1. Paul Bastid, *Doctrines et institutions politiques de la Seconde République,* Paris, Hachette, 1945, vol. 2, p. 116.
2. Il est très symptomatique que, sous prétexte de mieux contrôler le nombre des candidats, les propositions qui ont conduit à la loi organique du 18 juin 1976 prévoyaient un minimum de parlementaires parmi les présentateurs (de 20 à 50), ce qui aurait eu pour effet de donner aux partis un véritable droit de veto. À l'inverse, le penchant plébiscitaire de certains gaullistes inspirait la proposition d'Alexandre Sanguinetti de remplacer la présentation des élus par une pétition nationale appuyée par au moins 100 000 signatures (Pierre Avril, J. Gicquel, « Les modifications relatives à l'élection du président de la République », *Revue du droit public et de la science politique en France et à l'étranger,* 1976, p. 1263).

Mitterrand, que les socialistes comme les communistes laissaient tenter une chance qu'ils croyaient sans lendemain, et Jean Lecanuet, président du Mouvement républicain populaire (MRP), qui défendait la solution alternative d'un regroupement centriste ;

– en 1969, un candidat de caractère « institutionnel » lui aussi : le président du Sénat, qui assurait l'intérim de la présidence de la République après la démission du général de Gaulle, à laquelle il avait contribué en s'opposant au référendum sur la fusion du Sénat et du Conseil économique et social ; centriste, Alain Poher incarnait pour ces motifs les espoirs d'un retour à la « troisième force », contre les gaullistes et les communistes, mais le PCF riposta en présentant Jacques Duclos afin de n'être pas absent d'une compétition qui menaçait de l'exclure du jeu politique.

L'échec d'Alain Poher ayant démontré que les contraintes bipolaires inhérentes au second tour de l'élection présidentielle condamnaient les formules de « troisième force » et favorisaient au contraire l'affrontement droite-gauche, le centre se trouva définitivement éliminé : en 1974, il ne lui restait d'autre choix que de soutenir la candidature du ministre des Finances, Valéry Giscard d'Estaing, qui inaugurait la compétition interne au sein de la droite en provoquant une espèce de « primaire » avec le candidat gaulliste, l'ancien Premier ministre Jacques Chaban-Delmas. Dans l'intervalle, François Mitterrand était sorti de l'isolement dans lequel l'avait placé la crise de Mai 68 et il avait relancé les efforts de regroupement inaugurés en 1965 avec la Fédération de la gauche démocrate et socialiste (FGDS), mais cette fois en prenant la direction du nouveau Parti socialiste « refondé » à Épinay en 1971, et en faisant adopter l'année suivante le « Programme commun de gouvernement » avec le Parti communiste : il devenait ainsi le « candidat commun » de la gauche auquel se rallia le PCF, qui devait regretter par la suite de lui avoir laissé le champ libre pour la seconde fois.

Le réalignement des formations politiques autour de l'élection présidentielle était désormais accompli, si bien qu'en 1981 le premier tour mit en présence deux camps, à l'intérieur desquels les deux principaux partis se trouvaient en compétition dans une espèce de « primaire » : le président sortant, Valéry Giscard d'Estaing, et son ancien Premier ministre, Jacques Chirac, d'une part ; François Mitterrand pour le PS et Georges

Marchais pour le PCF, d'autre part. Cette configuration devait se retrouver, mais sensiblement altérée en 1988 lorsque F. Mitterrand, président sortant, affronta le candidat de principe du PCF, André Lajoinie, tandis que la droite était partagée entre les deux anciens Premiers ministres de V. Giscard d'Estaing (qui refusa de se prononcer entre eux au premier tour) : le président du Rassemblement pour la République (RPR) Jacques Chirac et Raymond Barre mollement soutenu par une partie de l'Union pour la démocratie française (UDF), que talonnait le leader de l'extrême droite, le président du Front national, Jean-Marie Le Pen.

Typologie des candidats

Au total, sur les 44 candidats ayant participé depuis 1965 à l'élection présidentielle, il n'y en avait à chaque fois que deux ou trois qui avaient vocation à affronter le scrutin de ballottage : le sortant ou le prétendant de son camp à la succession, le challenger de l'opposition, et un outsider de l'un ou l'autre camp. À ces candidats réellement présidentiables pouvait s'ajouter une personnalité qui tentait de jouer un rôle significatif en pesant sur la compétition et en affirmant la présence de sa formation (Jean Lecanuet en 1965, Jacques Duclos en 1969, Georges Marchais en 1981, Jean-Marie Le Pen en 1988). Les autres, qui ne faisaient que de la figuration, peuvent se ranger en gros dans trois catégories :

1. Les candidatures purement individuelles, dont les unes relevaient du « témoignage », comme Pierre Marcilhacy en 1965, Michel Debré ou Marie-France Garaud en 1981, tandis que les autres étaient franchement fantaisistes et obéissaient à des motivations variées : Marcel Barbu, candidat des « chiens battus » en 1965, Louis Ducatel, chef d'entreprise intéressé par la publicité que lui offrait la campagne en 1969, Émile Muller, réformateur social-démocrate, Bertrand Renouvin, monarchiste rallié à la Cinquième République, Jean-Claude Sebag et Guy Héraud, tous deux fédéralistes européens, Jean Royer, maire de Tours apparemment grisé par la notoriété équivoque que lui avait valu sa croisade pour les bonnes mœurs, en 1974 ;

2. À l'opposé, les candidatures « organisationnelles » et quasi rituelles des trotskistes : Alain Krivine en 1969 et en 1974 au

nom de la Ligue communiste révolutionnaire (LCR), Arlette
Laguiller de Lutte ouvrière (LO) en 1974, 1981 et 1988, Pierre
Boussel, dit Lambert, du Mouvement pour un parti des travailleurs (MPPT) en 1988, ainsi que celles des deux dirigeants
du Parti socialiste unifié (PSU) : Michel Rocard en 1969 et
Huguette Bouchardeau en 1981. On peut rapprocher de ces
candidats investis par leur parti : Gaston Defferre désigné par
le Parti socialiste qui tentait de se rénover en 1969, et Michel
Crépeau, président du Mouvement des radicaux de gauche
(MRG) qui résistait désespérément à la satellisation en 1981 ;
avec André Lajoinie en 1988, le Parti communiste est en train
de tomber dans cette catégorie ;

3. Entre les deux, les candidatures représentant un courant
nouveau qui espère profiter de la publicité offerte par la campagne pour sortir de la marginalité et se faire reconnaître ; ce
fut le cas, à l'extrême droite, de Jean-Louis Tixier-Vignancour
en 1965 et de Jean-Marie Le Pen en 1974 et en 1988 (Le Pen
n'avait pu, en 1981, remplir les nouvelles conditions de présentation fixées par la loi organique du 18 juin 1976). La
longue marche du mouvement écologique en est l'autre illus-
tration avec René Dumont en 1974, Brice Lalonde en 1981
et Antoine Waechter en 1988.

On observera que ces candidatures, dont il n'est pas exclu
que certaines aient été favorisées en sous-main par des concurrents désireux de diviser les forces de l'adversaire ou d'élargir
leur propre majorité au second tour, ont parfois permis de
monnayer un désistement profitable bien qu'obligé : Michel
Crépeau, Huguette Bouchardeau se sont retrouvés au gouvernement en 1981, Brice Lalonde aussi, mais seulement en 1988,
et Bertrand Renouvin au Conseil économique et social.

En ce qui concerne la fréquence, 29 des 44 candidats ne se
sont présentés qu'une seule fois ; à l'opposé, F. Mitterrand a
été candidat quatre fois (dont une comme sortant), Arlette
Laguiller trois fois, V. Giscard d'Estaing deux fois (dont une
comme sortant), J. Chirac, J.-M. Le Pen et A. Krivine deux
fois (le général de Gaulle, sortant en 1965, avait été élu en
1958 selon l'ancien système).

Enfin, on notera que cinq anciens Premiers ministres ont
brigué la présidence (G. Pompidou, J. Chaban-Delmas,
J. Chirac, M. Debré et R. Barre), un seul avec succès
(G. Pompidou), et que J. Chirac, candidat en 1981 contre le

président sortant dont il avait été Premier ministre de 1974 à 1976, le fut en 1988 contre son successeur alors qu'il était de nouveau à Matignon : la cohabitation offrit le spectacle inattendu d'une campagne électorale opposant le président de la République au Premier ministre. Ministre des Finances en 1974, V. Giscard d'Estaing fut, avec J. Royer cette même année, le seul autre membre d'un gouvernement en exercice à se présenter.

LA DOUBLE DÉTENTE

S'ils se sont adaptés aux règles du jeu établies en 1962, les partis français ne sont pas pour autant intégrés au processus de l'élection présidentielle comme le sont les partis américains à travers le système des conventions, et cela pour une raison pratique qui tient au multipartisme français. On a vu que le scrutin à deux tours, qui est la conséquence de ce multipartisme en même temps qu'il l'entretient, fonctionne un peu à la manière de primaires dans le cas de l'élection présidentielle, puisqu'il permet de départager les prétendants en n'en retenant finalement que deux. Mais, à la différence des primaires américaines, cette sélection oppose les candidats de partis différents, et elle n'est pas préalable au scrutin : elle résulte du premier tour qui détermine les deux candidats qui s'affronteront au ballottage et autour desquels s'opère un rassemblement. En conséquence, la majorité présidentielle est nécessairement une coalition qui dépasse les limites d'un seul parti, fût-il dominant.

Une autre différence capitale avec l'élection présidentielle américaine intervient dans la construction des coalitions et concerne les rapports des partis entre eux et avec l'exécutif. Leon Epstein [1] a montré que la séparation rigide des pouvoirs établie par la Constitution des États-Unis rend les élections au Congrès autonomes par rapport à l'élection présidentielle, parce que les représentants et les sénateurs du parti dont le candidat occupe la Maison-Blanche ne sont pas solidaires de celui-ci

---

1. Leon Epstein, *Political Parties in the American Mold,* Madison (Wis.), The University of Wisconsin Press, 1986.

comme les députés de la majorité le sont du gouvernement et de son chef dans un régime parlementaire. Or la Cinquième République est bien, sous ce rapport, un régime parlementaire comme le prouvent la discipline des partis et l'allégeance de leurs candidats au leader qui prétend à l'Élysée. Il en est résulté, de façon tout empirique, un mécanisme à double détente qui régit les stratégies des candidats et des formations politiques.

Le « couplage » des majorités présidentielle et parlementaire

L'effet de regroupement du second tour s'est trouvé puissamment renforcé par la limitation aux deux candidats arrivés en tête du premier. Regroupement électoral d'abord puisque les électeurs des candidats éliminés sont incités à reporter leurs suffrages sur celui des deux concurrents restant en lice qui est le plus proche d'eux, ne serait-ce que pour faire obstacle à la victoire de l'inacceptable. Regroupement partisan ensuite, parce que les candidats éliminés et leur parti sont incités à voler au secours de la victoire afin d'y être associés, ce qui dessine les contours de deux coalitions ; celle qui l'emporte devient la « majorité présidentielle ». Correspondant aux formations qui ont soutenu au second tour le candidat élu, la majorité présidentielle identifie la base politique dont celui-ci dispose et constitue la référence initiale dont les conséquences s'enchaînent tout naturellement : elle sert à déterminer la composition du gouvernement qui sera aussitôt nommé, et ce gouvernement aura besoin d'un soutien à l'Assemblée nationale pour mettre en œuvre la politique présidentielle, de telle sorte que la solidarité caractéristique du régime parlementaire exige une articulation politique entre les deux ressorts de la Cinquième République que sont le rôle directeur de l'élection présidentielle et la responsabilité du gouvernement devant les députés [1].

---

1. Pierre Avril, « Les chefs de l'État et la notion de majorité présidentielle », dans Olivier Duhamel et Jean-Luc Parodi (dir.), *La Constitution de la Cinquième République,* Paris, Presses de la Fondation nationale des sciences politiques, 1988 (le terme de « couplage » s'inspire du concept de *linkage* de Kay Lawson, *Political Parties and Linkage : A Comparative Perspective,* New Haven, Yale University Press, 1980).

Cette articulation politique est réalisée par le « couplage » de la majorité présidentielle avec la majorité parlementaire qui soutient le gouvernement nommé par le président. C'est une constatation d'expérience que les frontières de la majorité parlementaire ne se déplacent qu'après l'élection présidentielle, soit par suite des ralliements (les centristes du Centre démocratie et progrès de Jacques Duhamel avaient soutenu Georges Pompidou dès le premier tour en 1969, comme le Centre démocrate de Jean Lecanuet devait rallier V. Giscard d'Estaing en 1974), soit sous l'effet d'une dissolution qui entraîne l'élection d'une nouvelle majorité à l'Assemblée nationale, en 1981 et, avec un succès relatif, en 1988. Il faut noter que ce dernier scénario reproduit la stratégie du général de Gaulle lors du référendum du 28 octobre 1962, qui dessina, autour des partisans du *oui,* les contours de la majorité parlementaire que la dissolution allait permettre de faire élire en novembre (cette dissolution avait été provoquée par le vote, le 4 octobre, d'une motion de censure contre le gouvernement de Georges Pompidou, qui démontrait la nécessité d'une majorité à l'Assemblée nationale). Selon l'expression de David Goldey [1], le Général a utilisé le référendum comme un bélier *(battering ram)* pour briser le système des partis de la Quatrième République coalisés dans le « cartel des *non* ».

La logique du couplage, qui découle à la fois du multipartisme, des conditions de l'élection présidentielle et de la structure du régime, a donc été expérimentée de façon tout empirique avant de s'imposer comme guide de la stratégie des candidats. C'est François Mitterrand qui en a eu le premier l'intuition lors de sa candidature de 1965, fondée sur l'union de la gauche mais aussi sur la première entreprise de regroupement, la Fédération de la gauche démocrate et socialiste, qui réunissait le Parti socialiste SFIO, le Parti radical, et les clubs (dont celui de F. Mitterrand, la Convention pour les institutions républicaines), et qui visait à rééquilibrer les rapports de forces avec le PCF : l'unité de candidature devait permettre à la FGDS d'arriver en tête de la gauche au premier tour des prochaines élections législatives dans un plus grand nombre de circonscriptions, et d'obtenir ainsi le désistement communiste

---

1. Lors de la discussion de ce texte à New York.

conformément à la « discipline républicaine ». Au lendemain de la réélection du général de Gaulle, Valéry Giscard d'Estaing fut à son tour le premier à énoncer formellement la logique du couplage, toujours dans la perspective des prochaines élections législatives, et avec le dessein analogue de justifier l'autonomie, par rapport au mouvement gaulliste, des républicains indépendants qu'il avait sauvés du naufrage du Centre national des indépendants en 1962, tout en prenant une option sur les suffrages centristes hostiles aux gaullistes mais piégés par la bipolarisation.

Il ressort de ces deux exemples que la candidature à l'élection présidentielle est inséparable de la construction d'une majorité de coalition capable de gagner au second tour, mais dans laquelle le futur président dispose d'un soutien propre suffisant pour arriver en tête de son camp au premier. Ce n'est sans doute pas un hasard si, après s'être une première fois affrontés en 1974, les deux protagonistes ont continué d'occuper la scène jusqu'à ce que l'âge contraigne l'un d'eux à la retraite ! La candidature à l'élection présidentielle apparaît ainsi comme une entreprise de longue haleine dont la réussite assure ensuite une rente de situation durable, et dont l'insuccès même ne décourage pas les candidats de persévérer : les échecs de F. Mitterrand en 1965 et en 1974 comme ceux de J. Chirac en 1981 et en 1988 leur montrent qu'il ne faut jamais renoncer une fois que l'on s'est hissé au premier rang.

On aurait pu imaginer que l'élection présidentielle, qui fait échapper les candidatures au contrôle des appareils, bousculerait la traditionnelle longévité politique du personnel dirigeant français et qu'elle ouvrirait la voie à un renouvellement analogue à celui des États-Unis (sous réserve de la différence de durée des mandats) ; en fait, le scénario d'ouverture n'a fonctionné qu'au profit des deux premiers outsiders, qui en avaient deviné le mode d'emploi, et il n'a opéré qu'avec un sensible décalage dans le temps, parce qu'une telle entreprise exige un investissement considérable dont la rentabilité est nécessairement différée. Cette inertie, aggravée par la longue durée du mandat présidentiel, rend ainsi le renouvellement des candidats extrêmement difficile.

L'élection de 1988 a doublement confirmé l'analyse en montrant que la capacité de rassembler au second tour se conciliait malaisément avec l'aptitude à l'emporter sur ses rivaux au premier. C'est ainsi que la candidature de Raymond Barre, qui négligea l'articulation nécessaire avec les forces politiques pour s'en tenir à une vision abstraitement gaullienne du « président au-dessus des partis », a révélé la fragilité de ses soutiens en dépit du capital de popularité dont les sondages le créditaient jusqu'à l'ouverture de la campagne et qui le qualifiaient pour affronter François Mitterrand. La candidature de Jacques Chirac présentait une antithèse presque parfaite, dans la mesure où, paradoxe pour un gaulliste, la mobilisation de la machine du Rassemblement pour la République permit à son président de rattraper puis de devancer R. Barre au premier tour, mais elle l'identifiait si étroitement à son parti qu'il ne parvint pas à élargir suffisamment son audience du premier tour pour l'emporter au second.

Le grippage de la double détente

Le mécanisme que l'on vient d'analyser n'a pas conduit à une configuration définie et stable des forces politiques comparable au *two-party system* anglo-saxon ou au système des « deux partis et demi » de la République fédérale d'Allemagne (Jean Blondel). À cet égard, le système de partis contraste avec le régime constitutionnel de la Cinquième République.

Le régime, c'est-à-dire l'ensemble normatif de règles écrites et de conventions sur leur application, a victorieusement surmonté les changements politiques, depuis le départ du général de Gaulle en 1969 jusqu'à l'alternance de 1981 et les cohabitations de 1986 et de 1993. Ces règles et ces conventions ont continué à s'appliquer dans des contextes politiques différents, même si, du point de vue fonctionnel, les conditions particulières des cohabitations ont pu en affecter momentanément la portée.

Le système de partis, en revanche, ne présente pas cette stabilité. La figure du « parti dominant » incarnée par le mouvement gaulliste avait d'abord paru traduire sur le plan politique la prépondérance institutionnelle de la présidence, et on avait pu croire un moment que le Parti socialiste en prendrait le relais après que V. Giscard d'Estaing eut échoué dans son entreprise de récupération de l'UDR en 1974 ; mais l'expérience a confirmé sur ce point l'analyse de G. Sartori selon laquelle le parti dominant ne définit pas un système. À partir des années 1970 et jusqu'au milieu des années 1980, la concurrence des gaullistes et des giscardiens à droite, celle des socialistes et des communistes à gauche ont dessiné ce que Jean-Luc Parodi a appelé un « espace quadripolaire », articulé autour d'un duopole bilatéral : deux formations rivales mais solidaires s'y partageaient chacun des deux camps. Mais cette esquisse de dualisme n'a pas engendré une structure définie, elle évoque plutôt un univers en expansion dont les composantes sont en perpétuelle transformation, comme le montre le soudain effondrement du Parti socialiste en 1993. La raison en est sans doute que le duopole représente une situation instable par nature, les économistes l'ont montré, et que le mécanisme de la double détente qui orientait le système a fini par inspirer aux principaux acteurs des stratégies perturbatrices.

1. Le regroupement du second tour repose autant sur la volonté d'empêcher le succès du camp adverse (selon l'adage classique : au premier tour on choisit, au second on élimine), que sur le désir de participer au triomphe du vainqueur. Il exige que cette incitation soit plus puissante que les forces centrifuges du multipartisme que le second tour a précisément pour objet de discipliner. Or l'expérience a révélé que la position dominante qu'assure l'occupation de l'Élysée place les associés-rivaux du président dans une situation de dépendance telle qu'ils sont de plus en plus tentés de préférer la défaite de leur camp et la liberté dans l'opposition à un assujettissement de sept ans au sein de la majorité.

La constatation doit cependant tenir compte d'une dissymétrie entre la droite et la gauche, dans la mesure où l'absence de crédibilité des candidats du PCF et la force de l'appel traditionnel à la discipline républicaine ont assuré une position privilégiée au candidat socialiste. Si l'appareil du Parti communiste avait secrètement désiré l'échec de F. Mitterrand en 1981, les électeurs communistes ignoraient ces arrière-pensées, et bien que l'union de la gauche ait été rompue en 1984, le comité central n'a pu qu'appeler les électeurs d'André Lajoinie à voter au second tour pour le président sortant en 1988, sans dissimuler pour autant que ce n'était pas « de gaieté de cœur ». En revanche, l'animosité de la campagne du premier tour a affecté de manière décisive le report des suffrages à droite, J. Chirac se bornant à souhaiter en 1981 que les Français « aient cons-

cience des risques que l'élection de F. Mitterrand ferait courir
à la France », tandis que les vœux de R. Barre à J. Chirac
manquaient singulièrement de chaleur en 1988 : l'un comme
l'autre paraissaient manifestement préférer le succès de
F. Mitterrand à celui de leur rival.

C'est pour tenter de conjurer cette « malédiction » que le
RPR a cherché à imposer à l'UDF le principe de la candidature
commune dès le premier tour, grâce à l'institution de « primaires à la française » reposant sur une procédure de consultation des sympathisants et des élus de la droite. Valéry Giscard
d'Estaing n'accepta qu'avec réticence la « charte pour les primaires adoptée le 10 avril 1991, parce qu'il redoutait que la
puissante organisation du RPR ne favorisât J. Chirac ; le système apparut d'ailleurs peu praticable et il a été abandonné,
bien que Charles Pasqua, initiateur de la formule, ait proposé
d'organiser des élections primaires par voie législative, de manière
à éviter le renouvellement des affrontements fratricides au cas
où aucun candidat ne s'imposerait à l'évidence.

2. Le couplage des deux majorités a toujours été imparfait,
même lorsque le « parti du président » occupait une position
dominante, et cela pour deux raisons. En premier lieu, le scrutin
à deux tours qui s'applique aussi aux élections législatives
constitue un frein à l'intégration de la majorité, parce qu'il
permet à chacun des partis de la coalition de conserver son
identité et de disposer d'une représentation parlementaire propre
s'il obtient au moins vingt élus. En second lieu, les partis n'ont
pas tardé à découvrir qu'ils ne restaient des acteurs relativement
autonomes qu'à la condition d'avoir en leur sein un candidat
« présidentiable », et qu'ils étaient, sinon, réduits à l'état de
satellites.

À cet égard, la condition nécessaire pour faire figure de
« présidentiable » est de bénéficier d'une notoriété établie par
les sondages. Depuis la percée spectaculaire de Jean Lecanuet
en 1965, les fantasmes médiatiques ont accrédité l'idée que
l'« image » du candidat suffisait à lui attribuer cette vocation,
mais les favoris des baromètres d'opinion ont dû déchanter,
comme les « quadragénaires » de l'opposition l'ont constaté
après une fugitive prestation en 1989, après que François
Léotard eut été amené à mesurer les limites d'une image
médiatique flatteuse et à prendre un recul qui s'est révélé
durable. La qualité de candidat crédible suppose en effet un

minimum d'expérience, le passage par Matignon constituant une sorte de passeport à validité incertaine, dans la mesure où ce brevet doit être accompagné, ou suppléé, par des capacités stratégiques dont la patience n'est pas la moindre. « Pour avoir une chance d'être élu à la présidence de la République, estimait Georges Pompidou, il faut réunir trois conditions idéales. La première : avoir obtenu une dimension nationale incontestable. La deuxième : être au pouvoir, ou l'avoir exercé longtemps. La troisième : avoir l'appui d'un bon appareil de parti [1]. »

La combinaison de ces facteurs a entretenu tout au long des septennats de droite une rivalité illustrée par la stratégie de V. Giscard d'Estaing du temps de la domination gaulliste, avant que Jacques Chirac ne la retournât contre lui en 1976, avec la circonstance aggravante que les partisans du président se trouvaient alors minoritaires au sein de la majorité à l'Assemblée. C'est à cette occasion que le terme de « majorité présidentielle », mentionné par Georges Pompidou en 1971 et systématisé par V. Giscard d'Estaing en 1974 pour désigner les partis qui l'avaient soutenu au second tour, servit d'étiquette pour définir l'appartenance politique des membres non parlementaires du gouvernement ; cela permettait d'étendre le cercle apparent des soutiens de V. Giscard d'Estaing et visait à compenser, par cette référence un peu incantatoire à la source de la primauté présidentielle, la faiblesse de sa base partisane. Un usage identique s'est retrouvé après 1988 pour qualifier les personnalités médiatiques de la « société civile » (Kouchner, Tapie, etc.) qui figuraient au gouvernement. En paraphrasant Kantorowicz, on pourrait dire que la majorité a deux corps : son corps naturel, organique, est constitué par les groupes parlementaires qui soutiennent le gouvernement à l'Assemblée, tandis que son corps idéal, formé par la majorité de citoyens qui a voté pour le président au second tour, est censé durer pendant les sept années de son mandat. On n'invoque le corps idéal que lorsque la réalité du corps organique devient problématique.

3. Le couplage qui avait atteint son maximum après 1981, quand le parti de F. Mitterrand détenait la majorité absolue à l'Assemblée, s'est trouvé bloqué en 1988 parce que le Parti

---

1. Cité par Xavier Marchetti, *Le Figaro*, 11 février 1994.

communiste avait auparavant quitté la majorité présidentielle.

Il a certes fonctionné « techniquement » aux élections législatives de juin 1988, en raison des contraintes du scrutin à deux tours qui continuaient d'imposer les désistements PC-PS, mais la majorité arithmétique de gauche qui fut sauvée avait cessé de constituer une majorité politique : s'est alors ouverte la phase inédite de la « majorité relative » pour le PS. Le refus communiste de réintégrer la majorité présidentielle plaçait en porte à faux le scénario de 1981 que F. Mitterrand avait choisi de rejouer en décidant la dissolution aussitôt après avoir été réélu, et ce scénario était contradictoire à l'« ouverture » esquissée en direction des centristes. Ceux-ci auraient pu éventuellement rallier la majorité présidentielle selon le schéma de 1969-1974, bien qu'ils aient soutenu R. Barre au premier tour et J. Chirac au second, mais les contraintes du scrutin législatif provoqué par la dissolution ne leur permettaient pas un changement de camp à chaud, et la perspective des élections suivantes leur a bientôt fait regagner le giron de l'opposition de droite : la seule conséquence visible de l'« ouverture » fut la reconstitution momentanée du groupe de l'Union du centre, dépourvu d'autonomie réelle.

L'échec de F. Mitterrand fut, en somme, d'avoir poussé la logique du couplage jusqu'à identifier la majorité présidentielle au Parti socialiste dont il avait été le chef, puis de ne pas parvenir à élargir cette majorité à d'autres, en dehors de satellites comme le Mouvement des radicaux de gauche dont les députés étaient étroitement dépendants de la complaisance du PS à leur abandonner, de mauvaise grâce le plus souvent, quelques circonscriptions qui lui seraient de toute façon revenues.

UNE REVANCHE DES PARTIS ?

On peut dès lors s'interroger, comme George Ross [1], sur le fonctionnement futur de la double détente au cas où les participants décident de ne plus jouer le jeu, et se demander si les contraintes institutionnelles suffiront à elles seules à produire

1. Discutant de ce texte.

leurs résultats passés. Il faut pour cela considérer la capacité des acteurs à bloquer le mécanisme, en observant que la marge d'action des partis dépend en dernière analyse de la stratégie du président de la République qui dispose, par ses initiatives, des moyens de contrarier ou, au contraire, de favoriser leurs entreprises : il lui appartient en effet, et à lui seul, de définir les enjeux sur lesquels il appelle le peuple français à trancher. Sous ce rapport, l'élection présidentielle de 1995 présente un caractère inédit en raison de la retraite de François Mitterrand, qui sera le premier président à terminer son second septennat, et de la situation du Parti socialiste qui paraît moins confortable que jamais.

Les partis s'étaient adaptés aux conditions imposées par la Cinquième République en s'intégrant à une majorité dont ils acceptaient la discipline et en servant ainsi d'instruments au gouvernement présidentiel, mais le « découplage » qui est intervenu pendant la période de cohabitation de 1986-1988, lorsque F. Mitterrand s'est apparemment incliné devant la victoire de la droite aux élections législatives tout en conservant ses prérogatives en vue d'une revanche, a provoqué le dérèglement du système que confirma la période de « majorité relative » qui s'ensuivit, et cela pour deux raisons. D'abord parce que le rétablissement de la représentation proportionnelle avait pour objectif d'empêcher la coalition RPR-UDF d'être majoritaire ; si ce dessein échoua, le mode de scrutin temporairement rétabli avait encouragé les tendances centrifuges qui se firent sentir au sein même du gouvernement de Jacques Chirac. Formé des chefs des partis de la coalition opposée au président de la République et reposant donc sur une base politique exclusivement parlementaire, ce gouvernement était dirigé par un candidat à l'Élysée que tous ses alliés contestaient sourdement et dont certains soutenaient même ouvertement le concurrent Raymond Barre. La clef de voûte personnelle momentanément retirée à l'édifice, les partis au pouvoir retrouvèrent une autonomie stratégique qu'ils n'avaient plus connue depuis 1958 et qui allait libérer des tendances jusque-là neutralisées.

L'épisode institutionnel de la cohabitation est, en effet, venu stimuler l'évolution instrumentale de partis qui ont progressivement renoncé à toute ambition programmatique pour n'être plus que des machines au service des candidats déclarés ou virtuels à l'élection présidentielle. Leur rivalité naturelle a cessé d'être contenue par les contraintes de cette élection ; elle s'est alimentée au contraire de la compétition de leurs dirigeants, d'autant que la tactique de F. Mitterrand entretenait les mirages d'une improbable « ouverture » en direction du centre. En fin de compte, les forces centrifuges l'emportèrent sur l'incitation au regroupement et la régulation du système s'en est trouvée paralysée. Contre toute logique, François Mitterrand fut donc réélu en 1988, mais au prix d'une confusion dont le Parti socialiste fit les frais et qu'il devait chèrement payer cinq ans plus tard.

La voie est donc apparemment ouverte à la droite, mais le contraste entre ses succès législatifs de 1986 et de 1993 et les échecs présidentiels provoqués par ses rivalités internes entretient l'incertitude. L'élément nouveau est naturellement la percée spectaculaire d'Édouard Balladur que Jacques Chirac avait poussé à Matignon et qui paraît réussir pour son propre compte ce que le maire de Paris avait manqué cinq ans plus tôt : transformer la direction du gouvernement de cohabitation en rampe de lancement présidentiel. Son exceptionnelle popularité s'explique sans doute en partie par le fait qu'il apporte à la droite la divine surprise de pouvoir échapper au couple infernal Giscard d'Estaing-Chirac et de dépasser la rivalité mortelle de l'UDF et du RPR. Théoriquement, il paraît en mesure d'opérer sous son égide le couplage des majorités qui est l'une des conditions du succès, mais il ne dispose pas de la machine du RPR, et risque donc de voir se répéter la mésaventure de Raymond Barre dont l'avance dans les sondages se dissipa à l'ouverture de la campagne. Il lui faut donc anticiper celle-ci, de manière à s'imposer comme le candidat incontournable qui bénéficie de l'effet *band waggon,* un peu comme l'avait fait Valéry Giscard d'Estaing en 1974, avec la complicité de Jacques Chirac et contre le candidat gaulliste ! Un tel résultat reste toutefois soumis aux aléas de la gestion gouvernementale dont le Premier ministre entend revendiquer seul la responsabilité, ce qui le rend tributaire de la conjoncture économique et sociale.

Même s'ils n'ont pas recouvré leur exclusivité et ne sont plus seuls à dominer la scène, les partis ont investi l'élection présidentielle où ils font figure de grands électeurs. Peut-on parler à ce propos d'un retour au « régime des partis » exorcisé par le général de Gaulle ? Il était évidemment irréel d'imaginer que la démocratie présidentielle pût fonctionner sans partis et c'est d'ailleurs le parti gaulliste qui servit d'exemple à Kirchheimer pour illustrer, en 1966, la nouvelle catégorie du *catch-all people's party* [1] ; la question n'est donc pas de savoir s'ils jouent un rôle, mais de savoir quel rôle. La logique de la Cinquième République voulait qu'ils fussent au service des électeurs, conformément à l'article 4 de la Constitution selon lequel ils « concourent à l'expression du suffrage », et c'est en gros la fonction qu'ils ont remplie, asservis qu'ils étaient à l'exigence du rassemblement majoritaire imposé par l'élection présidentielle. À l'inverse, le « régime exclusif des partis » dénoncé par de Gaulle renvoie à la Quatrième République que caractérisait la domination d'oligarchies irresponsables maîtresses de leur stratégie.

Pour mesurer la différence, il faut se rappeler que le parlementarisme français avait toujours pratiqué une conception très particulière de la démocratie, selon laquelle le rôle des électeurs se limitait strictement à la nomination des représentants, lesquels étaient ensuite entièrement libres de leur comportement car ils s'identifiaient au peuple qu'ils représentaient et qui n'avait donc plus droit à la parole : leur volonté étant la sienne, le choix des gouvernements et leur renvoi étaient l'affaire exclusive des députés. Les partis français ont transposé sur le plan collectif cette conception qui tirait les conséquences extrêmes de l'irresponsabilité juridique des représentants en ignorant la responsabilité politique qui en est la contrepartie naturelle. Ce n'est peut-être pas un hasard si la langue française ne dispose pas du terme précis qui désigne la responsabilité des gouvernants devant le peuple, au double sens de lui rendre compte et de tenir compte de lui ; il faut l'emprunter à l'anglais : c'est *accountability*.

Pierre AVRIL

---

1. Otto Kirchheimer, « The Transformation of Western European Party Systems », dans J. La Palombara, M. Weiner (eds), *Political Parties and Political Development,* Princeton, Princeton University Press, 1966, p. 184.

CHAPITRE 4

LE PROCESSUS DE NOMINATION DES CANDIDATS ET L'ORGANISATION DES CAMPAGNES ÉLECTORALES

Ils sont, depuis 1965, quarante-quatre à être entrés dans l'arène. Pourtant, on nous permettra de prendre appui sur la typologie dégagée par Pierre Avril pour ne prendre en compte ici que les candidats qui figurent véritablement dans la compétition, qui concourent pour l'obtention du gain maximal, le pouvoir présidentiel. Autrement dit, on laissera de côté les candidatures qu'il définit comme individuelles, relevant d'une fonction de témoignage de petites organisations ou de tentatives de sortie de la marginalité. À partir de là, il est facile de distinguer les « grands candidats » des cinq élections intervenues, ceux qui retiendront notre attention : bien sûr, les cinq élus et même les dix finalistes, dans une élection qui a toujours été très disputée ; mais aussi les candidats arrivés troisièmes et qui pouvaient légitimement espérer, au début ou en milieu de campagne, figurer dans le tableau final, qu'il s'agisse de Jean Lecanuet en 1965 (illusion centriste), de Jacques Duclos en 1969 (deux points de moins seulement qu'Alain Poher), de Jacques Chaban-Delmas en 1974 (en tête de la droite en début de campagne), de Jacques Chirac en 1981 (encore qu'il lui soit difficile de penser dépasser Valéry Giscard d'Estaing) et de Raymond Barre en 1988 (là les jeux étaient plus ouverts). Et il paraît difficile d'oublier les vrais candidats, dont les résultats peuvent peser sur ceux du second tour, que sont Georges Marchais en 1981 et Jean-Marie Le Pen en 1988.

Cette liste amène à retenir un critère simple, avoir dépassé 10 % des suffrages exprimés au premier tour, soit dix-sept candidats qui regroupent 85 à 90 % de l'électorat, plus précisément :

- en 1965   3 candidats et 92   % des exprimés
- en 1969   3 candidats et 89,1 % des exprimés
- en 1974   3 candidats et 90,9 % des exprimés
- en 1981   4 candidats et 87,6 % des exprimés
- en 1988   4 candidats et 84,9 % des exprimés

On remarquera, au passage, que le système de candidatures, très structurant jusqu'à 1981, commence à se lézarder à cette date puisqu'il y a désormais quatre candidats pour dépasser les 10 % et que bientôt 15 % des suffrages exprimés s'éparpilleront sur d'autres. D'autres sont séparés d'ailleurs par un véritable fossé puisque, à chaque élection, le premier suivant des trois ou quatre tourne entre 3 et 7 % des suffrages exprimés, au maximum. Ainsi :

- 5,2 %   Tixier-Vignancour en 1965
- 5,1 %   Defferre   en 1969
- 3,1 %   Royer   en 1974
- 3,9 %   Lalonde   en 1981
- 6,8 %   Lajoinie   en 1988

Si l'on porte principalement l'observation sur les dix-sept candidats ainsi distingués, la première question est de savoir qui ils sont.

On peut d'abord s'attacher aux contours politiques de la candidature et on trouvera :

- trois présidents sortants : de Gaulle 1965, Giscard d'Estaing 1981, Mitterrand 1988 ;

- deux candidats à forte légitimité institutionnelle : Pompidou 1969 (le successeur), Poher 1969 (champion du *non* qui déclenche l'élection) ;

- quatre candidats communs à plusieurs formations politiques : Mitterrand 1965 et 1974, Lecanuet 1965, Giscard d'Estaing 1974 ;

- sept candidats émanant pour l'essentiel d'un parti : Duclos 1969, Chaban-Delmas 1974, Mitterrand 1981, Chirac 1981, Marchais 1981, Chirac 1988, Le Pen 1988 ;

– un candidat sans affiliation partisane forte : Barre 1988.

Pour être plus précis, on peut s'attacher aux positions institutionnelles détenues et on trouvera ainsi :

– trois présidents de la République : de Gaulle 1965, Giscard d'Estaing 1981, Mitterrand 1988 ;

– un président du Sénat : Poher 1969 («contre-président»
et président par intérim) ;

– un Premier ministre en exercice : Chirac 1988 ;

– quatre anciens Premiers ministres : Pompidou 1969, Chaban-Delmas 1974, Chirac 1981, Barre 1988 ;

– un ministre en exercice : Giscard d'Estaing 1974 ;

– sept candidats à position plus faible, mais tous parlementaires et la plupart anciens ministres, avec derrière eux une
longue carrière, à l'exception du dernier cité, puisque leur
premier mandat parlementaire date : de la Troisième République : Duclos 1969 (député en 1926) ; des débuts de la
Quatrième : Mitterrand 1965, 1974 et 1981 (député en 1946) ;
de la Quatrième : Lecanuet 1965 (député en 1951), Le Pen
1988 (député en 1956) ; du milieu de la Cinquième : Marchais
1981 (député en 1973).

Ce survol rapide [1] amène à deux conclusions qui, pour être
évidentes, n'en sont pas moins utiles.

– La candidature présidentielle, quand elle arrive à ce niveau,
est le résultat d'une longue montée vers les cimes du pouvoir.
Ce n'est jamais un brusque surgissement comme on croit
pouvoir l'observer dans le cas des États-Unis encore que, dans
ce système fédéral, ce sont souvent de fortes et anciennes
positions locales (sénateur, gouverneur), peu connues à l'extérieur, qui constituent l'élément de qualification.

– Comme le montre, *a contrario,* l'exemple de Raymond
Barre, le soutien d'un parti est indispensable et il faut, pour
l'obtenir, soit une position institutionnelle forte qui entraîne
l'adhésion, soit une maîtrise par le candidat des décisions de
son parti, c'est-à-dire le contrôle de l'appareil.

C'est dire que la position de candidat est étroitement liée
au rôle de l'intéressé dans le système partisan : l'élection présidentielle est le combat des chefs et, si c'est un « suppléant »,

---

1. Que l'on pourra compléter par Christophe Guettier, « Les candidats à
l'élection présidentielle », *Revue du droit public et de la science politique en
France et à l'étranger,* 1, 1990, p. 49-131.

il fait pâle figure (Defferre, Lajoinie). « Un parti n'existe que s'il a un candidat à l'élection présidentielle » est un des truismes les plus courants de ces dernières années ; on peut le compléter par un autre : « Un candidat à l'élection présidentielle n'existe que s'il a un parti. »

Cette relation parti-candidat nous paraît être le point central, que l'on retrouve aussi bien dans la candidature que dans la campagne, dans la mesure où l'on peut séparer les deux, ce qui n'est pas toujours très facile : ainsi, en 1988, où la décision de candidature ou de non-candidature de François Mitterrand est l'élément essentiel de sa campagne.

On retiendra tout de même cette distinction, généralement opératoire, candidature et campagne.

CANDIDAT DU PARTI
OU PARTI DU CANDIDAT ?

On veut dire par là que la relation parti-candidat n'est pas univoque et qu'il est trop rapide de dire, ce n'est pas faux mais c'est insuffisant, que les partis ont récupéré l'élection. Quels partis en effet ? La réalité montre qu'ils ont souvent été construits ou modifiés pour être les instruments d'une stratégie présidentielle, ce qui donne une nature assez artificielle aux procédures de désignation qu'ils peuvent organiser et qui fonctionnent plus comme moyen de légitimation que de sélection, en étant le premier acte d'un processus de rassemblement [1].

Construction et captation

Même si cela est un peu forcé, on peut distinguer, au moins dans la première partie de la Cinquième République — jusqu'à 1981 —, ces deux procédés, utilisés l'un et l'autre pour mettre les partis au diapason de l'élection.

---

1. Hugues Portelli, « La présidentialisation des partis », *Pouvoirs,* 14, 1980, p. 97-106 ; Jean-Claude Colliard, « Les partis dans l'élection », *Études,* février 1981, p. 161-175.

La construction de l'instrument

Les deux démarches les plus caractéristiques sont celles de François Mitterrand et de Valéry Giscard d'Estaing qui comprennent, l'un et l'autre dès 1962, que l'élection présidentielle va dominer la vie politique et ont donc désormais un but prioritaire : se « donner les moyens » d'y être candidat, construire l'instrument nécessaire. Commence alors un duel qui, trente ans après, n'est pas terminé. Et il commence par la restauration de partis bien défraîchis.

Le cas du Parti socialiste est particulièrement frappant. En annonçant sa candidature le 9 septembre 1965, François Mitterrand déclare :

« Il appartiendra aux organisations politiques comme à chaque citoyen de se déterminer en fonction des options fondamentales qui commandent ma candidature. »

Le terrain étant bien entendu préparé, le comité directeur de la SFIO le 15 septembre, puis le Parti radical et le Parti communiste apportent leur soutien [1]. De là naîtra la FGDS, liée par un accord de désistement réciproque avec le Parti communiste, fédération qui ne résistera pas aux événements de 1968, ce qui permet à la SFIO, qui a repris sa liberté d'action, de bloquer une éventuelle candidature Mitterrand en 1969. Pour ne plus dépendre de la volonté de cet appareil, il ne lui reste qu'à en prendre le contrôle, ce qui sera fait au congrès d'Épinay de juin 1971, et dès lors la revitalisation du parti va de pair avec la montée en puissance de la candidature : le 8 avril 1974, c'est à l'unanimité que le congrès extraordinaire du Parti socialiste demande à celui qui est devenu son premier secrétaire d'être son candidat.

Malgré l'échec, le parti présidentiel, rodé à cette occasion, confirme sa capacité d'attraction, ainsi les « assises du socialisme » des 12-13 octobre 1974 qui permettent l'entrée de Michel Rocard... donc d'un second candidat potentiel et le début d'un débat tumultueux [2] dont il est vite clair qu'il a

---

1. Voir Roger-Gérard Schwartzenberg, *La campagne présidentielle de 1965,* Paris, PUF, 1967, 182 p.
2. Voir Robert Schneider, *La haine tranquille,* Paris, Seuil, 1992, 293 p.

pour enjeu le contrôle de l'appareil pour la maîtrise de la candidature de 1981. L'affrontement culmine au congrès de Metz (6-8 avril 1979), avec la victoire de François Mitterrand et la certitude pour lui de pouvoir disposer comme il l'entend d'une éventuelle candidature Rocard. Celle-ci, annoncée le 19 octobre 1980 à Conflans-Sainte-Honorine, est retirée dès l'annonce de celle de François Mitterrand le 8 novembre 1980, candidature qui reçoit le soutien unanime du parti, confié dès lors pour un intérim puis pour un septennat à Lionel Jospin, le premier des fidèles de l'époque, puis, en 1988, le soutien du parti ayant été évidemment acquis au président sortant, à Pierre Mauroy, le coauteur d'Épinay. Un accroc dans cette sorte de mise en viager puisque Laurent Fabius aurait été préféré, ce sera chose faite en janvier 1992 où l'accord avec Michel Rocard permet au « candidat virtuel » de penser qu'il a par là même acquis le soutien de l'appareil nécessaire à sa candidature.

Cet accord se rompt avec la défaite aux élections législatives de 1993 : la possibilité lui en étant offerte, Michel Rocard ne résiste pas à la tentation de prendre le contrôle de l'appareil et devient premier secrétaire du PS par un vote du comité directeur le 3 avril 1993. Il semble dès lors acquis que rien ne pourra plus s'opposer à la candidature de celui qui, de « candidat virtuel », était déjà devenu « candidat naturel » du PS, et de fait il semble retrouver à son profit le cumul des dynamiques, rassemblement du camp-montée en puissance de la candidature. Le faux pas des élections européennes (12 juin 1994) remet tout en question et, à l'identique de l'année précédente, le conseil national du 19 juin, loin de se satisfaire de l'abandon par Michel Rocard de son « statut » de candidat naturel, le démet de ses fonctions pour le remplacer par Henri Emmanuelli dont la caractéristique principale — on laissera de côté la question des lignes politiques — est de ne pas être en possibilité de candidature à l'élection présidentielle.

La manœuvre de 1993 avait un objectif clair, verrouiller l'appareil autour du candidat, celle de 1994 tout autant : déblayer la route pour Jacques Delors qui ferait, selon les sondages, meilleure figure pour l'élection à venir, la question restant entière lorsque l'intéressé décide de ne pas céder à l'affectueuse pression de ses amis. 1994 apparaît ainsi comme marquant la fin d'une logique avec la séparation entre les fonctions de dirigeant du parti, répondre à l'attente des militants, et la fonction de candidat, rassembler les électeurs d'un éventail plus large ; on pourrait ainsi retrouver le schéma que connaissait la SFIO d'avant-guerre avec un leader au destin gouvernemental, Léon Blum, et un secrétaire général chargé de gérer l'appareil, Paul Faure. L'échec de Michel Rocard marque ainsi, et il n'y a pas là que malice, la fin du couplage institué par François Mitterrand, la maîtrise personnelle du parti pour assurer sa propre candidature.

Pour ce qui est des républicains indépendants puis du Parti républicain, leur histoire commence lorsque le vieux CNI vole en éclats aux législatives de 1962, après s'être prononcé pour le *non*... au référendum sur l'élection au suffrage universel direct du président de la République. Sur ses débris, Valéry Giscard d'Estaing, ministre des Finances, constitue sans grand mal un groupe parlementaire puis, lorsqu'il est écarté du gouvernement début 1966, un embryon de parti, la FNRI [1]. Elle devient, dès 1967, le partenaire indispensable de la majorité, pendant que l'image présidentielle de son leader s'affirme. Pas assez cependant pour qu'il se lance dans la bataille de 1969 et, après en avoir caressé l'idée, celui qui « n'avait pas voté *oui* » au référendum du 27 avril se rallie le 30 à la candidature de Georges Pompidou.

L'érosion du parti gaulliste sous la présidence de G. Pompidou, le remplacement du parti dominant par une majorité plus composite montrent que le rêve du rééquilibrage, réunissant les modérés et les centristes pour prendre à l'UDR le leadership du camp conservateur, commence à devenir réalité : aux législatives de 1973, l'UDR réunit 24 % des suffrages contre 23 % à l'ensemble, encore hypothétique, des RI, centristes et modérés favorables à la majorité. Agréger cet ensemble, mordre sur l'électorat gaulliste en profitant des divisions du mouvement (ralliement de Jacques Chirac et des « 43 »), profiter au second tour de la dynamique ainsi créée, qui suppléera à la légèreté de l'appareil, ce sera chose faite en 1974.

La rapidité de la victoire semble frapper les RI d'une « difficulté d'être » et il faudra attendre la sévère défaite des municipales de 1977 pour qu'un effort soit entrepris avec la trans-

1. Voir Jean-Claude Colliard, *Les Républicains indépendants et Valéry Giscard d'Estaing*, Paris, PUF, 1971, 352 p., et « Le parti giscardien », *Pouvoirs*, 9, 1979, p. 115-129.

formation en Parti républicain (congrès de Fréjus, 20-21 avril 1977), dirigé par des fidèles, Michel Poniatowski, Jean-Pierre Soisson puis Jacques Blanc.

Mais le PR à lui tout seul n'a pas la dimension suffisante pour être le nécessaire « parti du Président » : la tâche sera confiée à un rassemblement, l'UDF, qui ne résout pas, avant l'élection présidentielle de 1981, la question de savoir s'il doit regrouper les appareils séparés ou rester une confédération. La défaite de 1981 amène le maintien de la seconde solution, et l'éloignement forcé de Valéry Giscard d'Estaing permet l'arrivée à la tête du PR (septembre 1982) de François Léotard dont il est vite clair qu'il songe à son propre destin présidentiel. Mais Valéry Giscard d'Estaing entame une longue reconquête du pouvoir et, en prenant en juin 1988 la présidence de l'UDF, s'assure, après l'échec de Raymond Barre et de Jacques Chirac le mois précédent, une solide position partisane pour les échéances à venir.

D'où de forts tiraillements lorsque au printemps 1994 l'hypothèse d'une candidature Balladur prend corps : le PR semble avoir pour préoccupation essentielle d'empêcher la candidature de son père fondateur, comme l'illustre la tentative avortée de la création d'un groupe parlementaire autonome, distinct de l'UDF, en mai-juin 1994. On voit mal dès lors comment, dans le cas d'une candidature Balladur, V. Giscard d'Estaing, privé *a priori* du soutien du CDS et du PR, pourrait compter sur un fort appui partisan. Là aussi, la logique engagée dans les années 1960-1970 semble trouver ses limites.

La captation de l'existant

Si la structure est déjà forte, avec un solide potentiel électoral, le problème du candidat est plus simple : en prendre le contrôle et s'assurer la maîtrise absolue qui lui permettra de se désigner ou, s'il lui paraît bon d'éviter l'épreuve, de désigner le candidat de son choix. Un processus plus simple qui appelle moins de développements, qu'il s'agisse du RPR ou du PCF.

Le RPR est, par construction, un « parti du président » et n'aura aucune difficulté à l'être tant que l'un des siens occupera l'Élysée, de Gaulle jusqu'à 1969, puis Georges Pompidou, immédiatement soutenu dès l'annonce officielle de sa candidature le 29 avril 1969, jusqu'à sa mort, le 2 avril 1974. Ce

qui caractérise le parti à cette époque, c'est qu'il n'a pas droit
à l'autonomie politique ; les secrétaires généraux sont volontiers
effacés et, si leur vient une velléité d'indépendance, il suffira,
pour les remplacer, de les appeler au gouvernement [1]. En 1974,
perdant l'Élysée, l'UDR ne peut demeurer dans la même
situation : le substitut est trouvé en faisant du Premier ministre,
Jacques Chirac, le secrétaire général du parti, pour l'amener
au président élu... ou pour en faire, on s'en apercevra bientôt,
l'instrument de la reconquête. Aussi quelques mois après avoir
quitté le gouvernement (août 1976), il transforme sans difficulté
l'UDR en RPR (décembre 1976) et le parti, n'ayant plus ni
l'Élysée, ni Matignon, se dote enfin d'un président. La prise
en main est totale, l'appareil reconstruit autour de jeunes fidèles
(Jacques Toubon, Alain Juppé) pour être l'instrument d'une
stratégie présidentielle : il surmonte sans difficulté l'échec de
1981 (mais est-ce un échec ou l'objectif secret n'est-il pas
atteint !), plus difficilement celui, plus sévère, de 1988. Quelles
que soient les difficultés qui commencent alors, constitution
d'une tendance Pasqua-Séguin, division sur le référendum européen de 1992, le soutien affirmé à une nouvelle candidature
de Jacques Chirac est le point qui fait l'unanimité et le président
du parti a bien le contrôle de l'appareil.

Mais cela est-il suffisant dès lors que les sondages font
apparaître que le Premier ministre, issu du même parti, peut
être meilleur candidat. Le problème semble être celui de la
marge de sécurité acceptable, chacun des deux camps tenant
en quelque sorte l'autre : la candidature de Michel Rocard,
faible dans les sondages, permettait celle de Jacques Chirac ;
celle de Jacques Delors facilitait celle d'Édouard Balladur,
mieux à même de le dominer, encore qu'au début de l'été 1994
l'écart entre les deux candidats potentiels du RPR semble se
resserrer... et de ce fait l'hypothèse d'une double candidature
se préciser. Arbitrage par les sondages, par les grands barons
de l'appareil comme Charles Pasqua ou par un processus institutionnel, on verra plus loin comment cette situation a relancé
le débat sur les primaires.

Le PCF se trouve, lui, dans une situation différente puisque
ses chances de remporter l'élection présidentielle sont nulles. La

1. Voir Jean Charlot, *Le phénomène gaulliste*, Paris, Fayard, 1970, 207 p.

vraie question pour lui est de savoir comment passer au mieux cette épreuve, d'autant plus redoutable qu'elle revient tous les sept ans. En 1965, il ne lui est pas difficile de montrer qu'il est la force principale dans l'électorat du candidat unique de la gauche. En 1969, la division de ce qui est encore la gauche non communiste – elle présente Defferre et soutient Poher –, alliée à la bonhomie affichée de Jacques Duclos lui offre le beau score de 21,3 % des exprimés. En 1974, la stratégie du Programme commun permet à nouveau de s'effacer derrière François Mitterrand devenu de candidat unique, candidat commun.

Mais lorsqu'il prend conscience que cette stratégie d'union profite plus à son allié qu'à lui-même, le problème de la candidature à l'élection présidentielle commence à se poser dans les mêmes termes que pour les autres partis, et, devenu secrétaire général, Georges Marchais sent bien que, pour affirmer l'identité du parti, il ne pourra éviter d'être candidat. D'où une ferme emprise sur l'appareil qui commence au 23ᵉ congrès (9-13 mai 1979) et, après un résultat moyen en 1981 (15,4 % des exprimés), se poursuit par une mise à l'écart sans faiblesse des opposants et des contestataires, même et surtout lorsqu'il s'agit des ministres dont on réclamait à toutes forces la présence au gouvernement en 1981. Verrouillage qui permet de désigner pour 1988 André Lajoinie pour des raisons qui relèvent sans doute plus d'une stratégie intérieure que du désir de retrouver à cette élection une forte audience populaire. Le remplacement de Georges Marchais par Robert Hue au début de 1994 ne semblait pas devoir s'interpréter comme la pré-désignation d'un candidat à l'élection présidentielle mais c'est pourtant le nouveau secrétaire national qui est désigné, à l'unanimité moins quatre abstentions, par le comité national de son parti le 21 septembre 1994. Malgré une campagne d'affichage sur tout le territoire menée, pour respecter les nouvelles dispositions législatives, dans les derniers jours de l'année, rien ne permet de penser que le Parti communiste puisse envisager en 1995 autre chose qu'une candidature de témoignage et d'affirmation de son nouveau leader.

Telle est donc la situation des grands partis dans leur rapport avec la candidature présidentielle, construits ou captés pour la servir. Naturellement, au fur et à mesure que l'on avance dans l'histoire de la Cinquième République, les instruments qui n'étaient pas construits le sont et le problème devient surtout celui de la captation : après Mitterrand, Rocard, après Giscard d'Estaing, Léotard, jusqu'au « tour de chauffe » des élections européennes, les destins continuaient leurs routes parallèles, avant de prendre des chemins de traverse.

Cette domination de l'appareil par le candidat existe aussi chez les partis plus petits : ainsi le Front national, résurgence plus prospère que les autres d'un vieux courant d'extrême droite permanent dans la vie politique française, est voulu par son chef, Jean-Marie Le Pen, comme étant avant tout son instrument, notamment pour la présidentielle avec une candidature en 1974, en 1988 et en 1995 (malgré un hiatus en 1981 pour manque de signatures). Là le culte du chef suffira à la procédure, ailleurs il en faudra plus.

Les procédures et le rassemblement

Sous les fortes réserves ci-dessus, les partis « désignent » leur candidat. Mais, dès que celui-ci a montré qu'il savait rassembler son camp dans une indispensable unanimité, il lui faut montrer qu'il en dépasse les limites, en acquérant, si faire se peut, d'autres soutiens.

Action et procédure

Si la candidature résulte d'un acte individuel, première manifestation du « caractère » que doit montrer un candidat à la présidence, elle se doit d'apparaître comme immédiatement soutenue par une adhésion collective.

L'acte individuel est essentiel. « L'affectueuse pression des amis », selon la formule républicaine et consacrée, même lorsqu'elle joue un rôle non négligeable dans le processus de candidature (ainsi l'« appel des trente » pour François Mitterrand le 20 juin 1978), ne dispense pas le candidat de se déclarer lui-même disponible, tôt (Georges Pompidou à Rome le 17 janvier 1969 alors que l'élection de juin n'est pas encore prévisible), tard (François Mitterrand le 9 septembre 1965 pour l'élection de décembre), voire même très tard (le général de Gaulle le 4 novembre 1965, François Mitterrand le 22 mars 1988, soit dans les deux cas un mois avant). Mais ce délai n'est évidemment inspiré que par la tactique : il faut en réalité avoir fait depuis des années, de longues années, « comme si ».

Même le recordman de la catégorie, Valéry Giscard d'Estaing, mettra plus de dix ans pour arriver au but. Bref le candidat ne doit pas être pressé ; mais être disponible et être prêt en ayant préparé, on l'a montré plus haut, l'approbation des siens et d'abord de son parti qui doit être rapide et unanime. La chose est facile pour un candidat institutionnel (en particulier le président sortant), plus difficile pour les autres : il leur faut apparaître comme le candidat naturel de leur formation. Cela suppose d'avoir marginalisé ou instrumentalisé la concurrence, en ayant utilisé si nécessaire les sondages contre l'appareil ou l'appareil contre les sondages : ainsi François Mitterrand contre Michel Rocard pour 1981 et, à position inversée, Michel Rocard contre un éventuel Jacques Delors jusqu'à juin 1994, une vision des choses optimiste pour la gauche amenant à penser que le changement de premier secrétaire réconcilierait appareil et sondages, ce débat ne restant alors que celui du RPR.

La procédure se doit, quant à elle, d'être discrète, puisque la candidature sera d'autant plus valorisée qu'elle sera celle d'un homme au-dessus des partis. Pas question d'une longue course d'obstacles qui laisserait exsangue un candidat décrochant son investiture par 51 % de ses amis contre 49 % de ses compagnons.

Ainsi la division de l'UDR pèse lourd dans l'échec de Jacques Chaban-Delmas en 1974, ainsi l'affrontement, très en amont, du congrès de Metz est indispensable à la bonne désignation de François Mitterrand.

Certes, un peu de démocratie dans la désignation n'est pas à dédaigner pour autant qu'elle marque l'unanimité et le début d'un processus de rassemblement.

Finalement, en dehors des candidatures de témoignage qui peuvent être le résultat de décisions d'appareil [1], le candidat qui veut avoir des chances de l'emporter n'a qu'une voie à choisir, celle de l'autoproclamation ratifiée : il s'avance et reçoit immédiatement le soutien (enthousiaste) de tous ceux dont il est déjà entendu qu'ils constitueront le capital de départ ; ainsi Georges Pompidou, candidat officiellement le 29 avril 1969 et

---

1. Voir Jean-Michel Brault, *Les procédures de désignation des candidats aux élections présidentielles,* mémoire de DEA, Université Paris II, 1976, 129 p.

bénéficiaire du soutien de l'UDR, des RI et du PDM les 29 avril, 30 avril et 22 mai ; ainsi François Mitterrand en avril 1974 (ralliement immédiat des partis du Programme commun et du PSU).

C'est dire que le choix réel par les militants, le suffrage universel appliqué à la candidature comme il l'est à l'élection véritable, n'a que peu de chances de devenir la procédure normale de désignation : prévu par le règlement intérieur du PS (chap. 4-1), il n'a joué ni en 1981, ni en 1988 et risque bien de rester théorique.

Un candidat de rassemblement

C'est le maître mot d'une bonne candidature pour accompagner les sentiments ambiants, ceux de la dévalorisation des partis et de la valorisation de l'union (« la France unie »). Il faut donc montrer, si l'équation politique de l'élection le permet, le soutien de plusieurs formations, par accord d'états-majors... ou éventuellement par ce qu'on appelle, improprement, des « primaires ».

L'accord d'états-majors fait que le candidat investi par son parti (généralement donc après s'être autoproclamé) est adopté par d'autres : ils ne le désignent pas, ils le soutiennent. Ce peut être dans le but électoral immédiat — gagner l'élection — mais aussi souvent, dans une perspective politique plus lointaine, signifier par un premier acte fort les débuts d'une stratégie de recomposition politique : 1965-Mitterrand et Lecanuet : stratégie des gauches (addition et union) et stratégie du centre (addition et recherche d'un rôle de charnière) ; 1974-Mitterrand (du candidat unique au candidat commun) et Giscard d'Estaing (addition des petits pour dépasser le grand du même camp).
Et ainsi de la candidature naissent des partis, des regroupements : FGDS et Centre démocrate après 1965, UDF après 1974. Ou, si l'on préfère, l'élection présidentielle a un but immédiat, la conquête du pouvoir par la voie présidentielle et un but second, la conquête du pouvoir par la voie parlementaire. Bien entendu, ces calculs partisans ne seront pas à évoquer dans la campagne présidentielle, sauf s'il s'agit de rassurer sur la capacité du candidat à pouvoir rassembler une majorité parlementaire lui permettant à lui de gouverner et, par là même, au pays d'« éviter l'aventure ».

La question des primaires est posée depuis qu'à la suite de son double échec de 1981 et de 1988, la droite parlementaire est persuadée que ses mauvais résultats viennent de la dualité de candidature et des mauvais reports de voix qu'elle générerait. Or le rapport de forces entre les deux formations n'est pas clairement établi : en faveur du RPR en termes de suffrages, en faveur de l'UDF en termes de positions locales détenues. D'où l'idée de trouver un mécanisme d'arbitrage : le choix des électeurs.

Sous la vigoureuse impulsion de Charles Pasqua, promoteur de l'idée (par exemple, *Le Monde* du 8 juin 1989), fondateur et président à cette date d'une Association pour les primaires à la française, rédacteur d'une charte détaillée en vingt articles, l'idée a fait son chemin au point d'être adoptée dans un accord RPR-UDF du 10 avril 1991.

Choix par les électeurs, soit. Mais quels électeurs ? Les citoyens et cela risque de pencher vers un candidat, les notables (environ 60 000 élus) et cela risque d'aller vers l'autre. L'accord d'avril 1991 retient subtilement la première formule pour une élection à date normale, la seconde pour une élection anticipée, d'où les crispations de l'automne 1992 lorsque, à tort, cette hypothèse semble gagner du terrain. La décision de Jacques Chirac de pousser, après mars 1993, Édouard Balladur à Matignon fait vite apparaître, ce n'était évidemment pas le but, un prétendant nouveau. Dès lors, la question des primaires se complique puisque à la traditionnelle rivalité du RPR et de l'UDF s'ajoute une rivalité interne au RPR, ce qui veut dire qu'une triple candidature n'est pas exclue, surtout si les chances d'un candidat de gauche paraissent faibles. On comprend qu'une telle perspective ait amené Charles Pasqua à relancer son projet de primaires en soumettant au Premier ministre, le 27 juin 1994, une « proposition d'avant-projet de loi » pour organiser ce nouveau mode de sélection. D'après le texte publié par *Le Figaro* du 1er juillet 1994, l'idée principale serait de prêter le concours de l'État « aux partis et groupements politiques désireux d'associer le corps électoral au choix de leur candidat », en organisant dans les bureaux de vote officiels, installés pour la circonstance, une consultation des électeurs sur le choix du candidat de la famille demanderesse ; laquelle doit s'adresser au ministère de l'Intérieur pour qu'il organise l'affaire, après avoir précisé si elle souhaitait un scrutin à un tour ou deux et après avoir réglé les frais de l'opération, évalués à 35 millions de francs pour l'élection présidentielle... Même si un sondage opportunément commandé par l'Association pour les primaires à la française, soudainement dotée de quelques moyens, fait apparaître que 53 % des sondés sont favorables à l'idée (enquête SOFRES dans *Le Figaro* du 1ᵉʳ juillet 1994), les difficultés constitutionnelles (égalité entre les partis, notamment pour le financement), organisationnelles (ouverture à tous les électeurs sans que l'on puisse évidemment vérifier leur appartenance au camp concerné) et surtout politiques (le système tombe si un postulant le récuse) paraissent considérables, sans même évoquer le fait que, sur un plan théorique, il n'y a pas de meilleur moyen pour affirmer l'emprise des partis sur l'élection.

L'accueil fait à cette proposition est d'ailleurs pour le moins mitigé et la plupart des acteurs potentiels de 1995 se montrent pour le moins dubitatifs, les partisans de la procédure étant plutôt ceux qui font d'Édouard Balladur leur candidat, puisqu'il aurait, du fait de sa cote personnelle, de bonnes chances de sortir vainqueur de la consultation, les réticents se recrutant plutôt dans l'entourage des autres candidats potentiels. Ainsi fait juge et partie, É. Balladur semble lui-même embarrassé et peu pressé de soumettre le projet à la discussion parlementaire, même s'il s'y rallie officiellement le 7 novembre 1994. Toujours très réticent, l'état-major du RPR comprend alors qu'il vaut mieux ne pas refuser ouvertement mais s'appuyer sur les difficultés de mise en œuvre d'une telle procédure : c'est ainsi qu'est acceptée, le 23 novembre 1994, la constitution d'un groupe de travail de la majorité parlementaire sur les primaires qui ne met pas beaucoup de temps pour arriver, le 1ᵉʳ décembre, à la conclusion que l'organisation en est impossible.

Le feuilleton étant ainsi terminé, il apparaît clairement que sa promotion relevait plus de l'affichage d'une volonté unitaire que d'une véritable réponse institutionnelle au problème de la désignation des candidats ; en 1995 encore, il paraît fort vraisemblable que la sélection sondagière, pour reprendre l'expression de Jean-Luc Parodi, et la volonté des appareils seront les éléments déterminants [1].

---

1. Voir, sur ce point, les travaux du colloque *Les primaires ou la sélection des candidats présidentiels,* AFSP/CACSP, 27-29 avril 1994, sous la direction de Jean-Luc Parodi et de Claude Emeri, notamment les rapports de Jean-

Qu'il l'ait été avec ou sans procédure, le candidat ainsi déclaré, investi et soutenu, peut entrer en campagne, si ce n'est déjà fait... Comme en 1988 où la campagne d'affiches « génération Mitterrand » est la vraie campagne d'un non-candidat.

CAMPAGNE DU CANDIDAT ET CAMPAGNE DU PARTI

Cette imbrication du candidat et du parti, on la retrouve dans la campagne, même si, pour des raisons de bon ton (le rassemblement, la candidature au-dessus des partis), l'appareil doit rester à l'arrière-plan, ne pas être visible : l'acteur sur la scène, les machinistes dans la coulisse. Et, pourtant, le soutien du parti est déterminant, dans l'organisation de la campagne comme dans son financement.

L'organisation de la campagne

Organiser une campagne, c'est mettre en place une structure qui va prendre en charge les multiples problèmes, matériels ou tactiques, qui vont apparaître : déplacements, comités de soutien, courrier, matériel de campagne, préparation des interventions, arguments et ripostes... Bref, permettre au candidat de faire face à tout un déroulement, à tout un rituel.

L'appareil

Une campagne présidentielle se mène évidemment d'abord au niveau national avec une alternative, prendre appui sur les structures du parti ou les subordonner à une cellule *ad hoc*, ce qui sera généralement la solution retenue. Mais il y a aussi le niveau local, car en définitive les voix sont à ramasser sur le terrain et là c'est presque toujours le retour du ou des partis.

La priorité à un staff personnel au niveau national peut être facilement observée. Elle est évidemment indispensable au pré-

Luc Parodi, « La sélection sondagière », et de Florence Haegel, « La tentative d'instauration de primaires à la française ».

sident sortant qui ne peut faire campagne depuis l'Élysée et ne peut se rétrécir en regagnant son parti d'origine.

Il est donc obligatoire pour lui de mettre en place dans un lieu neutre, aménagé pour la circonstance, une équipe de collaborateurs personnels, de toute confiance, sous l'autorité d'un directeur de campagne qui devra veiller à tout, y compris à la liaison avec le ou les partis qui soutiennent. Ainsi en va-t-il de la rue de Marignan, sous la houlette de Philippe Sauzay, en 1981 pour Valéry Giscard d'Estaing [1] ou de l'avenue Franco-Russe, sous l'autorité de Pierre Bérégovoy, en 1988 pour François Mitterrand.

La précaution est aussi utile pour qui veut apparaître au-dessus des partis, ainsi Georges Pompidou, boulevard de Latour-Maubourg (où MM. Balladur, Jobert et Juillet jouent les premiers rôles), ou Alain Poher, rue de Vaugirard, en 1969 [2]. Ou pour qui veut montrer par un lieu neutre qu'il ne privilégie aucun des partis qui le soutiennent, ainsi François Mitterrand à la tour Montparnasse en 1974 [3], face à Valéry Giscard d'Estaing qui a choisi, lui, la rue de la Bienfaisance [4].

Cela dit, la règle n'est pas absolue et un candidat, lorsqu'il n'a pas à s'encombrer de ces précautions, peut aussi faire campagne depuis le siège de son parti : ainsi Jacques Duclos en 1969 ou François Mitterrand en 1981, ce dernier exemple montrant qu'il n'y a pas là un handicap rédhibitoire.

Au niveau local, le parti est la structure la plus opératoire. Il y a bien sûr des comités de soutien, souvent organisés autour du mandataire prévu par les règles électorales et s'adressant en priorité à des relais d'opinion locaux, notables élus ou représentants de la société civile, de plus en plus à la mode. Mais cela fait peu de militants de terrain et ceux-là on les trouvera dans les partis pour les tâches ingrates mais indispensables : tracts, affiches, organisation de réunions, diffusion d'argumentaires, tenue des bureaux de vote, etc.

---

1. Voir Stéphane Denis, *La chute de la maison Giscard*, Paris, Jean-Claude Lattès, 1981, 235 p.
2. Voir Roger-Gérard Schwartzenberg, *La guerre de succession*, Paris, PUF, 1969, 292 p.
3. Voir Sylvie Colliard, *La campagne présidentielle de François Mitterrand en 1974*, Paris, PUF, 1979, 230 p.
4. Voir Jacques Berne, *La campagne présidentielle de Valéry Giscard d'Estaing en 1974*, Paris, PUF, 1981, 208 p.

Quant au mandataire, au président du comité de soutien, les deux fonctions étant parfois réunies, ils seront choisis avec soin, soit pour couvrir le plus d'espace politique possible, soit pour acquérir une notoriété, une autorité qui en feront ensuite un relais sûr dans le département, préoccupation très présente dans les choix de François Mitterrand en 1974.

Enfin, les élus seront fermement priés de s'engager à fond « comme si c'était votre propre campagne », pour reprendre les termes d'une consigne fréquemment donnée, quel que soit le parti.

Le rituel

On osera ce terme, après Philippe Braud [1], car dans une France où le spectacle politique ne fait plus guère recette, la campagne présidentielle semble en être le dernier refuge. Rien n'est plus laissé au hasard, à l'improvisation. Longtemps à l'avance, hommes de communication et gourous (Michel Bongrand, Jacques Hintzy, Jacques Séguéla pour les plus connus) auront déterminé, sondages de motivation et analyses de pénétration à l'appui, cibles et segments critiques. Après quelques balbutiements, pour Jean Lecanuet en 1965, le marketing électoral s'imposera comme une préoccupation essentielle du candidat et de son état-major [2]. C'est ainsi que sera expliqué le succès de Valéry Giscard d'Estaing, qui y a largement recours, contre un François Mitterrand encore réticent en 1974, avant de se laisser convaincre et de passer maître dans l'utilisation de ces techniques en 1981 et plus encore en 1988.

La stratégie de campagne étant ainsi déterminée, les populations sensibles identifiées, il reste à les convaincre, par des actions de terrain qui seront répercutées pour toucher l'ensemble de la catégorie concernée, comme aussi et peut-être surtout par la campagne télévisée.

Une bonne campagne, c'est une forte présence sur le terrain, et le candidat apparaîtra volontiers rural, attaché à la « France profonde », consolateur de la veuve de Carpentras et protecteur

---

1. Voir Philippe Braud, « Élire un Président... ou honorer les dieux ? », *Pouvoirs,* 14, 1980, p. 15-28.
2. Voir Michel Noir, « L'utilisation des techniques de marketing dans une campagne présidentielle », *Pouvoirs*, 14, 1980, p. 69-80.

du primeuriste de Plougastel. Mais il doit offrir aussi son cœur aux grandes villes par des meetings de masse, en veillant à l'équité géographique, sans oublier l'outre-mer dont le poids peut être déterminant. Tout cela devant produire des images fortes pour les journaux télévisés (ainsi le déplacement des meetings de la soirée vers la fin d'après-midi « pour avoir le 20 heures »), et ce d'autant mieux qu'on pourra emmener avec soi, « pour leur faciliter la tâche », des équipes de journalistes.

La campagne télévisée est souvent considérée comme fondamentale et, au fur et à mesure que se rode le processus de l'élection, elle se caractérise par un paradoxe : d'un côté une campagne officielle surréglementée, surveillée de près par la commission de contrôle de l'élection et par l'autorité de l'audiovisuel (ainsi les recours des candidats auprès de la CNCL en 1988 [1]), mais que personne ne regarde plus depuis la privatisation de la majeure partie de l'audiovisuel (de 2 à 8 % d'audience en 1988 selon le rapport de la commission nationale de contrôle), et de l'autre un « grand débat », beaucoup moins surveillé et laissé à la seule déontologie des journalistes et aux accords passés entre représentants des candidats, débat qui va attirer, en 1988, trente millions de téléspectateurs, avec une audience oscillant entre 45 et 49 % [2]...

Signalons que les temps d'antenne de la campagne officielle, deux heures par candidat, sont, en vertu du décret du 14 mars 1964, utilisés personnellement par eux ou « à leur demande par les partis qui les soutiennent » ; retour des partis mais possibilité, il faut bien le dire, de plus en plus faiblement utilisée. Enfin l'usage des spots publicitaires, un moment autorisé par la loi sur la communication du 30 septembre 1986, a été à nouveau interdit lors de la refonte de cette loi par celle du 17 janvier

---

1. Voir le rapport de la commission nationale de contrôle au président de la République, p. 233-254 dans Didier Maus, *Textes et documents relatifs à l'élection présidentielle des 24 avril et 8 mai 1988*, Paris, La Documentation française, 1988, 264 p. On trouvera, dans le même recueil, le rapport de la CNCL avec des annexes amusantes (p. 194-232) et les observations du Conseil constitutionnel sur le déroulement de la campagne (p. 255-258).

2. Sur la comparaison des campagnes télévisées en France et aux États-Unis, voir Jacques Gerstlé, Olivier Duhamel et Dennis Davis, « La couverture télévisée des campagnes présidentielles. L'élection de 1988 en France et aux États-Unis », *Pouvoirs*, 63, 1992, p. 53-69.

1989 à la suite d'un amendement déposé par Jacques Barrot, au nom de la nécessité de contenir les dépenses financières.

C'est au nom de cette même nécessité que la loi du 15 janvier 1990, relative au financement des activités politiques, fait disparaître un moyen de propagande qui avait pourtant marqué de façon considérable les campagnes présidentielles ; tout affichage commercial est désormais interdit dans les trois mois précédant le mois de l'élection : adieu les affiches 4 × 3 où les publicitaires rivalisaient d'invention et de poésie pour faire rêver sur leur candidat, sa fille cadette ou le clocher de son petit village [1] !

Mais il est vrai que l'augmentation du coût des campagnes pose un réel problème pour ce qui est de leur financement.

Le financement

C'est le sujet mystérieux par excellence, qui donne naissance à toutes les rumeurs et à toutes les hypothèses. Il faut là considérer deux situations bien différentes, avant et après l'intervention de la loi du 11 mars 1988 (modifiée après l'élection de 1988 par les lois des 15 janvier et 10 mai 1990) : ou comment passer du brouillard à la lumière... tamisée.

Avant 1988 : brouillard et débrouillardise

Jusqu'aux années 1980, c'est là un sujet que l'on n'aborde pas ou pour constater... qu'on ne sait pas grand-chose de l'« argent secret [2] » si ce n'est que l'étendue croissante des besoins ouvre le champ à toutes les hypothèses.

Des besoins mais pas de ressources. C'est ainsi que peut se résumer la problématique du candidat dont les dépenses croissent de façon exponentielle. On « murmure » que celles du candidat Pompidou auraient atteint les 30 millions de francs, somme considérée comme énorme en 1969 ; depuis, les campagnes se sont encore professionnalisées : sondages et marketing, multiplication des affiches 4 × 3, avions personnels, etc. Quant aux ressources, ni financement public ni publicité des comptes avant

---

1. Voir commentaires et reproductions dans Jean-Marc et Philippe Benoit, Jean-Marc Lech, *La politique à l'affiche : affiches électorales et publicité politique, 1965-1986*, Paris, Éditions du May, 1986, 221 p.
2. Pour reprendre le titre d'André Campana, *L'argent secret*, Paris, Arthaud, 1976, 191 p.

ou après l'élection. En tient lieu la promesse rituelle de publier les siens... dès que les autres en auront fait autant !

Les hypothèses avancées ne reposent sur aucune certitude. On sait que la version officielle, cotisations des militants et des élus, succès des souscriptions et des quêtes à la sortie des meetings, ne couvre pas toute la réalité, d'autant que les mieux informés laissent entendre que le produit d'une souscription... couvrira les frais de la souscription. Pourtant, les associations, souvent *ad hoc*, qui signent les campagnes (comité d'action pour, association de soutien à) ont des ressources importantes et l'on évoquera pêle-mêle les caisses du patronat, les fonds secrets, les commissions des partis, voire l'argent de l'étranger... Rien ne le prouve, rien ne prouve le contraire.

La loi de 1988 et ses suites

Le climat malsain né de la découverte – ou de la recherche – de scandales pendant la période de cohabitation conduit au réel effort de moralisation introduit par les lois de 1988, car, en raison des dispositions constitutionnelles, il faut une loi organique pour régler ce qui concerne le président de la République et les parlementaires et une loi ordinaire pour ce qui est du restant de l'activité politique. La loi organique du 11 mars 1988 sera modifiée par celle du 10 mai 1990 et la loi ordinaire du 11 mars 1988 par celle du 15 janvier 1990, les mécanismes principaux restant les mêmes [1].

Le dispositif se caractérise pour ce qui est des dépenses par le principe du plafonnement, et pour ce qui est des ressources par le recours partiel au financement public.

En 1988, le plafond des dépenses autorisées est fixé à 120 millions de francs par candidat, somme augmentée de 20 millions de francs pour les finalistes du second tour et, de l'avis général, c'est là une vue assez réaliste des besoins au moins pour le premier tour puisque la loi du 10 mai 1990 portera la somme utilisable pour le second à 40 millions de francs, soit un total de 160 millions de francs ; en même temps sera instituée

---

1. La littérature sur le sujet commence à être abondante. On signalera pour son caractère synthétique : Yves-Marie Doublet, *Le financement de la vie politique*, Paris, PUF, coll. « Que sais-je ? », 1990, 128 p.

une avance de 3 millions de francs pour chaque candidat admis à participer à la compétition. À l'inverse le climat de l'automne 1994 amène le gouvernement à proposer une révision à la baisse des plafonds de dépenses : 90 MF pour le premier tour, somme portée à 120 MF pour les finalistes, selon le texte adopté par le Sénat puis, le 13 décembre 1994, par l'Assemblée nationale.

Quant au financement public, il prend la forme d'un remboursement dont le montant est d'un vingtième du plafond pour les candidats qui ont obtenu moins de 5 % des voix, d'un quart pour ceux qui ont dépassé la barre, soit 6 millions de francs, 30 millions de francs et 35 millions pour les finalistes (40 depuis 1990). Pas de proportionnalité donc, ce qui est curieux pour un remboursement ; les quelques voix qui font la différence entre 4,99 et 5,01 % pèsent 24 millions de francs... En 1988, ce mode de calcul a désavantagé le candidat du PS, avantagé ceux... du PCF et du FN et été à peu près neutre pour les autres. En effet, si un principe de proportionnalité avait été retenu, ce qui n'aurait pas été illogique puisqu'il s'agit d'un remboursement, cela aurait permis aux principaux candidats de se voir retourner, à somme totale égale et en tenant compte du seul premier tour, les montants suivants : François Mitterrand : 34 %, soit 56 millions de francs, au lieu de 30 millions de francs, soit + 26 ; Jacques Chirac : 20 %, soit 33 millions de francs, au lieu de 30 millions de francs, soit + 3 ; Raymond Barre : 16,5 %, soit 27 millions de francs, au lieu de 30 millions de francs, soit − 3 ; Jean-Marie Le Pen : 14 %, soit 23 millions de francs, au lieu de 30 millions de francs, soit − 7 ; André Lajoinie : 7 %, soit 11 millions de francs, au lieu de 30 millions de francs, soit − 19.

Curieux système que celui qui avantage ainsi les candidats les moins susceptibles d'être élus !

L'expérience a montré les limites des possibilités de contrôle même si le système a fonctionné, en 1988, de manière *a priori* satisfaisante : les comptes de campagne − ils doivent être certifiés par un expert-comptable et adressés au Conseil constitutionnel dans les deux mois de l'élection − ont été publiés au *JO* du 16 juillet 1988 (cf. annexe, p. 90 et suiv.). Ils font tous apparaître des totaux très inférieurs au plafond : 99,8 millions de francs pour François Mitterrand, 96 millions de francs pour Jacques Chirac, 64 millions de francs pour Raymond Barre, etc. Donc respectivement 65 millions de francs, 61 et 34 qui relèvent du financement privé et qui s'expliquent pour l'essentiel par la rubrique « Contribution des partis politiques » : 40 millions de francs pour Jacques Chirac, 37 millions de francs pour François Mitterrand, etc. Retour des partis et retour d'une certaine opacité puisque leurs comptes à eux ne sont pas contrôlés d'aussi près que ceux des candidats, même si les travaux de la commission nationale des comptes de campagne et des financements politiques ont fait progresser les choses [1] ; et donc retour des hypothèses... et des rumeurs qui, on le sait, n'ont pas manqué.

Ajoutons, pour en terminer avec ce réel effort de moralisation, que la loi organique du 11 mars prévoit (art. 1) qu'en déposant sa candidature chaque candidat doit remettre au Conseil constitutionnel une déclaration de sa situation patrimoniale, celle du candidat élu étant publiée au *Journal officiel* en même temps que la proclamation officielle des résultats. C'est ainsi que le patrimoine de François Mitterrand qui, en 1981, de façon volontaire, l'avait déjà fait connaître au premier président de la Cour des comptes, a été publié au *JO* du 12 mai 1988 sans susciter de commentaires particuliers.

Tel se présente, en l'état actuel des choses, l'acte de candidature et ce qu'il entraîne. Si l'institution présidentielle en France commence à avoir ses usages [2], la campagne va probablement être à réinventer en raison de l'inadaptation de la réglementation actuelle et de son caractère désuet, justement souligné par le rapport de la commission nationale de contrôle, et en raison des lois nouvelles pour le financement public des activités politiques qui, il faut bien le constater, n'ont pas encore entièrement réussi — c'est une litote — à dissiper toute interrogation sur le sujet.

Ce n'est sans doute pas l'enjeu essentiel de l'élection présidentielle de 1995 mais, à côté de la nouvelle donne politique qu'elle devrait consacrer, à côté des derniers combats d'une génération politique, c'est aussi un nouveau type de communication des candidats qui devrait apparaître.

Jean-Claude COLLIARD

1. Voir notamment son « Premier rapport d'activité », *JO*, Documents, décembre 1993, 95 p.
2. Voir Bernard Lacroix et Jacques Lagroye (dir.), *Le président de la République. Usages et genèses d'une institution,* Paris, Presses de la Fondation nationale des sciences politiques, 1992, 402 p.

« Les comptes de campagne des principaux candidats de 1988 »
Journal officiel, X (X), 16 juillet 1988, p. 9199-9207

ELECTION DU PRESIDENT DE LA REPUBLIQUE

Publication des comptes de campagne des candidats à l'élection du Président de la République des 24 avril et 8 mai 1988

NOR : *HRUX8810613X*

(Application du paragraphe III de l'article 3 de la loi n° 62-1292 du 6 novembre 1962, modifié par l'article 3 de la loi organique n° 88-226 du 11 mars 1988)

Association régie par la loi du 1er juillet 1901
195 Boulevard Saint Germain 75007 Paris. Tél. 45 49 10 95

PRÉSENTATION DU COMPTE DE CAMPAGNE

Nom : BARRE.

Prénom : Raymond.

Adresse : 4-6, avenue Emile-Accolas, 75007 Paris.

Election du Président de la République :

1er tour du scrutin : 24 avril 1988 ;
2e tour du scrutin : 8 mai 1988.

SYNTHÈSE DU COMPTE DE CAMPAGNE

Total des recettes .... 64 145 185,29 F
Total des dépenses hors article R. 39 .... 64 145 185,29 F

Le candidat :   Date : 17 juin 1988.

L'expert-comptable :   Date : 17 juin 1988.

ÉTAT DES RECETTES DE CAMPAGNE

LIBELLÉ	MONTANT (en francs)
Dons reçus par chèques...............................	8 949 056,22
Dons en espèces	11 251 790,00
Contribution groupement politique REEL.........	13 900 000,00
Sous-total Contributions (I)	34 100 846,22
Emprunts bancaires au 31 mai 1988	16 636 154,49
Prêts et avances des fournisseurs au 31 mai 1988	13 408 184,58
Sous-total Dettes (II).............................	30 044 339,07
Total Recettes (I) + (II)	64 145 185,29

ÉTAT DES DÉPENSES DE CAMPAGNE

LIBELLÉ	MONTANT des dépenses hors article R. 39 (en francs)	MONTANT des dépenses article R. 39 (pour mémoire) (en francs)
Achats............................	725 648,17	-
Services extérieurs................	63 085 239,52	19 027 702,23
Frais de personnel...............	334 297,60	-
Frais financiers.................	-	-
Charges diverses	-	-
Total Dépenses...........	64 145 185,29	19 027 702,23

Dont charges à payer : 13 408 184,58 F au 31 mai 1988.

PRÉSENTATION DES COMPTES DE CAMPAGNE
D'UN CANDIDAT À LA PRÉSIDENCE DE LA RÉPUBLIQUE

Nom : LE PEN.

Prénom : Jean-Marie.

Adresse : 8, parc de Montretout, 92110 Saint-Cloud.

Election du :
- 1er tour du scrutin : 24 avril 1988 ;
- 2e tour du scrutin : 8 mai 1988.

SYNTHÈSE DU COMPTE DE CAMPAGNE

Total des recettes .... 37 886 119,25 F

Total des dépenses hors art. R. 39 .... 36 506 312,74 F

Le candidat :   Date : 7 juillet 1988

Commentaires éventuels de l'expert-comptable

Néant.

L'expert-comptable :   Date : 7 juillet 1988

C. BAECKEROOT
EXPERT - COMPTABLE
82, Route de Saint-Nom
78620 L'ÉTANG-LA-VILLE
(3) 916.47.00
lignes groupées

JEAN-MARIE LE PEN

Compte de campagne pour l'élection présidentielle

ÉTAT N° 1

RECETTES DE CAMPAGNE

LIBELLÉ	MONTANT (en francs)
Dons reçus par chèques (avec délivrance d'un reçu)..	-
Dons reçus par chèques (sans délivrance d'un reçu)..	2 956 667,70
Dons en espèces	-
Contribution parti politique..........................	-
Dons à recevoir...	-
Sous-total Contributions (I)......................	2 956 667,70
Emprunts contractés par le candidat	
Avance parti politique..................................	6 257 850,03
Prêts et avances des fournisseurs et prestataires de services..	28 671 601,52
Sous-total Dettes du candidat (II)............	34 929 451,55
Contribution du candidat (III).......................	-
Produits d'activités annexes (IV).................	-
Total Recettes (I + II + III + IV) ...	37 886 119,25

Remarques :
Le remboursement forfaitaire n'est pas inclus dans les recettes de campagne.
Les rubriques relatives aux dons pourront être subdivisées par origine (personne physique, personne morale).

ÉTAT N° 2
DÉPENSES DE CAMPAGNE

LIBELLÉ	MONTANT des dépenses hors art. R. 39 (en francs)	MONTANT des dépenses art. 39 (pour mémoire) (en francs)
Achats...	729 151,56	
Services extérieurs	35 777 161,18	(*)
Frais de personnel		
Frais financiers		
Charges diverses		
Total dépenses...................	36 506 312,74	

(*) Non compris dans les comptes de campagne (prise en compte directe par l'Etat).

ÉTAT N° 3

LISTE DES DOCUMENTS JUSTIFICATIFS

Récapitulatif

Rubrique n° 11 .... 729 151,56 F
Rubrique n° 22 .... 136 724,99 F
Rubriques n°s 24 et 25 .... 4 098 909,81 F
Rubriques n°s 26 et 27 .... 200 803,55 F
Rubrique n° 28 .... 12 714 748,23 F
Rubrique n° 29 .... 10 026 118,32 F
Rubrique n° 31 .... 433 000,66 F
Rubriques n°s 32 et 33 .... 1 210 423,76 F
Rubrique n° 34 .... 1 450 931,34 F
Rubrique n° 35 .... 5 505 500,52 F

Total .... 36 506 312,74 F

**PRÉSENTATION DES COMPTES DE CAMPAGNE
DE M. FRANÇOIS MITTERRAND
CANDIDAT À LA PRÉSIDENCE DE LA RÉPUBLIQUE**

Nom : MITTERRAND.

Prénom : François.

Adresse : Association du 8-Mai-1988, 7, avenue Franco-Russe, 75007 Paris.

Election du :
- 1er tour du scrutin : 24 avril 1988 ;
- 2e tour du scrutin : 8 mai 1988.

ÉTAT N° 2

DÉPENSES ET CHARGES DE CAMPAGNE

LIBELLÉ	MONTANT des dépenses hors art. R. 39 (en francs)
Services extérieurs	98 630 009
Frais de personnel	211 720
Frais financiers	1 000 441
Total des dépenses	99 842 170

SYNTHÈSE DU COMPTE DE CAMPAGNE

Total des recettes .... 64 900 485 F

Total des dépenses et charges (hors art. R. 39) .... 99 842 170 F

FRANÇOIS MITTERRAND   Paris, le 30 juin 1988

ÉTAT N° 3

ÉTAT DES DETTES

LIBELLÉ	MONTANT (en francs)
Fournisseurs et prestataires de services	40 927 197
Sécurité sociale	53 532
G.A.R.P. (Assedic)	9 916
Retraite complémentaire	11 225
Frais financiers	1 000 000
Total des dettes	42 001 870

Parmi ces dettes, certaines constituent des provisions :

Fournisseurs et prestataires de services .... 8 800 000 F

Frais financiers .... 1 000 000 F

                                                    9 800 000 F

Commentaires

Les recettes ne comprennent pas le remboursement forfaitaire prévu à l'article 4 de la loi organique n° 88-226 du 11 mars 1988.

DAVID AZOULAY,   Puteaux, le 27 juin 1988.
Expert-comptable

ÉTAT N° 4

LISTE DES DOCUMENTS JUSTIFICATIFS

DÉPENSES ET CHARGES

NATURE DES DEPENSES	NOMBRE de justificatifs	CLASSEMENT
Services extérieurs :		
E.D.F.	6	A
Entretien et petit équipement	10	B
Fournitures administrations	21	C
Locations immobilières	6	D
Location de matériels	48	E
Assurances	1	F
Honoraires	14	G
Espaces publicitaires	8	H
Objets de publicité	2	I
Impression	11	J
Abonnements et documentation	4	K
Routage	10	L
Voyages et déplacements	25	M
Missions et réceptions	12	N
Frais postaux et télécommunications	14	O
Services extérieurs divers	13	P
Films	10	Q
Charges diverses	21	R
Frais de personnel :		
Salaires et T.R. du personnel	16	S
Charges sociales	4	T
Impôts et taxes	1	U
Frais financiers :		
	-	V

ÉTAT N° 1

RECETTES DE CAMPAGNE

LIBELLÉ	MONTANT (en francs)
Dons reçus par chèques (avec délivrance d'un reçu)	16 143 347
Dons reçus par chèques (sans délivrance d'un reçu)	
Dons en espèces	11 458 138
Contribution partis et groupements politiques	37 299 000
Total des recettes	64 900 485

RECETTES

NATURE DES DÉPENSES	NOMBRE de justificatifs	CLASSEMENT
Dons reçus par chèques........................	2 carnets de remise de chèques	W
Contributions partis et groupements politiques.........................	+ 1 note	
Dons en espèces.............................	1 carnet de remise d'espèces + 1 note	X

COMPTE DE CAMPAGNE DE M. JACQUES CHIRAC, CANDIDAT À LA PRÉSIDENCE DE LA RÉPUBLIQUE, SOUMIS A M. LE PRÉSIDENT DU CONSEIL CONSTITUTIONNEL EN APPLICATION DE LA LOI N° 88-226 DU 11 MARS 1988

RESSOURCES

	MONTANT (en francs)
Contribution à recevoir de l'Etat.....................	36 000 000
Dons reçus par l'association pour l'élection de Jacques Chirac..................................	20 676 646
Dons des partis et groupements politiques......	40 307 359
Total des ressources.................	95 984 005

DÉPENSES DE CAMPAGNE

	MONTANT (en francs)	MONTANT (en francs)
Publicité :		
Affiches : Conception....................	2 541 533	
Impression...............	2 704 080	
Espace..................	6 206 500	
Expéditions.............	6 293 580	17 745 693
Presse...................................	19 548 593	19 548 593
Total..................		37 294 286
Campagne :		
Réunions publiques.....................	27 576 508	
Frais de déplacements..............	4 164 986	
Total....................		31 741 494
Matériel de campagne :		
Film, vidéo, imprimés...............	15 895 524	15 895 524
Dépenses état-major :		
Loyers, électricité, P.T.T., journaux, etc..	5 661 181	5 661 181
Sondages.........................	2 285 734	2 285 734
Routage.......................	2 723 915	2 723 915
Agios bancaires..................	401 871	401 871
Total des dépenses de campagne....		95 984 005

LISTE DES DOCUMENTS DEPOSES A L'APPUI DU COMPTE DE CAMPAGNE

1. Compte de campagne.
2. Copie du registre comptable.
3. Copie des registres donateurs.
4. Copie des justificatifs des dépenses.
5. Copie des pièces de banque.
6. Rapprochement comptabilité/relevé bancaire.
7. Relevé bancaire au 6 juillet 1988.
8. Détail des dons reçus des partis et groupements politiques.
9. Compte rendu de mission de l'expert-comptable.

CHAPITRE 5

LA PRÉSIDENCE D'OPINION
Mécanismes institutionnels et médiatiques

Venant tout à la fois parfaire, et modifier en profondeur, l'esprit et l'édifice des institutions de la Cinquième République, le principe de l'élection au suffrage universel direct du président de la République a fait du régime français une Présidence d'opinion. On veut dire un système bâti autour du président, et dont le fonctionnement implique une relation étroite du président à l'opinion, pour toute une série de raisons évidemment liées entre elles :

– le principe de la légitimité présidentielle réside dans le peuple, qui l'élit directement ; le président est dès lors tenu à une relation privilégiée avec son mandant, à qui seul il doit des comptes, et qui seul peut lui conférer à nouveau, ou lui retirer, la légitimité. Le président de la République se doit d'avoir l'opinion publique pour référence permanente, lui dont le sort ne dépend que de l'expression du suffrage populaire ;

– le président de la Cinquième République détient des pouvoirs extrêmement importants (plus que ceux des responsables exécutifs de la plupart des régimes démocratiques) ; ces pouvoirs, ajoutés au prestige d'une élection au suffrage universel font de lui un homme « tout-puissant », un « monarque républicain [1] », qui de surcroît détient un mandat fort long : sept

---

1. Maurice Duverger, *La monarchie républicaine,* Paris, Robert Laffont, 1974, 283 p.

ans. Dans ces conditions, la seule possibilité, tout en même temps pour le président de « se ressourcer » pendant cette longue période, et pour la démocratie de disposer d'un contre-pouvoir significatif, réside dans les épreuves d'opinion subies par le président durant l'exercice de son mandat ;

– les lois de la communication politique moderne tendent à renforcer les mécanismes de personnalisation du pouvoir. Attachés à l'idée de désigner eux-mêmes leur responsable suprême [1], les Français, le considérant comme l'homme qui peut décider en dernier ressort, sont avides d'une information sur ses actes, sa vie, sa personnalité ; les médias tendent à braquer, le plus souvent possible, leurs projecteurs sur l'occupant de l'Élysée ;

– la concentration de pouvoirs et de mécanismes d'arbitrage à l'Élysée, la nécessité par conséquent de décisions nombreuses prises au niveau présidentiel, cependant que le jeu normal des *cheks and balances* s'effectue ailleurs (dans les rapports gouvernement-Parlement), ont progressivement renforcé le risque d'une « solitude » de la décision, d'un « isolement » présidentiel par rapport aux citoyens, et ont conduit les présidents successifs à rechercher, dans le contact avec l'opinion, une approbation, un soutien, ou au moins une compréhension directe, au-dessus des intermédiaires institutionnels.

L'ambition de ce chapitre est dès lors d'explorer les mécanismes et les moyens de cette Présidence d'opinion, qu'ils soient institutionnels, politiques ou médiatiques, et de s'interroger sur l'évolution qui a présidé – du général de Gaulle à François Mitterrand – à leur mise en œuvre.

---

1. Dernière enquête disponible en la matière, venant confirmer de nombreuses autres données dans le même sens. Le sondage SOFRES-*Le Monde*, effectué du 5 au 9 novembre 1992, a montré que 89 % des Français sont favorables à l'élection du président de la République au suffrage universel, 7 % s'y déclarant opposés, 4 % ne se prononçant pas (*Le Monde*, 19 novembre 1992).

LES MÉCANISMES INSTITUTIONNELS
DE LA PRÉSIDENCE D'OPINION

Le mécanisme fondateur de la Présidence d'opinion, c'est, bien sûr, l'élection présidentielle au suffrage universel elle-même. Justifiant ce nouveau mode de scrutin devant les Français, dans une allocution radiotélévisée, le 20 septembre 1962, le général de Gaulle l'explique très clairement : « Pour que le président de la République puisse porter et exercer effectivement une charge pareille, il lui faut la confiance explicite de la nation. » Confiance explicite : il s'agit de remplacer la délégation faite à des partis par le dialogue singulier de l'opinion, du peuple dans ses profondeurs, avec celui à qui l'on confie la charge suprême. Il s'agit de miser sur l'expression de la volonté populaire, sur une opinion librement exprimée, contre, tout à la fois, les factions partisanes et la faiblesse des hommes politiques. L'opinion, en effet, par son expression la plus accomplie – le suffrage –, est seule à même de contraindre les hommes à se surpasser, pour être fidèles à la volonté populaire, et à dépasser ainsi leurs affiliations partisanes. Sous la Quatrième République, les dirigeants d'un personnel politique de qualité ont démissionné, soumis qu'ils étaient au système des partis, faute de pouvoir s'appuyer sur le mandat de l'opinion : il convient désormais d'obliger à la fois le système et les hommes politiques à respecter le contrat populaire que seule une Présidence d'opinion peut instituer.

L'interprétation de la stratégie institutionnelle du Général est-elle ici exagérée, ou sollicitée par ce qu'on sait de la suite ? Sûrement pas, si l'on relit cet autre passage de la même allocution du 20 septembre 1962, évoquant

« ceux, qui n'ayant pas nécessairement reçu des événements la même marque nationale, viendront après moi, tour à tour, prendre le poste que j'occupe à présent. Ceux-là, pour qu'ils soient entièrement en mesure et complètement obligés de porter la charge suprême, quel que puisse être son poids, et qu'ainsi notre République continue d'avoir une bonne chance de demeurer solide, efficace et populaire en dépit du démon de nos divisions, il faudra qu'ils en reçoivent directement mission de l'ensemble des citoyens ».

On le voit : dans l'esprit du Général, l'élection au suffrage universel autorise, mais aussi oblige le futur président à un exercice complet de la fonction présidentielle, tel que l'organise la Constitution, malgré les « divisions » partisanes. Le mandat de l'opinion devient le garant du fonctionnement de la Cinquième République.

Ayant ainsi posé les bases d'un nouveau système d'interrelations entre le régime et l'opinion, de Gaulle devait l'illustrer lui-même, en étant l'inspirateur en 1964 d'un décret d'organisation de la campagne présidentielle donnant à tous les candidats (quels que soient leurs soutiens) un accès égal aux ondes de radiotélévision [1], puis en étant – ce qui n'était certes pas prévu au départ – candidat à la première élection présidentielle au suffrage universel en 1965 et en se prêtant pour l'occasion (surtout à vrai dire entre les deux tours) à un véritable exercice médiatique de séduction de l'opinion. En étant, en tout état de cause, le premier président directement issu du suffrage populaire.

À partir de 1965, le président de la République, quel qu'il soit, bénéficiera, par rapport à tous les autres acteurs politiques, de cet atout incontournable : lui seul sera le dépositaire de l'expression directe de l'opinion.

À l'occasion du vingt-cinquième anniversaire de la réforme de 1962 [2], François Goguel a pu estimer que celle-ci

« a été incomplète [...]. Elle ne comportait pas ce qui aurait dû être, dans une démocratie, la contrepartie normale, c'est-à-dire la responsabilité politique, devant ceux qui l'avaient nommé, de celui à qui on conférait pour sept ans ces pouvoirs considérables [...]. Moi, je

---

1. Les spécialistes de communication électorale dans les pays démocratiques distinguent habituellement les règles d'accès égal des candidats aux campagnes officielles *(equal time)* et les règles d'accès proportionnel *(proportional time),* fondées sur l'importance des soutiens parlementaires ou partisans des candidats. L'élection présidentielle française, dont les règles sont demeurées inchangées depuis 1964, garantit égal l'accès des différents candidats aux émissions de la campagne officielle de radiotélévision, tranchant ainsi à la fois avec toute autre forme d'élection française, notamment les élections législatives (y compris dans la période 1962-1993, où la règle proportionnelle a toujours été appliquée), et avec la plupart des dispositifs adoptés sur le continent européen.

2. H. Maurey, F. de Guerdavid, W. Montassier (dir.), *L'Austerlitz politique de la Cinquième République,* Paris, L'Harmattan, 1988, p. 148 et suiv.

propose d'écrire à l'article 68 de la Constitution : " Le président de
la République n'est politiquement responsable que devant le suffrage
universel. " Car bien évidemment, ce n'est pas au Parlement de le
renvoyer, mais c'est au suffrage universel [1] ».

Si cette inscription dans la lettre de la Constitution n'a certes
pas été envisagée, on peut dire en revanche que son esprit
résume bien la pensée et la pratique du général de Gaulle et
sans doute celles de Georges Pompidou [2]. Dans son allocution
du 20 septembre 1962, annonçant aux Français le référendum
sur l'élection présidentielle au suffrage universel, le Général le
marquait fortement :

« Pour pouvoir maintenir, en tout cas, l'action et l'équilibre des
pouvoirs et mettre en œuvre, quand il le faut, la souveraineté du
peuple, le président détient en permanence la possibilité de recourir
au pays, soit par voie du référendum, soit par celle de nouvelles
élections, soit par l'une et l'autre à la fois. »

Telle est bien, en effet, la conception du père des institutions
de la Cinquième République : réinsérer, pendant le septennat,
la sanction, ou la légitimation, de l'opinion, par le recours
au référendum et/ou aux élections (législatives).
Le référendum fonctionne de fait, chaque fois (1961, 1962,
1969), comme une « question de confiance » au plan national [3],
fondée sur la thématique popularisée par le *Canard enchaîné* :
« Moi ou le chaos ». Le Général n'a, bien sûr, jamais utilisé
ces termes, préférant opposer la « République nouvelle » au
« régime du passé », mais le mécanisme est bien celui-là : ou

---

1. À quoi Olivier Duhamel avait beau jeu de lui répondre : « Si vous
inscriviez dans la Constitution : " Le président de la République est politiquement responsable devant le suffrage universel ", vous ne changeriez rien
à rien. Parce que, à partir du moment où ce serait le président de la
République qui déciderait, que signifierait le terme " être responsable devant
le suffrage universel " ? Et à quel moment sa responsabilité serait-elle engagée
ou ne le serait-elle pas ? Vous pouvez rajouter toutes les phrases que vous
évoquiez [...], cela ne changerait rien » (*op. cit.*, p. 153).
2. Au demeurant, dans son intervention précitée, François Goguel n'in-
criminait nullement les présidents de Gaulle et Pompidou, mais visait Valéry
Giscard d'Estaing, et surtout François Mitterrand.
3. Jean-Luc Parodi, *La Cinquième République et le système majoritaire*,
thèse de doctorat de recherches, Paris, Fondation nationale des sciences
politiques, 1973, 289 p.

l'opinion incline pour le maintien du président, et elle vote *oui* au référendum, lui donnant les moyens de sa politique, ou elle les lui refuse, et par là même, le sanctionnant sur un aspect essentiel, le contraint au départ. Prenant, le soir du référendum de 1969, la mesure du divorce avec l'opinion, enregistrant par conséquent la crise fondamentale de confiance entre l'opinion et lui, le Général tirait la conséquence logique de la situation en annonçant qu'il cesserait, dès le lendemain, d'exercer ses fonctions.

On peut dire que le référendum, dans la conception gaullienne, joue plus comme instrument de mesure de la légitimité du président que comme moyen de faire trancher par le peuple un problème épineux ou symbolique. Évoquant, vingt-cinq ans plus tard, l'année 1962, Michel Debré raconte [1] :

« Janvier 1962 est une " date ", dans la mesure où c'est la première fois que l'on sent que l'affaire d'Algérie va se terminer [...] : ma position était qu'il convenait de dissoudre l'Assemblée nationale, par un réflexe qui était probablement inspiré de la Grande-Bretagne [...]. Le Général fait semblant d'hésiter. En réalité, il pense déjà à la seconde alternative qui est celle d'un référendum. Le problème est de savoir sur quoi portera ce référendum. »

Dans le même sens, l'auteur de ce chapitre se souvient qu'au cours d'un déjeuner à l'Élysée, tenu avec plusieurs journalistes cinq mois avant le référendum de 1972, le président Pompidou avait ainsi apostrophé ses convives :

« Il faudrait que je fasse un référendum. C'est un instrument qu'il ne faut pas laisser tomber en désuétude, et c'est la meilleure arme de la légitimité présidentielle. Mais sur quoi faire un référendum ? Avez-vous des suggestions à me faire, messieurs ? »

Référendum-question de confiance à l'opinion, donc, le principe du référendum devenant plus important que la question posée.

À l'occasion des élections législatives (1962, 1967, 1968), de Gaulle n'a pas expressément indiqué qu'il se retirerait au cas où le sort des urnes lui serait défavorable (souhaitant sans

---

1. *L'Austerlitz politique de la Cinquième République, op. cit.,* p. 48-49.

doute pouvoir faire jouer, le cas échéant, d'autres moyens constitutionnels, à commencer par la dissolution, ou un nouveau recours au référendum, avant d'envisager un tel retrait). Mais il a toujours fortement indiqué au pays, par la radiotélévision, quelle majorité il souhaitait, et aucun acteur, politique ou médiatique, de l'époque, ne s'y est trompé : ces élections aussi jouaient comme mécanisme de question de confiance directe posée à l'opinion.

Si la démission du Général en 1969, après un référendum perdu, est la preuve de la profondeur de sa conviction, celle-ci manque, il est vrai, pour Georges Pompidou. La thématique du divorce du président avec l'opinion a bien été au centre de la campagne électorale législative de 1973, mais... la majorité présidentielle a gagné ces élections !

Le président avait été sibyllin sur ses intentions en cas d'échec. Au cours de sa conférence de presse de 1973, il déclarait :

« Il y a quelque temps, j'ai fait dire par le porte-parole du gouvernement qu'au lendemain des élections j'appliquerai la Constitution [...]. Mon intention, c'était de déclarer, de la façon la plus claire possible, que je me refusais à dire quoi que ce soit sur ma conduite au lendemain des élections, sauf que ce que je ferai serait conforme à la Constitution [...]. Je ne vois pas d'ailleurs à quel titre on prétend exiger de moi que je découvre par avance ce que sera ma stratégie [...]. J'ai bien le droit, d'abord, de me réserver l'effet de surprise et puis même, après tout, de ne pas savoir ; tout comme les victimes innocentes des instituts de sondage [...]. J'ai lu avec stupeur [...] les déclarations de M. François Mitterrand [...] disant : " Il faut qu'il nous prenne et on le gardera et on lui laissera les pouvoirs qu'il a reçus du peuple. " Je voudrais bien savoir à quel titre M. Mitterrand ou tout autre de ses alliés est qualifié pour me garder ou ne pas me garder, pour me laisser les pouvoirs que je tiens du peuple, comme il le dit lui-même, ou pour me les retirer. Donc, je me refuse à ces combinaisons [1]. »

On ne sait donc pas ce qu'aurait été exactement l'attitude de Georges Pompidou en cas de désaveu de l'opinion dans des législatives. Il est clair, en tout cas, qu'à aucun moment il n'a

1. Georges Pompidou, *Entretiens et discours, 1968-1974,* Paris, Plon, 1975, p. 128-129.

— *102* —

laissé entendre qu'il nommerait un Premier ministre issu d'une majorité parlementaire hostile.

Le tournant de la Cinquième République quant à la conception même de la Présidence d'opinion se situe donc en 1978, du fait de Valéry Giscard d'Estaing. Ce tournant est matérialisé par le discours de Verdun-sur-le-Doubs. Certes, Giscard d'Estaing souhaite faire gagner l'élection à ses amis ; il écrira :

« Mon objectif était clair : gagner les élections de 1978 [...]. La stratégie victorieuse me paraissait reposer sur deux éléments : de meilleurs résultats économiques s'ils étaient à notre portée, et un effort intense de communication [1]. »

Certes, le président entendait faire son travail de conviction de l'opinion :

« Il me faut déplacer quelques pourcentages de voix. Les sondages que publient les journaux sont régulièrement défavorables à la majorité. Je sais bien que les sondages ne sont pas les élections, et que les personnes interrogées ne répondent pas comme les électeurs voteront, mais la permanence de leurs indications m'inquiète. »

Certes, Giscard d'Estaing s'engage, dès les premiers mots de son discours de Verdun-sur-le-Doubs (janvier 1978) : « Mes chères Françaises et mes chers Français, je suis venu vous demander de faire le bon choix pour la France. » Mais le chef de l'État n'accepte pas qu'une éventuelle sanction de l'opinion s'applique à lui ; en cas de victoire de l'opposition, il ne démissionnera ni ne dissoudra, il désignera un gouvernement issu de la nouvelle majorité :

« Vous pouvez choisir l'application du programme commun ! C'est votre droit. Mais si vous le choisissez, il sera appliqué. Ne croyez pas que le président de la République ait, dans la Constitution, les moyens de s'y opposer. »

La vision de la Présidence d'opinion est dès lors profondément modifiée. Assurément — il le dit dans le même discours — « le président de la République est à la fois arbitre et

---

1. Valéry Giscard d'Estaing, *Le pouvoir et la vie*, Paris, Compagnie 12, 1988, p. 344 (et p. 368-369 pour les citations suivantes).

responsable. Sa circonscription, c'est la France ». Mais le président se prive d'un quelconque recours constitutionnel (démission, dissolution) en cas de divorce avec l'opinion. Il la « met en garde », mais se plie à l'avance à son verdict, fût-il négatif, sans en tirer de conséquences pour son propre mandat.

On sait que cette conception sera aussi celle de François Mitterrand, qui en tirera, en 1986-1988, la conclusion de l'acceptation de la cohabitation – sans rester « inerte », et notamment en continuant à entretenir un contact permanent avec l'opinion. Il confirmera cette conception à l'approche des élections législatives de 1993 [1], et la mettra en pratique en 1993-1995.

De Gaulle, et sans doute Pompidou, d'un côté, Giscard d'Estaing et Mitterrand, de l'autre : deux lectures des institutions, deux conceptions de la présidence et de ses rapports avec le suffrage universel, donc avec l'opinion. La vision gaulliste fonde une véritable Présidence d'opinion. Axée sur la stabilité de l'exécutif et les mécanismes du système majoritaire, elle donne un sens, sans doute plus légitime, à la révision en baisse des pouvoirs du Parlement et aux rouages du parlementarisme rationalisé (article 49, vote bloqué, etc.) : on est conduit à mieux admettre un Parlement dominé et enserré dans un fonctionnement strict, précisément dans la mesure où le pouvoir présidentiel est en permanence ressourcé par l'opinion. Le président reste en contact privilégié avec elle – nous y reviendrons –, dans le cadre d'un système où il entend soumettre l'exercice de son mandat à son verdict (fût-ce après avoir usé d'autres moyens constitutionnels), y compris dans les cas (référendum, élections générales) où il n'est pas tenu de le faire par la lettre de la Constitution. L'avantage du système est celui de la démocratie directe : désavoué par le suffrage en 1969, de Gaulle tire la conséquence logique de sa conception de la démocratie en démissionnant.

Le danger de cette lecture, c'est évidemment, entre deux remises en cause devant le suffrage universel, la toute-puissance, la majesté souvent jugée excessive, d'un pouvoir présidentiel en permanence tenu, dans ses rapports avec l'opinion, à un style forcément dramatisant, du type « Oui ou je pars, est-ce

---

1. Cf. notamment son entretien télévisé du 9 novembre 1992.

bien cela que vous voulez ? » C'est surtout le fait que l'initiative du contact avec l'opinion, de la mise en jeu de sa fonction de légitimation ou de son pouvoir de sanction, n'est l'apanage que du seul président : celui-ci décide souverainement du moment où lui parler, de la question à lui soumettre, des conditions dans lesquelles il le fait. Là est bien le risque d'une démocratie de type « plébiscitaire » : l'opinion est, à l'initiative du chef de l'État, convoquée pour écouter son président, le voir, lui répondre lorsqu'il lui pose une question. Certes, la sanction d'une réponse négative est démocratique, puisqu'il partira. Mais la relation est unidirectionnelle, et ne va guère dans le sens d'une démocratie participative. En caricaturant, on pourrait dire que le peuple a le premier mot (par l'élection présidentielle au suffrage direct) et le dernier. Mais que tous les mots entre ceux-là appartiennent au président de la République...

La conception giscardo-mitterrandienne instaure une présidence qui reste une Présidence d'opinion − élu au suffrage universel, le président reste un acteur par nature plus lié aux mécanismes d'opinion que tous les autres −, mais où la connexion avec l'opinion est plus lâche, dans la mesure où la sanction du suffrage ne remet pas forcément en cause le mandat présidentiel. Cette vision assure à l'évidence plus de « souplesse » à la vie politique, et rend moins « dramatique » la communication présidentielle avec l'opinion. Le jeu politique y gagne en latitude d'action et en marge de manœuvre, puisque toute formule de cohabitation y devient possible.

Mais, surtout dans le cadre d'un mandat long, de sept ans, supérieur à celui de tout autres institutions, il rend en même temps plus insupportable l'exercice quotidien d'un système majoritaire et d'un parlementarisme rationalisé qui ne sont plus légitimés par la mise en cause politique du pouvoir présidentiel devant le suffrage universel.

LES MÉCANISMES MÉDIATIQUES
DE LA PRÉSIDENCE D'OPINION

Les conceptions institutionnelles du général de Gaulle et de Georges Pompidou impliquent une certaine idée du contact avec l'opinion. La démocratie plébiscitaire moderne suppose la possibilité de s'adresser en permanence à l'opinion – l'audiovisuel va lui offrir ce moyen –, d'exposer et de justifier en détail la politique et les décisions du chef de l'État, dans un certain décorum – le mariage des conférences de presse et de la télévision le lui permettra –, d'avoir à l'occasion un contact physique avec elle – ce sera l'objet des déplacements officiels.

Allocutions télévisées, conférences de presse, voyages en province sont érigés par le général de Gaulle au rang de quasi-institutions.

Pour entretenir un contact privilégié avec le peuple dans ses profondeurs, toucher l'opinion sans intermédiaire, la télévision, et plus largement l'audiovisuel, arrive à point nommé pour de Gaulle. Il l'écrira lui-même :

« Voici que la combinaison du micro et de l'écran s'offre à moi au moment où l'innovation commence son foudroyant développement. Pour être présent partout, c'est là soudain un moyen sans égal [1]. »

Le format télévisuel de base est l'allocution télévisée ; le Général, seul face à la caméra, s'adresse aux Français, six fois par an en moyenne (mais onze fois en 1962, dix fois en 1965, neuf fois en 1968). Responsable de son propre marketing politique, le Général sait ce qu'il fait :

« Pour être fidèle à mon personnage, il me faut m'adresser à eux comme si c'était les yeux dans les yeux, sans papier, sans lunettes. Cependant, mes allocutions à la nation étant prononcées *ex cathedra* et destinées à toutes sortes d'analyses et d'exégèses, je les écris avec soin, quitte à fournir ensuite le grand effort nécessaire pour ne dire devant les caméras que ce que j'ai d'avance préparé. Pour ce septuagénaire, assis seul derrière une table sous d'implacables lumières, il s'agit qu'il paraisse assez animé et spontané pour saisir et retenir l'attention sans se commettre en gestes excessifs et en mimiques déplacées [2]. »

De fait, le Général est magistral, à la télévision, et chacune de ses prestations constitue un temps fort de la période. Sa

---

1. Charles de Gaulle, *Mémoires d'espoir,* Paris, Plon, 1970, p. 301.
2. *Ibid.,* p. 302-305 et suiv.

causticité, ses mimiques, sa dramaturgie font merveille, comme cette aptitude à bouger les mains autour de son corps, qui lui font embrasser l'écran tout entier. Quel téléspectateur de l'époque ne se souvient de ces saisissantes apparitions ?

Insistons-y : le Général tient d'autant plus à ces rendez-vous avec le peuple-téléspectateur que tout autre moyen de contact avec l'opinion (presse écrite comprise) tombe sous le coup de sa dénonciation des querelles partisanes :

« Le soir, le spectacle paraît sur la scène universelle sans que murmure, ni applaudissements me fassent savoir ce qu'en pense l'immense et mystérieuse assistance. Mais ensuite, dans les milieux de l'information, s'élève, à côté du chœur modeste des voix favorables, le bruyant concert du doute, de la critique et du persiflage stigmatisant mon " autosatisfaction ". Par contre, il se découvre que dans les profondeurs nationales, l'impression produite est que : " C'est du sérieux ", que : " De Gaulle est bien toujours pareil ", que : " Ah ! tout de même la France, c'est quelque chose ! " L'effet voulu est donc atteint, puisque le peuple a levé la tête et regardé vers les sommets. »

L'allocution télévisée est le genre utilisé par de Gaulle dans ses adresses à l'opinion précédant référendums et élections. À l'occasion, il ignore superbement la législation en vigueur réglementant le calendrier officiel des campagnes électorales, s'exprimant le vendredi soir précédant les scrutins, et empêchant ainsi les candidats ou les dirigeants politiques de pouvoir lui répondre sur les ondes nationales...

Solennelle dans sa forme, nécessairement brève dans sa conception, l'allocution télévisée est relayée, plus exceptionnellement (deux fois par an), par la conférence de presse, dès lors qu'il s'agit d'occuper plus largement l'écran — les figurants que sont les journalistes-poseurs de questions acceptées à l'avance par le service de presse de l'Élysée [1], permettant d'introduire, souvent à leurs dépens, une respiration dans l'émission. La conférence de presse donne le loisir d'expliquer et de justifier longuement la politique, intérieure et extérieure. Elle est bien

---

1. « Les sujets sont, naturellement, imposés par les circonstances. Ce que je compte dire de chacun a été, quant à l'essentiel, bien préparé. D'autre part, mon chargé de mission pour la presse s'est assuré avant la réunion que des questions me seront posées à leur propos. » (*Op. cit.*)

sûr télévisée, mais en différé, pour permettre éventuellement (cela ne fut pas utile) de couper les effets non prévus.

La conférence de presse radiotélévisée tient plutôt d'une conférence à la presse, et même d'une conférence tout court, dans la mesure où l'assistance n'est que pour partie composée de journalistes. Le gouvernement au grand complet est du reste tenu d'y assister, et découvre à cette occasion les orientations auxquelles il est convié à s'associer.

Là encore, l'important est le contact direct avec l'opinion, puisque les moyens d'information (la presse écrite) sont censés être hostiles :

« Le lendemain, paraissent (...) les articles, généralement hostiles, ou du moins pointus et piquants, qui les évoquent (mes propos) dans tout ce qui s'imprime. Puis l'information, ayant montré par son propre tumulte que mes déclarations ont " passé la rampe ", se rassure elle-même en concluant : " Il n'a dit rien de nouveau ! " »

Allocutions, conférences de presse : l'utilisation de la télévision par le Général lui-même se doit, ne serait-ce que pour conserver son impact, d'être rare. Quotidiennement, la propagande gaulliste s'appuie sur deux autres quasi-institutions : le monopole de l'État sur la radiotélévision et le contrôle politique des journaux télévisés.

Monopole de l'État signifie en France monopole du gouvernement, et le statut de la radiotélévision (ordonnance de 1959, au demeurant premier texte donnant un statut à la radiotélévision d'État, après le vide juridique de la période de 1944-1959, puis loi de 1964), en même temps qu'il interdit toute émission privée sur les ondes hertziennes, assure la mainmise gouvernementale sur les organes de l'audiovisuel [1].

Quant au contrôle quotidien du pouvoir politique sur l'actualité télévisée, il est alors caricatural, le journal télévisé étant placé sous l'autorité directe du ministre de l'Information. En 1963, le journal télévisé changeait de formule de présentation, de *look* dirait-on aujourd'hui. Le présentateur habituel, Léon Zitrone, commença par annoncer qu'une nouvelle formule était inaugurée. Puis il annonça que, pour expliquer le pourquoi et

---

1. Cf. Roland Cayrol, *La presse écrite et audiovisuelle,* Paris, PUF, 1973, 471 p.

le comment de cette formule, son invité était le mieux placé. Il se tourna donc vers... M. Alain Peyrefitte, ministre de l'Information, qui, en effet, toute honte bue, expliqua !

Avec bonne conscience, donc – d'autant plus que, A. Peyrefitte l'affirmait alors régulièrement, la presse écrite était d'« opposition » (ce qui est au demeurant tout à fait inexact) –, le gaullisme au pouvoir se servait de la télévision. Il y nommait des journalistes qui n'éprouvaient aucune gêne à montrer leur copie, tous les jours, au ministre de l'Information avant de passer à l'antenne...

Une télévision muselée, tout entière au service du dialogue unidirectionnel du pouvoir avec l'opinion : le système de gouvernement du général de Gaulle ne se comprend que si l'on inclut l'audiovisuel dans les mécanismes de la Présidence d'opinion. Télévision et bien sûr radio : on se rappelle que le 30 mai 1968, se souvenant sans doute de l'impact dramatique des émissions de la BBC en temps de guerre (et aussi pour des raisons pratiques), le Général se servit de la seule radio pour tenter de renouer avec l'opinion le contact interrompu.

Cette panoplie (contrôle quotidien sur les nouvelles radiotélévisées, conférences de presse, allocutions) aurait sans doute suffi au Général. Il dut cependant céder à « l'air du temps » en acceptant, entre les deux tours de l'élection présidentielle de 1965, de converser avec un journaliste (bien sûr tout acquis à sa cause, Michel Droit). Alors qu'il avait négligé d'utiliser ses deux heures de temps de parole télévisé dans la campagne du premier tour, la télévision égrenant interminablement, en ses lieu et place, des notes de musique sur l'image de la pendule, se contentant d'allocutions les 30 novembre et 3 décembre, le ballottage le décida à accepter d'utiliser les émissions de campagne officielle pour le second tour ; il recourut alors à trois entretiens enregistrés avec M. Droit, qui sont restés des morceaux d'anthologie [1]. Le Général réutilisera du reste la formule, avec le même interlocuteur, le 7 juin 1968.

Dernier moyen de ressourcement de la Présidence d'opinion :

---

1. « Cher monsieur, il est vrai que c'est la première fois que j'ai le plaisir de m'entretenir avec un journaliste en particulier, si j'ose m'exprimer ainsi, car il y a beaucoup de gens qui nous voient et qui nous entendent. Très souvent, j'ai eu devant moi des journalistes par centaines, mais enfin il est vrai que cette fois-ci, en voilà un ! » (13 décembre 1965).

les voyages en province, les « bains de foule »... le plaisir du président :

« Dans toutes les localités, grandes ou petites, où je m'arrête, l'attroupement populaire est chaleureux, l'ambiance joyeuse, le pavoisement touchant [...]. Où que je prenne la parole en public, les gens viennent en grand nombre pour applaudir [...]. En soixante-dix jours, j'ai vu douze millions de Français [...]. Au total, il se produit autour de moi [...] une éclatante démonstration du sentiment national qui [...] apparaît ensuite partout grâce à la télévision [1]. Dans chacune de ses contrées, notre pays se donne ainsi à lui-même la preuve spectaculaire de son unité retrouvée. Il en est ému, ragaillardi, et moi j'en suis rempli de joie. »

On retrouve la même thématique : la Présidence d'opinion est la réponse aux germes de division qui menacent toujours la France et les Français.

Les mécanismes médiatiques du lien avec l'opinion, tels qu'ils ont été mis en place et quasi institutionnalisés par de Gaulle, resteront en vigueur, pratiquement sans changement, sous Pompidou : allocutions télévisées *ex cathedra,* conférences de presse, monopole public de l'audiovisuel, strict contrôle politique de l'actualité télévisée, voyages en province.

Georges Pompidou dut simplement céder un peu plus à l'air du temps, et « lâcher un peu de lest », devant les critiques sur les excès de la propagande officielle, peut-être aussi parce qu'il avait une légitimité historique, et des conceptions personnelles, qui n'étaient pas absolument celles du Général.

Ainsi, les conférences de presse (désormais télévisées en direct) laissèrent-elles marginalement une place à l'improvisation. Un journaliste, Jean-Michel Royer, vendait la mèche avec déférence avant de poser une question : « Monsieur le président, puisque vous avez permis en fin de parcours que nous débordions un peu des questions fixées à l'origine [2]... »

Ainsi, à l'instigation pressante de Jacques Chaban-Delmas, le président accepta-t-il, dans la période 1969-1972, une certaine liberté de parole et d'information sur l'une des chaînes de la télévision du service public, confiée à Pierre Desgraupes

---

1. Toujours la télévision...
2. Conférence de presse du 22 septembre 1969 (*op. cit.,* p. 151).

(et à Étienne Mougeotte pour l'actualité). Mais on sait, pour reprendre l'expression qu'il utilisa lui-même, que Georges Pompidou, pensant que la télévision n'était pas un moyen d'information comme les autres parce qu'elle était « la voix de la France », estimait de ce fait que les journalistes y étaient tenus à un certain devoir de réserve...

Ainsi, le président convint-il de « moderniser » sa communication, acceptant par exemple qu'un « portrait » télévisé, personnel autant que politique, lui fut consacré (par Pierre Desgraupes), ou donnant des interviews à des journalistes, soit à la télévision (Serge Maffert, Jean Ferniot, Alain Fernbach...), soit dans la presse écrite (*Le Monde, Réalités, Time Magazine...*).

Ainsi, sous la présidence de Georges Pompidou, la télévision publique adopta-t-elle pour ses journaux télévisés, à l'approche des élections législatives de 1973, une règle non écrite, au demeurant assez cocasse, et dite des « trois tiers » : un tiers de temps consacré au gouvernement, un tiers à la majorité et un tiers à l'opposition [1]. On croirait entendre Pagnol : « Tout dépend de la grosseur des tiers ! »

Changements cosmétiques donc, sous Georges Pompidou. La vision gaulliste-pompidolienne conserve une forte cohérence : les mécanismes institutionnels et les mécanismes médiatiques qui doivent régir la relation du président à l'opinion renvoient à la même conception. Le président est issu de la confiance populaire, il est de ce fait tout à la fois chef de l'État républicain et guide de la France. Il doit imprimer ses orientations à la nation, et les lui faire connaître. Il ne doit de comptes qu'au peuple, mais en effet il lui doit des comptes, toujours dans la relation la plus directe possible.

Le président doit pouvoir compter sur la confiance populaire, il doit donc aussi pouvoir très largement expliquer au peuple ce qu'il fait pour lui, à partir du mandat qu'il a reçu de lui. Il convient de se méfier des prétendues expressions du peuple que sont corps intermédiaires, partis politiques, organes de la presse écrite, germes permanents de la division nationale et d'un possible retour au régime du passé. Contre ce danger, il faut pouvoir prendre le peuple à témoin, le consulter, l'inviter

---

1. Cf. Roland Cayrol, « L'ORTF face aux élections de mars 1973 », *Revue française de science politique*, 27 (45), août-octobre 1977.

à trancher. Et, dans ce cas, c'est le peuple qui décide, souverainement. Les conceptions institutionnelles de la Présidence d'opinion changeant, on y a insisté plus haut, avec V. Giscard d'Estaing et F. Mitterrand, leurs conceptions médiatiques du rapport à l'opinion sont elles-mêmes amenées à évoluer, d'autant plus évidemment que les temps changent aussi, et que certains dispositifs archaïques de propagande devenaient peu supportables aux journalistes et à l'opinion.

Le changement le plus important qui soit intervenu par voie législative est celui du statut de la radiotélévision. En 1974, Giscard d'Estaing fait accepter, sans mettre en cause (malgré l'existence de plusieurs projets en ce sens dans son entourage) le monopole d'État, un éclatement de l'Office de radiodiffusion et télévision française en sept sociétés indépendantes, dont trois chaînes de télévision. La nouvelle formule est donc celle de la concurrence à l'intérieur du service public. En matière d'information, la concurrence a pour sûr amélioré la qualité, l'indépendance et la liberté de ton de la télévision : chaque équipe rédactionnelle sait désormais qu'il en existe une autre qui, peut-être, va plus vite et plus loin qu'elle. Le réflexe d'autocensure tend à diminuer d'autant.

Autre évolution statutaire : pour la première fois en 1974, les représentants de l'État sont minoritaires dans les conseils d'administration des chaînes. En fait, il s'agit d'un leurre, la réalité faisant du gouvernement le maître d'œuvre de la composition de ces conseils [1]. Mais un principe est affirmé, selon lequel la majorité ne doit pas contrôler les médias d'État. Le débat se fera désormais sur des principes − contournés sans doute dans la pratique − qui vont habituer les esprits à évoluer, à ne pas trouver normal, ou fatal, le contrôle politique du pouvoir.

Concurrence des chaînes, nouveau statut, il faut ajouter, puisque le contrôle politique de la radiotélévision (pour être allégé) ne disparaît pas, professionnalisation du contrôle politique de l'audiovisuel. Jusqu'à 1974, n'importe quel ministre, n'importe quel membre du cabinet élyséen, se croyait autorisé à téléphoner à des journalistes du service public pour leur

---

1. Roland Cayrol, *La nouvelle communication politique,* Paris, Larousse, 1986, 215 p.

adresser remontrances ou suggestions. Et, dans l'ignorance souvent du poids réel de leur interlocuteur, très souvent (trop souvent !) les journalistes préféraient s'exécuter. Ces pratiques n'ont certes pas disparu à l'ère giscardienne. Mais, pour l'essentiel, le contrôle s'est professionnalisé : le pouvoir présidentiel a préféré opérer en nommant, à la tête des chaînes et à celles des rédactions, de bons professionnels amis, et laisser ces responsables professionnels amis « veiller au grain ». Le système a dès lors fonctionné de manière plus souple, permettant un développement de la conscience professionnelle des journalistes de télévision, malgré un biais systématique de la télévision en faveur de la majorité présidentielle, signalé à l'époque par de nombreuses études [1].

Cette triple évolution de l'ère giscardienne va être amplifiée à l'époque mitterrandiste. D'abord, la concurrence interne au service public va être accélérée, avant que, en 1984-1986, le monopole d'État sur l'audiovisuel soit enterré, avec la naissance acceptée de chaînes privées (*Canal +, La 5, TV 6* qui deviendra *M 6*) [2], puis, du fait du gouvernement de cohabitation, en 1987, avec la privatisation de *TF 1* (sur laquelle la nouvelle majorité de gauche ne reviendra pas après 1988, malgré les engagements du programme socialiste).

Ensuite, l'évolution statutaire de desserrement des entreprises de télévision se poursuit avec la création, à partir de 1982, d'une autorité administrative indépendante [3] chargée de réguler la vie de l'audiovisuel.

Là encore, l'examen attentif des textes montre que la mise

---

1. *Ibid.*
2. La relation de la décision présidentielle à l'état de l'opinion doit une nouvelle fois être soulignée : c'est pour contrebattre une image détériorée dans l'opinion sur le champ des libertés publiques (projets concernant l'école privée) que le président de la République a décidé d'accepter le lancement de chaînes privées de télévision.
3. Tour à tour : Haute autorité de la communication audiovisuelle (1982), Commission nationale de la communication et des libertés (1986), Conseil supérieur de l'audiovisuel (1988). Il est significatif que chaque nouvelle majorité croit utile de modifier le statut et la composition de l'instance de régulation, affirmant à chaque reprise qu'il s'agit de « libéraliser » le système et de « couper le cordon ombilical » entre télévision et pouvoirs publics... Significatif aussi qu'après la mise en place et le succès d'audience des chaînes privées, il n'apparaisse plus utile de réformer la composition du Conseil supérieur de l'audiovisuel.

sur pied de cette autorité est essentiellement un leurre, le pouvoir politique conservant la haute main sur sa composition [1].

Mais, là encore, un principe nouveau est affirmé, qui permet aux esprits d'évoluer, aux valeurs professionnelles de se développer, aux usages anciens de se dévaloriser.

Enfin, la professionnalisation du contrôle politique sur l'audiovisuel public se confirme : après l'accession de François Mitterrand à l'Élysée, tous les P-DG de chaînes sont remplacés, et tous les directeurs de l'information, tous les chefs des services publics, tous les présentateurs des principaux journaux télévisés.

En même temps, une atmosphère de liberté de travail s'installe progressivement, surtout après 1985, dans les rédactions du service public. C'est sans doute que l'essentiel réside désormais dans la libre concurrence public-privé : à quoi servirait-il pour le pouvoir présidentiel de peser de tout son poids sur le service public quand la moitié des chaînes (et la majorité de l'audience) est désormais dans l'orbite de la propriété privée ?

En matière de communication, l'évolution de la période Giscard d'Estaing-Mitterrand, par rapport à l'époque de Gaulle-Pompidou, est par ailleurs marquée par une « modernisation » du dispositif présidentiel. Si Valéry Giscard d'Estaing utilise toujours les quasi-institutions gaullistes que furent l'allocution télévisée (onze interventions de ce type en 1975) et le voyage en province, il souhaite en même temps les « décrisper ».

En province, Giscard d'Estaing a éprouvé, lui aussi, le plaisir du contact direct :

« Pouvez-vous imaginer l'intensité, la chaleur de la sensation que l'on éprouve lorsqu'on serre des mains de personnes inconnues, pressées autour de vous, et qui vous souhaitent bonne chance ? »

et souhaité faire de ses déplacements la preuve d'un contact différent avec l'opinion :

« J'ai demandé qu'on organise une ou deux grandes réunions par an en province [...]. Une cellule s'est constituée sous l'autorité d'Hubert Bassot [...]. Je ne voulais pas que ces manifestations soient préparées par les partis politiques, mais qu'elles reflètent l'unité de la " majorité

---

1. Cf. Roland Cayrol, « L'audiovisuel dans les années socialistes », *Tocqueville Review*, 8, 1986-1987, p. 291-309.

présidentielle " qui m'avait élu. Et je recommandais qu'on évite le ton partisan et agressif, qui ne devait pas être celui de ma fonction. Ce n'était pas facile, car l'opposition était véhémente et parfois violente [...]. La ligne que je m'étais fixée était celle de la décrispation [1]. »

On retrouve la volonté d'une Présidence d'opinion, qui s'exerce au-dessus des partis, mais tempérée par le désir de la décrispation et de la conquête improbable de « deux Français sur trois »...

À la télévision, comme l'a noté Jean-Marie Cotteret [2],

« il excelle sur le mode pédagogique, rationnel et logique [...]. Mais la télévision s'accommode mal d'une communication rationnelle et ses efforts pour passer d'une rhétorique fondée sur le principe d'identité à celle reposant sur l'analogie n'ont pas modifié en profondeur sa communication. Il en est résulté une certaine lassitude pour les téléspectateurs, et ses tentatives de communication sur un mode émotionnel (sa femme, ses fleurs, son allure faussement décontractée) n'ont pas été suffisantes pour compenser la rigueur et l'aspect technocratique du personnage ».

Au passage, notons que, s'il est par la suite devenu de bon ton, chez les journalistes et chez les hommes politiques, de critiquer les « petites phrases », Valéry Giscard d'Estaing reconnaît y avoir pris un soin particulier :

« Je recherchais avec soin les formules qui pourraient faire image, afin d'essayer de les faire pénétrer dans les mémoires pour qu'elles s'y installent, comme l'avaient réussi le " oui mais " et " je regarderai la France au fond des yeux ". Je les retournais longtemps dans ma tête, jusqu'à atteindre la simplicité requise pour accroître leur impact [3]. »

L'interview télévisée avait été, pour de Gaulle, l'exception. Georges Pompidou s'y était un peu plus prêté. Valéry Giscard d'Estaing, dans sa campagne présidentielle, puis dans l'exercice de son mandat (quatre entretiens télévisés, par exemple, en 1976), l'acceptera plus volontiers (Jacques Chancel, Jean-Pierre Elkabbach). Il innovera, par ailleurs, en participant à des

---

1. Valéry Giscard d'Estaing, *op. cit.,* p. 336-337.
2. Jean-Marie Cotteret, « Les stratégies de communication des présidents de la République », *Pouvoirs,* 47, 1987.
3. *Op. cit.,* p. 334.

émissions « normales » de la grille des programmes des chaînes (« Apostrophes », « Les dossiers de l'écran », « Questionnaire »), en se faisant inviter au journal télévisé de 20 heures (juillet 1978), en inventant une formule d'intervention télévisée intitulée « Une heure avec le président de la République » (quatre fois en 1979, deux fois en 1980, une fois en 1981), en se faisant interviewer en direct par des lycéens (juin 1977) ou par « un échantillon de Français choisis par la SOFRES » (février 1977).

François Mitterrand, qui parut longtemps mal à l'aise à la télévision [1], a poursuivi dans la même veine, ayant nettement moins recours au genre de l'allocution aux Français, lui préférant l'interview (les journalistes, toujours choisis ou acceptés par l'Élysée, seront au total nombreux à participer ainsi à des entretiens avec le président de la République) ou la participation à diverses formules d'émissions. En 1983, par exemple, on comptera deux allocutions mais cinq interviews télévisées (plus une à la radio). Lui aussi sera invité dans des émissions de la grille des programmes (« Apostrophes », « L'heure de vérité »), lancera des formules d'entretien (« Ça nous intéresse, Monsieur le président », avec Yves Mourousi, en avril 1985 et en mars 1986), se fera interroger par « un échantillon de Français choisis par la SOFRES » (septembre 1992), et même (au cours de la même émission, dirigée par Guillaume Durand) par un opposant, en l'occurrence Philippe Séguin, à l'occasion de la campagne du référendum sur le traité de Maastricht.

La conduite de leur communication par les présidents Giscard d'Estaing et Mitterrand traduit une évolution, par rapport à leurs prédécesseurs, dans la relation présidentielle à l'opinion. Ce n'est plus le « guide de la France » s'adressant à son peuple, mais le chef d'un système pluraliste cherchant à convaincre la majorité de l'opinion publique de la justesse de ses vues.

---

1. Notamment pendant la campagne présidentielle de 1965. « Je ne l'avais jamais fait, moi, expliquera François Mitterrand. Pendant les sept premières années, enfin entre 1958 et 1965, je n'ai jamais eu l'occasion d'être interrogé par la télévision. En sept ans donc, je n'avais pas l'habitude. Cela exigeait beaucoup tout d'un coup. Et j'ai eu de la peine à m'y faire parce que, pour devenir indifférent à cette machine [...] on vous dit : " oubliez la machine, il y a des millions de Français derrière ". Oui, c'est vite dit ! [...] [Aujourd'hui] c'est une vieille histoire [...] j'éprouve même un certain plaisir. Mais je n'aime pas la confidence. » (*Portrait d'un président,* de Roland Cayrol et Anne Gaillard, film diffusé sur *FR 3* le 10 mai 1985.)

Elle traduit en même temps une professionnalisation de la fonction de communication au sein de la présidence de la République. Élu au suffrage universel, le président est en posture d'être à nouveau candidat à ce type d'élection. Il ne peut ignorer les techniques modernes de la communication, du marketing et de la publicité.

Georges Pompidou, président, n'ignora pas ces techniques. Denis Baudoin fut, à l'Élysée, chargé des problèmes de presse et de communication [1], cependant que Pierre Juillet suivait, entre autres, les questions d'opinion publique. Mais la constitution de véritables cellules de travail permanentes chargées de la communication et des données d'opinion date du septennat de V. Giscard d'Estaing. Dans la relation à l'opinion, sondages et études prennent dès lors, à l'évidence, une place de choix. Bernard Rideau, qui fut le responsable de leur traitement pour le nouveau président, le note non sans fierté :

« Lorsque j'entrai dans le palais présidentiel, ce furent surtout les sondages qui pénétrèrent dans ce sanctuaire, cette fois-ci officiellement, avec un statut reconnu [...]. Je pris l'habitude de mêler ma prose à celle des autres conseillers. L'opinion formait désormais un élément banalisé, semblable à la tenue quotidienne des marchés financiers ou des synthèses du Quai d'Orsay [2]. »

Après le mauvais résultat des élections cantonales de mars 1976, toujours coordonnées par Bernard Rideau, les études prirent une importance croissante sous la direction de Jean Serisé,

---

1. Il quitte l'Élysée en 1973 pour diriger le « Service de liaison interministérielle » (SLI) qui deviendra, après 1974, sous le nom de « Service d'information et de diffusion » du Premier ministre (SID), l'organe centralisant tout à la fois la communication gouvernementale et les données d'opinion publique relatives à l'activité du gouvernement.
2. Bernard Rideau, *L'illusion du pouvoir,* Paris, La Table Ronde, p. 80 et suiv. Ce livre trahit au reste la difficulté d'un responsable d'opinion chargé d'informer un haut décideur : « Le sondage arrive [...]. On le dépiaute. S'il est positif, on rédige rapidement une courte note en forme de communiqué victorieux à l'intention du patron. S'il s'avère négatif, on attend : inutile de le troubler avec ces péripéties. On dressera, plus tard, une synthèse plus explicative. » (p. 194.)

« qui s'entoura de conseils extérieurs, parmi les universitaires et les spécialistes de la SOFRES, notamment Alain Lancelot et Pierre Weil [1] ».

Des systèmes de mesure, quantitatifs et qualitatifs, furent mis en place, avec le concours notamment de la SOFRES et de l'IFOP. Des réunions régulières (autour de Jean Serisé, Jean Riolacci, Jean-Philippe Lecat, Michel Bassi, Bernard Rideau et, éventuellement, de conseillers extérieurs) permettaient de tirer la leçon des données d'opinion en termes de stratégie de communication [2]. Valéry Giscard d'Estaing a eu plusieurs fois l'occasion d'attester lui-même l'importance qu'il attachait aux sondages [3].

François Mitterrand a poursuivi dans cette voie, Charles Salzman et Marie-Ange Théobald-Paoli étant responsables de la cellule de suivi de l'opinion, IPSOS remplaçant pour l'essentiel les instituts précédents, Gérard Colé et Jacques Pilhan (puis ce dernier seul) prenant en charge la stratégie de communication présidentielle. La novation mitterrandiste a été (outre des innovations techniques, comme l'implantation d'un studio moderne de télévision à l'Élysée) l'installation officielle de publicitaires professionnels dans le dispositif présidentiel. Les publicitaires (comme Jacques Hintzy) étaient, sous Giscard d'Estaing, bien sûr utilisés mais maintenus dans l'ombre. Ils sont officiellement présents sous Mitterrand : l'organigramme du candidat présidentiel, en 1981, montre l'existence d'une cellule de communication, pilotée par le candidat lui-même, auquel est adjoint Jacques Séguéla (l'un des associés de l'agence RSCG). Par la suite, Jacques Pilhan (qui vient de la même agence, puis fondera la sienne, avant d'être appelé pour un

---

1. *Ibid.*, p. 88.
2. Sur les « staffs » de l'Élysée, voir dans cet ouvrage le chapitre d'Éric Dupin.
3. « Le sondage auquel j'attache le plus d'importance est celui de l'IFOP, publié tous les mois dans *France Soir*. Parce que la question posée est très simple [...] et parce qu'on dispose d'une longue série de chiffres [...] Depuis ma prise de fonction, en mai 1974, le nombre des mécontents ne l'a emporté sur celui des satisfaits, pour la première fois, qu'entre octobre 1976 et janvier 1977, puis à nouveau pendant deux mois, en avril et mai 1977. » (*Op. cit.*, p. 356-357.)

temps à des responsabilités importantes dans le groupe Eurocom) sera présenté comme le publicitaire de l'équipe élyséenne.

Le débat public sur la légitimité d'opinion du président s'est ainsi progressivement déplacé, de De Gaulle-Pompidou à Giscard d'Estaing-Mitterrand : les « questions de confiance » nationales, référendums ou élections tendant à être remplacés par les résultats des instituts de sondages. Il est vrai que ceux-ci, s'ils ont la mauvaise habitude d'être fréquents, sont en tout cas sans sanction.

On est passé d'une Présidence d'opinion dramatisante, comportant en permanence la mise en cause directe du chef de l'État et de son mandat par les résultats électoraux, à une Présidence d'opinion molle, où la mesure de la cote d'opinion du chef de l'État est quasi quotidienne, contribuant, lorsque ladite cote est mauvaise, à affaiblir son autorité, mais sans possibilité de re-légitimation populaire de cette autorité, et sans remise en cause de son mandat.

ET LA DÉMOCRATIE ?

Au total, l'élection présidentielle au suffrage universel aura, dans la version de Gaulle-Pompidou de la Cinquième République, promu une démocratie efficace, de type plébiscitaire, et, dans la version Giscard d'Estaing-Mitterrand, une démocratie directe faussement participative, dans laquelle les médias et les sondages tendent à remplacer l'expression populaire.

C'est que l'élection présidentielle directe a fonctionné comme une bombe à retardement dans le système politique français. L'auteur de ces lignes se souvient combien, en 1962, jeune secrétaire du club Jean-Moulin, il militait avec espoir, aux côtés de Stéphane Hessel, Georges Vedel, Maurice Duverger, Georges Lavau, Georges Suffert, Olivier Chevrillon, Simon Nora, Michel Crozier et bien d'autres (parmi lesquels Michel Rocard et Bernard Stasi), pour que l'instauration de ce suffrage présidentiel pût jouer comme un levier pour transformer en profondeur la vie politique française, dans le sens précisément d'une intervention créatrice de l'opinion sur une vie publique bloquée par les appareils partisans.

Trente ans plus tard, il faut reconnaître que le bilan est mitigé, bien que globalement positif. Bilan positif : grâce à l'élection directe, c'est le peuple, et non les machines de partis, qui désigne son responsable politique suprême. Le peuple y est du reste fort attaché, et les principaux partis ont dû renoncer à tout espoir, à tout projet de révision sur ce point. L'esprit de la démocratie directe a balayé souvenirs et constructions fondés sur les combinaisons parlementaires d'états-majors, établis au matin blême à l'ombre des regards du peuple. Aucune majorité nouvelle — parlementaire ou présidentielle — n'est possible sans la sanction du suffrage universel. L'espoir des réformateurs de 1962 — que l'opinion permette de dégager des novateurs, pas les appareils — a été largement justifié : le centrisme (candidature Lecanuet en 1965), le socialisme moderne (candidature Rocard en 1969), l'écologie (candidature Lalonde en 1981) se sont frayé un chemin dans la vie politique grâce à l'élection présidentielle. Aucune élaboration politique ne tient, qui ne puisse être dotée de crédibilité « présidentielle », autrement dit sans capacité à affronter le verdict populaire. La vie politique est simplifiée et clarifiée, dans un sens évidemment démocratique : il n'y a de source réelle de pouvoir que dans l'expression de la volonté populaire. Et cela n'enlève rien à la nécessité des partis (et même de partis forts), capables d'articuler des propositions au pays et de sélectionner un personnel dirigeant.

Le bilan positif est donc intimement lié aux mécanismes institutionnels de la Présidence d'opinion.

Oui, mais voilà : la bombe à retardement a certes bien fonctionné pour moderniser, dans un sens démocratique, la vie politique française. Mais elle a aussi induit des effets redoutables.

D'abord, un système démocratique fondé sur une Présidence d'opinion (faute d'être purement plébiscitaire) suppose de réels contre-pouvoirs institutionnels et une expression vivante, plurielle et permanente de l'opinion. Or le système dans lequel ont vécu les Français pendant ces trente années affaiblit, dans la réalité, le pouvoir du Parlement, et, parce que le président est seul doté d'une légitimité directe, affaiblit aussi les mouvements nés de la société civile.

Et puis, on le sait, l'élection présidentielle au suffrage universel, et le type de relations qu'elle nécessite entre les dirigeants politiques (président en place et candidats virtuels) et l'opinion, impliquent presque nécessairement un usage immodéré des techniques du marketing appliquées à la politique, et, donc, le passage à l'ère de la politique-spectacle.

À cause, largement, de l'élection présidentielle directe, et du poids pris par la télévision dans le système de décision électorale [1], la communication a, à l'excès, mangé le politique. Le discours des hommes politiques s'est (trop) bien intégré à l'univers de la télévision, univers spectaculaire ; il s'est (trop) fait discours spectaculaire. Les hommes politiques français pensent (trop) aux effets « de communication » de leurs actes, paroles et attitudes. Ils ont (trop) appris de leurs conseillers en sondages et en stratégie que l'on gagne une élection présidentielle en séduisant le marais, et que l'on ne séduit le marais qu'avec l'arsenal spectaculaire de la séduction personnelle. Les dirigeants politiques français, à cause du régime mis en place en 1962, pensent (trop) à Yves Mourousi ou à Guillaume Durand, accordent (trop d')importance aux actes symboliques, passent (trop) dans des émissions de variétés. Bref, les dirigeants politiques pensent trop, en permanence, à l'opinion...

Certains, notamment parmi ceux qui étaient les plus hostiles au système mis en place en 1962 [2], pensent à réformer le régime en l'aggravant, par exemple en étendant le champ d'application du référendum aux questions de société.

Le temps n'est-il pas plutôt venu de réfléchir enfin sereinement aux moyens d'équilibrer la Présidence d'opinion, tout en en conservant les mécanismes et les effets bénéfiques, par une revalorisation de la démocratie représentative et participative ?

Roland CAYROL

1. Cf. Jay G. Blumler, Roland Cayrol, Gabriel Thoveron, *La télévision fait-elle l'élection ?*, Paris, Presses de la Fondation nationale des sciences politiques, 1978, 288 p.
2. Cf. François Mitterrand, *Le coup d'État permanent,* Paris, 10-18, 1964.

CHAPITRE 6

PRÉSIDENT, PREMIER MINISTRE GOUVERNEMENT

Les différents cas de figure

1. Au lendemain de leur arrivée au pouvoir en 1981, des socialistes aimaient à évoquer l'avant-1981 sous le vocable Ancien Régime. L'expression doublait l'ineptie constitutionnelle d'une faute politique (si l'on veut bien tenir le sectarisme vengeur pour tel). La Constitution ne change pas au gré des alternances, le régime, pas davantage. On comprendra que ce rappel rende indispensable de nier un instant le sujet qui nous est proposé avant de le traiter – disons de le délimiter raisonnablement.

2. Il est une part de la répartition des pouvoirs qui demeure fixe ou, plus exactement, le président de la République dispose d'un pouvoir minimal constant, de même que le Premier ministre et les membres du gouvernement. Quelles que soient les configurations majoritaires, le président de la République demeure le chef de l'État, doté d'un rôle sur les scènes mondiale et nationale, et pourvu de compétences. Le Premier ministre demeure le chef du gouvernement, responsable de la coordination du travail gouvernemental et de la direction du travail parlementaire. Le ministre demeure un acteur politique, responsable d'un domaine devant les corporations, les médias et l'opinion, et le chef d'une administration, armé de quelques moyens pour tenter d'agir.

3. Cela admis, reste l'essentiel, l'étude de la variation. Elle est, en France, considérable, du fait de la spécificité du système politique français. Tout vient de ce que nous avons deux élections gouvernementales dissociées là où les autres démocraties n'en ont qu'une. La plupart des pays ne connaissent qu'une élection attributive du pouvoir gouvernemental, l'élection des députés. Tel est, par exemple, le cas en Allemagne, en Espagne, au Royaume-Uni, etc. Et tel serait le cas au Japon ou en Italie si le pouvoir était un tant soit peu attribué. Les États-Unis d'Amérique et nombre d'États latino-américains se distinguent en ceci que l'élection attributive du pouvoir gouvernemental n'est pas celle de l'assemblée mais celle du président. Indépendamment des mérites comparés de l'un et l'autre système, le point qui nous importe ici est l'unicité de l'élection gouvernementale. Quelques pays auraient pu connaître la dualité des élections gouvernementales, ceux qui ont adopté ce que Maurice Duverger a approximativement baptisé mais bien repéré sous le nom de « régime semi-présidentiel ». Il se trouve cependant que, dans la plupart de ces pays, l'effet de l'élection présidentielle a été pour l'essentiel annulé ou largement neutralisé. Il en alla ainsi, dans des proportions variables et selon des cheminements complexes, dans la république de Weimar, en Finlande, au Portugal, en Autriche, en Irlande, en Islande — par ordre croissant de neutralisation du pouvoir gouvernemental du chef de l'État donc de la portée gouvernementale de l'élection du chef de l'État. Il en ira probablement ainsi, dans un ordre qu'il est trop tôt pour déterminer, en Pologne, en Roumanie, en Bulgarie, en Lituanie, etc. (mais pas en Russie). Il n'en va pas ainsi en France.

4. Pourquoi cette double spécificité française ? Les raisons de la première spécificité (l'introduction d'une élection directe du président en sus de l'élection directe des députés) sont bien connues. De Gaulle a voulu sauver la Cinquième République, c'est pourquoi il l'a changée en 1962. Le système présidentialiste instauré en 1958-1962 n'aurait pas tenu une fois passé la guerre d'Algérie et la présence du Général au sommet de l'État. Aussi a-t-il voulu pérenniser le présidentialisme par l'élection populaire du chef. Les raisons de la deuxième spécificité sont plus complexes, moins définitivement élucidées, et un des intérêts de ce livre. Pourquoi la double élection directe vaut-

elle double élection gouvernementale ? Les uns l'expliqueront
par la volonté des présidents. Et il est vrai que si Alain Poher
avait été élu en 1969... Relisons toujours l'uchronie lumineuse
du doyen Vedel. On peut cependant dépasser l'explication par
la personnalité des acteurs et introduire à tout le moins un
complément constitutionnel. L'existence de deux autres facteurs
furent décisifs. Le vrai droit de dissolution entre les mains du
président, d'un côté, le scrutin majoritaire pour l'élection des
députés, de l'autre, ont permis au chef de l'État de demeurer
source du pouvoir gouvernemental.

Reste que la neutralisation inverse ne s'est pas opérée, l'élection des députés conserve une portée gouvernementale. Ici aussi
l'explication est constitutionnelle. Elle tient à la responsabilité
du gouvernement devant le Parlement.

Tableau 1. *Dualité ou unité des élections gouvernementales*

Régime présidentiel	Régime parlementaire	Régime semi-présidentiel parlementarisé	Régime semi-présidentiel présidentialisé
Président (Congrès)	Députés Premier ministre	Députés PM (Président)	Président Députés – PM
Monocéphalisme Une seule élection gouvernementale	Monocéphalisme Une seule élection gouvernementale	Bicéphalisme Une seule élection gouvernementale	Bicéphalisme Deux élections gouvernementales
États-Unis	GB, RFA, etc.	Autriche, Portugal, Irlande, Islande...	France, Russie

Ce cadre et les explications qu'il comporte rappelés, nous
pouvons en venir à notre sujet. Pourquoi et comment évolue
le partage du pouvoir entre le président, le Premier ministre
et le gouvernement ?

5. La répartition du pouvoir au sein de l'ainsi nommé
exécutif est déterminée par la structure politique de la majorité
parlementaire. Cette loi, tout à fait décisive, doit être immédiatement assortie d'un tempérament. Elle ne joue pleinement
qu'en cas d'élection parlementaire en cours de mandat prési-

dentiel. Plus précisément : si la dissociation des majorités est provoquée par une alternance présidentielle (la conquête de la présidence par l'opposition), le nouveau président a le moyen de rétablir, ou de tenter d'établir, l'unité des majorités, puisqu'il dispose du droit de dissolution. C'est bien pourquoi tous les nouveaux présidents, à la seule exception de Valéry Giscard d'Estaing, ont utilisé la dissolution pour s'assurer l'avènement de leur majorité à l'assemblée.

Tableau 2. *La dissolution de l'Assemblée par le nouveau président*

De Gaulle	1958	dissolution de la Quatrième République	majorité composite 1958
Pompidou	1968	dissolution anticipée sur la présidentielle	majorité absolue 1968-1973
Mitterrand	1981	dissolution immédiate	*majorité* absolue 1981-1986
Mitterrand	1988	dissolution immédiate	*majorité* relative 1988-1993

Majorité : nouvelle majorité, l'alternance présidentielle est complétée par une alternance parlementaire.
Majorité : confirmation de la majorité parlementaire lorsqu'il y a nouveau président sans alternance.

La principale source de la variation de la répartition du pouvoir devient donc, répétons-le, l'avènement de l'alternance parlementaire en cours de mandat présidentiel. Elle peut cependant également résulter d'une modification moins radicale de la structure de la majorité parlementaire. Il en va ainsi lorsque la dissolution *(lato sensu)* amplifie la domination du parti du président (1958, 1962, 1968), ou lorsque la non-dissolution pérennise le fait minoritaire, le fait que le parti du président soit minoritaire dans la majorité parlementaire (1974-1978).

6. Il convient en vérité de dresser l'inventaire de toutes les configurations majoritaires concevables, lesdites configurations étant définies par le rapport entre la majorité parlementaire et le président de la République. Quels types de configurations convient-il de retenir comme constitutifs d'une catégorie spécifique ? Nous pourrions en discuter longuement. Une dichotomie simple se contentera d'opposer majorité parlementaire favorable au président et majorité parlementaire hostile au président. Mais il faut évidemment compliquer la typologie

en introduisant le cas de l'absence de majorité. Encore cette trilogie ne suffira-t-elle pas. La majorité ou la contre-majorité peut être absolue ou relative. Le parti du président (PdP) peut être dominant ou dominé dans la majorité, de même que le parti du Premier ministre en cas d'alternance parlementaire. Nous arrivons ainsi à dix configurations différentes.

Tableau 3. *Conditions politiques et variations de la répartition des pouvoirs*

Majorité parlementaire
opposée au président .... favorable au président ....

1 d'un parti	2 d'une coalition	3 hétéro-clite	4 pas de majorité	5 relative	6 hétéro-clite	7 PdP mi-no-ritaire	8 PdP majo-ritaire	9 PdP seul	10 PdP créé par le PdR
1986				1988	1958	1974	1962	1969	1968 1981

Gouvernementalisme	Présidentialisme
Repli du président sur la fonction symbolique jusqu'à la neutralisation des pouvoirs propres	Appropriation des pouvoirs partagés par le président
Pouvoir présidentiel constitutionnel	Sur pouvoir présidentiel partisan

7. Chacune d'entre elles n'induit pas à elle seule une pratique du pouvoir — il serait excessif d'isoler dix pratiques institutionnelles. Il existe cependant une hiérarchie qui permet de classer chaque hypothèse de l'hostilité maximale à la soumission la plus totale au président. Et cette relation politique pèse en effet de façon décisive sur l'exercice du pouvoir. À une extrême, le président serait quasi contraint de démissionner, à l'autre il a les moyens d'imposer au Premier ministre et au gouvernement des choix politiques tout à fait contraires à leur traditions idéologiques ou à leurs choix politiques du moment. Dans un cas, le gouvernementalisme règne ; dans l'autre, le présidentialisme triomphe.

8. Nous n'avons expérimenté que sept cas sur dix. Toutes les hypothèses de majorité parlementaire favorable au président se sont réalisées durant les trente premières années de la Cinquième République, mais une seule des quatre autres hypothèses avait pris corps entre 1958 et 1992. Cette simple statistique atteste la prégnance du présidentialisme.

9. Un polémiste soulignerait que seul François Mitterrand réussit l'exploit de perdre sa législative en cours de mandat (mars 1986), et de la perdre à chaque fois (mars 1993). Ses prédécesseurs réussirent tous là où il échoua (de Gaulle en 1962, *via* une dissolution de crise, et en 1967 de justesse, avant le triomphe de 1968 et la défaite référendaire de 1969 ; Pompidou en 1973 ; Giscard d'Estaing en 1978). La question reste cependant posée de savoir si le contre-exploit socialiste est imputable aux erreurs des gouvernants ou à une accélération durable et appelée à se répéter de la mise en cause du pouvoir présidentiel lors des législatives en cours de mandat. Quoi qu'il en soit, l'étendue du pouvoir présidentiel est fonction de la nature de la majorité parlementaire, ce qui n'est pas le moindre paradoxe de la démocratie la plus présidentialiste du monde (à l'exception de la Russie, si la Russie devient une démocratie). Reprenons rapidement chaque configuration.

10. Une majorité absolue d'un seul parti de l'opposition (1) n'est jamais advenue et a peu de chances de voir le jour tant que RPR et UDF n'auront pas formé un seul parti ou que le Parti socialiste n'aura pas regroupé ou dominé tous mouvements et mouvances de la gauche — donc tant que sera maintenu le scrutin majoritaire à deux tours. Si elle intervenait un jour, le président serait acculé à la démission ou à l'exercice d'une présidence purement symbolique, à l'italienne.

11. Une majorité de coalition opposée au président (2) : telle fut la situation qui provoqua les cohabitations de 1986 et de 1993. La direction du pouvoir exécutif glissa de l'Élysée à Matignon. Le président conserva l'essentiel de ses prérogatives en matière de politique étrangère et de défense, mais le petit nombre des dissensus graves facilita le sauvetage de ces apparences. Quant aux autres politiques publiques, elles furent décidées par le gouvernement. Le chef de l'État put seulement

compliquer la prise de décision, particulièrement lorsque le Premier ministre lui offrit, curieusement, cette possibilité en préférant la voie des ordonnances à celle de la loi. Cette époque est suffisamment connue de tous pour ne pas insister davantage [1].

12. Une majorité hétéroclite opposée au président (3) se distingue du cas précédent par l'absence d'unité de la majorité (ici la frontière manque évidemment de précision) et la fluidité des frontières entre majorité et opposition (ici le critère devient un peu plus sûr). Si le président sait jouer de ces fluctuations, il atténue d'autant le gouvernementalisme. Ce cas de figure n'a pas encore vu le jour. Il aurait pu voir le jour, par exemple si les socialistes avaient limité leur recul en mars 1993, si les écologistes avaient obtenu un groupe parlementaire nécessaire pour composer une nouvelle majorité et avaient accepté de la construire avec le RPR et l'UDF. Conjectures, conjectures, jusqu'au jour où la conjoncture les confirmera...

13. L'absence de majorité (4) relève de la théorie. Une majorité finit toujours par émerger. Par absence, on veut dire que la majorité parlementaire n'est pas connue au soir des élections et que plusieurs coalitions sont concevables. Le président peut alors soit participer à la fabrication de la majorité parlementaire par le biais du Premier ministre qu'il aura choisi, soit tenter de gouverner avec un gouvernement dit hier de « techniciens », aujourd'hui de la « société civile », en vérité des deux, et surtout apte à ne pas coaliser une majorité parlementaire contre lui. La pratique institutionnelle qui s'ensuivrait pourrait être qualifiée de semi-gouvernementaliste, semi-présidentialiste.

14. Une majorité relative favorable au président (5) : tel fut le cas de 1988 à 1993. Cette législature commença sous les auspices des majorités variables (Union de la gauche, ou majorité socio-centriste, ou majorité stéréo avec appoints de gauche et de droite, ou majorité son élargi, l'appoint à droite s'étendant, ou quasi-consensus sans le PC, ou unanimité). Le

---

1. Pour une analyse approfondie, voir la thèse de Marie-Anne Cohendet et son livre, *La cohabitation*, Paris, PUF, 1993.

temps passant, la survie du gouvernement tint de plus en plus à la majorité implicite d'Union de la gauche, celle-là même qui s'était silencieusement nouée devant le corps électoral et selon la tradition dite républicaine en 1988, et qui s'apprêtait à renaître aux législatives de 1993. En certains cas cependant (novembre 1990 pour l'adoption de la contribution sociale généralisée, juin 1992 pour la politique agricole commune), l'opposition de droite et les communistes conjuguèrent leurs votes dans une censure dont le rejet ne tint qu'à quelques soutiens isolés ici et là. Cette configuration aurait dû renforcer sensiblement le rôle du Parlement. Les évaluations divergent à cet égard mais, au risque de s'attirer les foudres de Guy Carcassonne, on peut dire qu'il ne semble pas que cette inflexion se soit produite. Quant aux rapports au sein de l'exécutif, le rééquilibrage ne fut pas plus sensible, n'étaient les marges de manœuvre laissées au Premier ministre par l'obligation de négocier avec l'Assemblée.

15. Une majorité hétéroclite favorable au président (6). La première législature (1958-1962) releva de ce type. Les spécificités conjoncturelles qui la marquèrent furent trop nombreuses pour que la période serve de modèle. Le contexte de guerre civile lors de la décolonisation de l'Algérie, le recours à toutes sortes de pouvoirs spéciaux qui s'ensuivit, l'exceptionnel charisme du général de Gaulle, le caractère de commencement, où tout était à apprendre des nouvelles institutions, et où tout ne pouvait s'effacer que progressivement des anciennes, autant de pesanteurs historiques qui imposent le recul à la science politique. Qui démontrera jamais, par exemple, si le présidentialisme à certains égards relatif du Général tenait à une doctrine institutionnelle, à l'absorption du chef par le conflit algérien ou à la précarité de la majorité parlementaire ?

Quant à savoir si cette configuration est susceptible de ressurgir, nul ne saurait l'affirmer avec certitude. Notons cependant que l'hypothèse paraissait tout à fait d'école dans les années 1970, voire 1980 et qu'elle a reconquis quelque plausibilité dans les années 1990. L'atténuation du fait majoritaire, la résurgence d'une extrême droite populiste recueillant 10 à 15 % des suffrages exprimés, l'apparition d'un ou deux mouvements écologistes aptes à obtenir un succès analogue, la chute symétrique des partis de gouvernement, le refus de la droite de s'allier avec le lepénisme et le refus des écologistes de s'allier avec les socialistes, autant de données politiques qui rendent à nouveau possible l'apparition d'une majorité parlementaire hétéroclite. Encore faudrait-il que ces nouvelles forces politiques obtiennent une représentation parlementaire significative et apte à peser – ce que le maintien du scrutin majoritaire à deux tours pour les élections législatives de 1993 rend plus aléatoire, à l'inverse de la perspective, pour les législatives ultérieures, d'une réforme du mode de scrutin mâtinant le majoritaire d'un zeste de proportionnelle. Dans le vocabulaire politique conjoncturel de 1992-1993, cette perspective se dénomme « recomposition », chacun s'accordant pour considérer que, si elle devait s'opérer, ce serait plutôt à l'occasion d'une élection présidentielle. Auquel cas, le rôle éminent du candidat devenu président dans cette fabrication pèserait en faveur du présidentialisme. Ainsi, le facteur politique en lui-même quelque peu « déprésidentialisant » (une majorité hétéroclite se contrôle moins bien qu'un parti majoritaire) serait compensé par un facteur conjoncturel « représidentialisant » : la fabrication de la nouvelle majorité parlementaire par l'élection présidentielle.

16. Le parti du président minoritaire dans la majorité (7). La présidence de Valéry Giscard d'Estaing se déroula selon cette configuration inconfortable. L'intéressé ne voulut point dissoudre l'assemblée, parce qu'elle n'avait été élue qu'un an plus tôt, parce qu'il crut pouvoir giscardiser le mouvement gaulliste, majoritaire dans la majorité, parce qu'il était convaincu que son succès présidentiel aussi étroit que miraculeux tenait à ses talents mais que la gauche majoritaire dans le pays aurait gagné des législatives en juin 1974, et *last but not least*, l'intéressé, libéral et modéré, n'a pas un tempérament chaud de dissolvant et préfère le respect des échéances. Quoi qu'il en soit du poids respectif de chacun de ces facteurs explicatifs ou de leur pertinence, la non-dissolution fut l'événement majeur, la grande exception (5). Le chef de l'État en paya le prix. L'apparence du présidentialisme s'accentua, la réalité du présidentialisme régressa. Ici, plus encore qu'ailleurs, les choses se

discutent, et nous manquons d'indicateurs sûrs. On peut pourtant soutenir, comme le fit d'ailleurs à sa manière le principal intéressé, que la majorité conservatrice transforma, à plusieurs importantes reprises, la volonté réformatrice du président en velléités. On constate en outre que le deuxième Premier ministre dut recourir aux ressources de ce que l'on dénomme le « parlementarisme rationalisé » pour contraindre la majorité à un minimum de discipline. À pousser l'analyse jusqu'au jugement, on conclurait que la démocratie présidentialiste a perdu sur tous les tableaux. Le présidentialisme limité empêche la définition et *a fortiori* la mise en œuvre des réformes nécessaires. En même temps, le présidentialisme d'apparence introduit ou développe des mœurs contestables : court-circuit des procédures légales de décision, clientélisme, fait du prince, politisation de la haute fonction publique... L'absence de pouvoir ravive la soif de pouvoir, la jouissance du pouvoir passe par l'abus de pouvoir. L'aphorisme, hélas ! s'applique aussi aux cas de figure qui suivent.

17. Le parti du président majoritaire dans la majorité (8, 9 et 10). Dit comme cela, telle est la norme de la Cinquième République, la configuration dominante, celle que l'on connut pendant la moitié de la période, de 1962 à 1974 et de 1981 à 1986. Mais si l'on distingue dans cette classe des sous-ensembles, le parti du président fut majoritaire sans détenir la majorité absolue de 1962 à 1968 (hypothèse 8) ; il fut majoritaire à lui seul de 1968 à 1973 et de 1981 à 1986. Si l'on distingue à nouveau au sein de ce sous-ensemble le parti du président par lui créé (le mouvement gaulliste pour, sinon par, de Gaulle, le Parti socialiste recréé par Mitterrand) du parti du président que le chef n'a pas créé mais dont il a hérité, on fonde les deux derniers cas de figure, 9 et 10. Dans le cas d'un gouvernement de coalition dominé par le parti du président, le minimum de négociation qui s'impose avec les leaders partisans et/ou la majorité parlementaire est plus élevé que lorsque le parti du président détient seul la majorité absolue. On pourrait objecter que la coalition UNR-RI fut largement factice, que les candidatures uniques aux législatives et le bon contrôle exercé par le président et son Premier ministre sur les ministres républicains indépendants réduisaient à peu la négociation, somme toute

assez proche de celle qu'il faut mener avec le parti majoritaire lui-même. Auquel cas, il faudra conclure que les sous-distinctions entre les hypothèses 8, 9 et 10, si pertinentes puissent-elles paraître *in abstracto,* s'avèrent sans conséquences significatives quant à la pratique constitutionnelle, présidentialiste à convenance.

18. Au total, le paradoxe est flagrant : la majorité parlementaire détermine l'étendue du pouvoir présidentiel dans un système politique pourtant à dominante présidentialiste. La clef du paradoxe est claire : le président fait, sauf exception, la majorité parlementaire. Il la fait totalement lorsqu'il crée jusqu'au parti majoritaire. L'appropriation par le chef de l'État des pouvoirs partagés avec le Premier ministre et le gouvernement n'a alors d'autres limites que le temps et la volonté présidentielle d'un côté, le courage et le talent de ses vis-à-vis de l'autre. En revanche, plus le parti du président échappe à son maître, plus d'autres partis sont nécessaires à la survie de la coalition, et plus le Premier ministre en charge des coordinations et arbitrages administratifs et politiques accroît son espace, plus les ministres politiques (ou, désormais, médiatiques) ont les moyens d'accéder à l'existence.

19. Pour simplifier l'analyse de l'exercice du pouvoir présidentiel, il reste pertinent d'opposer fondamentalement le président disposant d'une majorité parlementaire au président cohabitant. Dans le premier cas, le chef de l'État détient des sur-pouvoirs. Pour ce qui concerne la répartition des compétences au sein de l'exécutif, il n'est plus guère tenu par la Constitution puisque les principaux acteurs, du fait de leur subordination politique, acceptent qu'il l'outrepasse. En revanche, lorsque l'opposition au président conquiert la majorité parlementaire, l'hôte de l'Élysée est ramené dans son pré carré constitutionnel. Pis pour lui, il ne peut plus exercer pleinement tous ses pouvoirs constitutionnels, s'il veut exercer son mandat jusqu'à son terme (sauf s'il prend le risque d'une crise). Le tableau 4 explicite ces conclusions pour chacune des principales prérogatives constitutionnelles du président.

Tableau 4. *La variation des pouvoirs présidentiels selon la configuration majoritaire*

	Majorité du président	Alternance parlementaire (cohabitation)
Les principaux pouvoirs propres		
L'article 8.1 : la désignation du Premier ministre	Pouvoir discrétionnaire	Pouvoir restreint par le choix de la nouvelle majorité
L'article 11 : la décision finale de recourir au référendum	Sur-pouvoir : décision du seul président	Pouvoir neutralisé : proposition du gouvernement
L'article 12 : dissolution	À discrétion : une seule fois l'an	À discrétion, une seule fois l'an. Semi-neutralisé : démission en cas d'échec
L'article 16 : pouvoirs de crise	Usage exceptionnel	Quasi-neutralisé par menace. Haute trahison
Les principaux pouvoirs partagés		
L'article 8.2 : la démission du Premier ministre	Sur-pouvoir : révocation présidentielle	Retour à la Constitution : décision du Premier ministre
L'article 13 : signature des décrets et ordonnances	Sur-pouvoir : co-écriture	Pouvoir de veto procédural
Nominations	Sur-pouvoir : hégémonie	Quasi neutralisé
L'article 15 : chef des armées	Sur-pouvoir : décide	Pouvoir partagé
L'article 52 : traités	Sur-pouvoir : décide	Pouvoir partagé
L'article 89 : révision	Sur-pouvoir	Semi neutralisé par Premier ministre. Subordonné : révision imposée, droit d'asile, novembre 1993

20. Tentons de vérifier et de compléter ces analyses. À cette fin, reprenons un travail de Vincent Wright, présenté au colloque de la Maison française à Oxford les 28-29 juin 1991 *(President and Prime Minister under the Fifth Republic)*. Il y identifie sept genres de ressources éventuelles du président et

du Premier ministre, à savoir (je simplifie la terminologie) la Constitution, la légitimité, la capacité, le patronage, le parti, la bureaucratie, le contrôle sur les ministres *(seven sets of resources available... constitutional, political legitimacy, personal charisma and ability, patronage, party influence, bureaucratic leverage, control over members of the government)*. Sans s'attarder ici aussi longtemps qu'il conviendrait sur la définition et l'identification de chacune de ces ressources, mentionnons l'essentiel.

21. S'agissant des pouvoirs constitutionnels, le président dispose du droit de nommer le Premier ministre, de dissoudre l'Assemblée, de nommer aux principaux postes de l'État, de présider le Conseil des ministres, d'y signer ou non ordonnances et décrets, de diriger les forces armées et les comités de défense, de négocier et de ratifier les traités, d'exercer les pleins pouvoirs en cas de crise grave. Le Premier ministre propose les ministres, assure l'exécution des lois, détient le pouvoir réglementaire de droit commun, possède l'initiative des lois et exerce la tutelle du gouvernement sur le Parlement par le biais des procédures de rationalisation parlementaire.

22. La légitimité du président tient à son élection populaire, la légitimité du Premier ministre à la sélection effectuée par le président parmi les dirigeants politiques acceptables pour l'Assemblée. En cas de majorité parlementaire favorable au président, la légitimité présidentielle est très politique, celle du Premier ministre est juridique (l'homme désigné pour exercer une fonction selon les règles constitutionnelles en vigueur). À l'inverse, plus l'Assemblée est opposée au président, plus le Premier ministre détient une légitimité propre. La dualité des élections gouvernementales confère au Premier ministre une légitimité semi-populaire lorsqu'il incarne la nouvelle majorité issue d'une alternance parlementaire. En ce cas, la légitimité politique du président s'estompe, sa légitimité juridique perdure. À l'inverse, la légitimité du Premier ministre acquiert une forte composante politique.

23. La ressource personnelle est explicitée par Vincent Wright par les *leadership qualities such as charisma, political skills and technical competences*. Si l'évaluation est ici difficile, voire impossible, à quantifier de façon incontestable, chacun s'accordera

pourtant aisément à considérer que le Premier ministre du deuxième septennat de François Mitterrand détenait un capital supérieur à celui possédé par celle qui lui a brièvement succédé. Un classement des différents Premiers ministres sur une échelle de la capacité serait très difficile à établir, mais des esprits libres à la recherche d'indicateurs fiables pourraient probablement y parvenir. La tâche se complique pour les présidents sans devenir pour autant totalement hors d'atteinte. Dans une première approche, des approximations convenues suffiront.

24. Le patronage est avant tout entre les mains du président, dans les temps majoritaires ordinaires. On a cependant tendance à sous-estimer les capacités d'influence du Premier ministre, nécessairement discrètes et subtiles. Un bilan exhaustif des nominations de préfets, recteurs, directeurs d'administration centrale, présidents d'entreprises publiques, membres des grands corps aux tours extérieurs et autres inspecteurs généraux attesterait que le président partage cette ressource avec le Premier ministre et quelques ministres, même lorsque tous lui sont subordonnés par la logique présidentialiste majoritaire. Dans la cohabitation après alternance parlementaire, le Premier ministre reconquiert l'essentiel de cette ressource. Tel fut du moins le cas en 1986-1988, comme en 1993-1995, le président n'ayant pas utilisé toutes ses ressources constitutionnelles pour préserver l'intégralité de son patronage et ayant au contraire admis qu'un gouvernement devait pouvoir changer les hommes à condition de respecter une correction élémentaire, en l'espèce définie par le « recasage » des plus importants et/ou des plus proches. Quant à savoir qui de l'« État-UDR » ou de l'« État-PS » en passant par l'« État-UDF » mérite le premier prix du patronage, la compétition est si serrée que le jury étudie encore la photographie.

25. La ressource partisane — le degré de contrôle sur le parti dominant et des partis alliés — nous conduit sur un terrain plus dégagé de l'appréciation subjective. Nul doute que celui de Mitterrand I-Mauroy fut mieux établi que celui de Mitterrand II-Cresson. L'évaluation comparée de la capacité de contrôle du président et de celle du Premier ministre à un même instant est plus délicate, mais là encore une tendance se laisse déceler. Wright le prouve, qui distingue les relations avec le parti

dominant selon qu'elles furent difficiles (Debré, Rocard), pas faciles (Chaban-Delmas, Fabius), distantes (Couve de Murville, Messmer), amicales mais instables (Mauroy), de contrôle croissant (Chirac), de domination (Pompidou, Chirac II), de séduction forte sur le parti minoritaire et d'attraction progressive sur son propre parti (Balladur).

26. La ressource administrative, à savoir le contrôle sur la bureaucratie, favorise le Premier ministre, situé aux postes de la commande effective de la machinerie et doté de troupes pour agir. À la prééminence élyséenne dans le patronage répond la prééminence matignonesque dans le contrôle bureaucratique, étant entendu que la première tempère la seconde.

27. La ressource gouvernementale — le contrôle sur les ministres — varie d'abord, une fois de plus, selon la configuration majoritaire. La cohabitation confère l'essentiel sinon la totalité de la ressource au Premier ministre, le président n'agissant plus qu'au charme et à la marge. Dans les temps ordinaires, les choses se compliquent. Le circuit direct entre un ministre et le président tend à être surestimé par les commentateurs. Les conseillers du président sont souvent abusivement assimilés au chef, nombre d'entre eux favorisant cet abus par le recours à l'expression fallacieuse, l'« Élysée ». Qui le sait et qui résiste parmi les ministres préserve son autonomie. Pour le reste, tout gouvernement compte des amis du président (d'ordinaire en nombre), des amis du Premier ministre (moins nombreux hors cohabitation) et des amis de l'un et de l'autre, ou ni de l'un ni de l'autre.

28. Ces grands traits tracés, prenons Vincent Wright au sérieux et appliquons sa grille politologique malgré ses réticences d'historien. L'exercice consiste à tenter d'évaluer de quelle quantité de chacune de ces sept ressources était en possession chacun des quatre présidents (ou plutôt des trois premiers, puis de Mitterrand I en 1981-1986, Mitterrand II sous la première cohabitation, Mitterrand III de 1988 à 1993, Mitterrand IV en fin de règne) et chacun des quatorze Premiers ministres). Épargnons au lecteur les calculs puisqu'ils sont laborieux et contestables, indicatifs donc, mais quiconque ferait les siens parviendrait, c'est certain, à des totalisations analogues.

Venons-en directement aux résultats et aux conclusions qui s'ensuivent.

29. Considérons d'abord les ressources des présidents. (À titre purement indicatif, si l'on adopte une échelle à cinq notes + + +, + +, +, ni + ni −, − et si l'on affecte chaque + d'un point, les notes peuvent varier de − 7 à + 21.) De Gaulle et Mitterrand I dominent (avec respectivement 20 et 17). Pompidou et Mitterrand III occupent une position intermédiaire (12 et 11). Giscard d'Estaing et Mitterrand II ont disposé du moins de ressources (9 et 7). Une logique s'en dégage : le président armé de sa majorité domine : de Gaulle et Mitterrand I. Le président minoritaire est démuni : Giscard d'Estaing, Mitterrand II et IV. Le président doté d'une majorité occupe une position intermédiaire : Pompidou et Mitterrand III. La détermination du pouvoir présidentiel par la configuration des majorités est confirmée par le calcul des ressources.

30. S'agissant des Premiers ministres, Balladur et Chirac II se dégagent, comme prévu, du lot (20 et 18). Pompidou IV et Chirac I suivent d'assez près (15). Chaban-Delmas, Rocard, Debré et Mauroy constituent un groupe intermédiaire (de 13 à 11). Pompidou I, Couve de Murville, Messmer, Barre, Fabius et Cresson constituent le peloton de queue (7 à 0). À nouveau, les résultats n'obéissent pas au pur hasard et ne dépendent pas de la seule personnalité des chefs du gouvernement, n'en déplaise aux psychologues, ou de la situation, n'en déplaise aux historiens. Les Premiers ministres de cohabitation sont riches, les Premiers ministres de présidents minoritaires dans leur majorité les suivent d'assez près (Chirac I et Pompidou IV lorsque l'UDR était plus pompidolienne que gaulliste), les deuxième (ou troisième) Premiers ministres sont pauvres.

31. Considérons maintenant l'ensemble exécutif, le total des ressources du président et du Premier ministre. Le groupe de tête est composé de De Gaulle-Pompidou IV (35), de Gaulle-Debré (32) et Mitterrand-Mauroy (28). Le groupe de queue de Giscard d'Estaing-Barre, Mitterrand III-Bérégovoy, Mitterrand-Cresson et Pompidou-Messmer. Le groupe intermédiaire comprend tous les autres couples. Ici aussi, une logique est à l'œuvre, mais ce n'est plus celle de la configuration majoritaire.

Le temps politique devient le facteur discriminant. Les commencements (s'ils sont pleinement majoritaires) donnent des exécutifs très puissants. Les fins de règne, des exécutifs impuissants. Entre les deux, l'entre-deux.

32. Considérons enfin le partage des ressources entre président et Premier ministre. Trois groupes à nouveau se distinguent. Celui du président dominant flanqué d'un Premier ministre existant : de Gaulle-Debré, de Gaulle-Pompidou IV, Mitterrand I-Mauroy. Celui du président dominant à Premier ministre faible : de Gaulle-Pompidou I, de Gaulle-Couve de Murville, Pompidou-Messmer, Giscard d'Estaing-Barre, Mitterrand I-Fabius, Mitterrand III-Cresson, Mitterrand III-Bérégovoy. Enfin, celui où le Premier ministre possède plus de ressources que le président (Pompidou-Chaban-Delmas, Giscard d'Estaing-Chirac, Mitterrand II-Chirac, Mitterrand III-Rocard, Mitterrand IV-Balladur). Le couple est alors voué à la séparation. Elle est fixée d'avance dans nos cohabitations à durée brève, puisque la coexistence par alternance parlementaire normale est bornée par l'élection présidentielle deux ans plus tard. Elle est provoquée par la révocation du Premier ministre dans les temps majoritaires ordinaires.

33. Conclusions : la configuration majoritaire est bien une variable décisive de l'allocation des ressources au sein du pouvoir exécutif, mais elle n'est pas la variable unique. S'y ajoute le temps écoulé depuis l'élection présidentielle — ce qui nous permet de retrouver notre élection décisive. Mais s'y ajoute aussi la répartition des ressources entre président et Premier ministre. Où le facteur personnel, éliminé dans les 37 500 signes qui précèdent, recouvre *in fine* une petite place...

Olivier DUHAMEL

CHAPITRE 7

L'ENTOURAGE DU CENTRE
Les équipes du président à l'Élysée

« Le chef doit être seul », proclamait le général de Gaulle [1] qui était arrivé à l'Élysée en 1959 avec la ferme intention de limiter drastiquement le nombre de ses collaborateurs. « Je ne veux pas de cabinet, l'entourage je ne connais pas », assurait quelques décennies plus tard François Mitterrand [2]. Ces propos présidentiels ont pourtant été démentis de mille façons. Le « château », surnom évocateur de l'Élysée, est même généralement considéré comme le siège d'une fort influente cour. On ne compte plus les ouvrages ou les articles de presse qui mettent en scène la puissance de l'entourage présidentiel. Le poids écrasant du chef de l'État sur la vie nationale trouve-t-il son prolongement logique dans l'omnipotence de ses collaborateurs ? La France de la Cinquième République serait-elle gouvernée, en fait, par des hommes de l'ombre qui s'assurent l'obéissance de tous grâce à la formule magique « le président pense que » ? La réalité est sensiblement différente : l'entourage du président de la République française concentre nettement moins de pouvoirs que celui du président américain.

On tentera ici d'éclairer le rôle réel des équipes du président à partir de cinq interrogations :

---

1. Mémoires de Christian Fouchet. Cité dans Samy Cohen, *Les conseillers du président*, Paris, PUF, 1980.
2. Christine Fauvet-Mycia, *Les éminences grises*, Paris, Belfond, 1988.

1. Comment l'Élysée s'est-il affirmé depuis 1958 ?
2. Qui compose l'entourage proche du président ?
3. Quel rôle joue l'Élysée dans le processus gouvernemental ?
4. D'où viennent les collaborateurs du président ?
5. Que deviennent les collaborateurs du président ?

LA MONTÉE EN PUISSANCE DE L'ÉLYSÉE

Sous la Quatrième République, les présidents de la République n'avaient jamais plus d'une quinzaine de collaborateurs [1]. « Dès son arrivée à l'Élysée, le général de Gaulle a introduit le changement d'échelle et la spécialisation des fonctions qui, avec des vicissitudes diverses, ont subsisté jusqu'à aujourd'hui », écrit Jean Massot [2]. En janvier 1962, le président de la République compte à ses côtés 22 collaborateurs civils directs [3]. Ce chiffre total ne subit guère de variations au cours des présidences de Georges Pompidou (27 en juin 1973) puis de Valéry Giscard d'Estaing (25 en novembre 1980).

C'est avec la présidence de François Mitterrand que le nombre des collaborateurs de l'Élysée connaît une nette inflation. De 36 en août 1981, le total des collaborateurs civils directs grimpe à 45 en juillet 1992. À cette date, on ne compte pas moins de 22 chargés de mission (dont 5 rattachés directement au président) et 14 conseillers (dont 9 seulement « techniques »). On pourrait même ajouter à ces effectifs la demi-douzaine de collaborateurs officieux qui travaillent régulièrement à l'Élysée...

Il serait néanmoins illusoire de considérer l'Élysée comme une ruche bourdonnant du labeur incessant d'une cinquantaine de collaborateurs du président. Plusieurs conseillers ou chargés de mission ont surtout une existence dans l'organigramme. Ils doivent leur maintien à des services rendus au président dans

---

1. Claude Dulong, *La vie quotidienne à l'Élysée au temps de Charles de Gaulle,* Paris, Hachette, 1974.
2. Jean Massot, *L'arbitre et le capitaine,* Paris, Flammarion, 1987.
3. On entend par « collaborateurs civils directs » les postes de direction au Secrétariat général ou au cabinet ainsi que ceux de chargés de mission et de conseillers de différents rangs.

le passé. Après plus de dix ans de règne, on conçoit que ces « œuvres sociales de Mitterrand », selon une expression entendue à l'Élysée, alourdissent artificiellement les effectifs de la présidence. Un bon connaisseur de la maison évalue à 34 le nombre de « collaborateurs réels du président » en 1992.

La tendance à un empâtement de la « maison » Élysée n'en est pas moins difficilement niable. La durée de l'actuel chef de l'État et son culte des fidélités personnelles expliquent sans doute largement ce phénomène. L'évolution future de la présidence de la République est d'autant moins prévisible que son organisation ne fait l'objet d'aucune règle juridique [1]. L'Élysée est une structure éminemment souple que chaque président peut remodeler au gré de ses convenances, même si l'on constate, depuis 1958, une assez notable permanence de son architecture d'ensemble. Si Georges Pompidou puis Valéry Giscard d'Estaing ont fusionné le Secrétariat général et le cabinet, François Mitterrand a rétabli la dualité de structure de la présidence de la République. Son budget de fonctionnement lui-même est fort modeste : de nombreux collaborateurs du président, issus du secteur public, sont rémunérés par leur administration d'origine ou bien par une entreprise publique.

Le rôle clef du secrétaire général

L'affirmation de l'Élysée depuis 1958 se lit plus clairement dans l'évolution de ses structures. À partir de l'ère gaullienne, le rôle de secrétaire général de la présidence devient majeur. Une importance dont témoigne la qualité personnelle de tous ceux qui ont rempli cette fonction au cours des différentes présidences. Innovation parlante, il assiste désormais au Conseil des ministres. Il occupe un bureau voisin de celui du chef de l'État. Le secrétaire général peut être considéré comme l'« oreille du président », « son intermédiaire et son interlocuteur privilégié [2] ». De fait, il a le privilège de voir quotidiennement le chef de l'État, généralement en fin de journée. Claude Dulong évoque son rôle de confident : « Bien souvent, dans leurs

1. Cf. Jean Massot, *op. cit.*
2. Cf. Claude Dulong, *op. cit.*

entretiens de la soirée, le Général lui faisait part des conversations qu'il avait eues dans la journée et réfléchissait à haute voix devant lui [1]. » Bernard Tricot se souvient avoir participé, à plusieurs reprises, à de « vraies conversations après le travail quotidien » avec le général de Gaulle, sur l'Algérie, la Tchécoslovaquie ou encore sur sa propre succession [2].

On comprend que le secrétaire général soit ainsi l'homme des missions délicates, discrètement menées pour le compte du président. C'est, par exemple, à Jean-Louis Bianco qu'il est revenu, en 1988, de prendre contact avec des personnalités modérées de l'opposition dans le but d'élargir la majorité présidentielle. Le secrétaire général participe encore à l'organisation des « conseils restreints » qui se réunissent à l'Élysée autour du président et en présence du Premier ministre. En contact régulier avec le chef du gouvernement, il surveille la genèse des textes législatifs auxquels le président accorde le plus d'importance [3].

Le rôle du secrétaire général est également décisif vis-à-vis de l'Élysée lui-même. « Le secrétaire général est chargé de faire tourner la maison, d'assurer l'unité de ses différentes structures », explique Bernard Tricot. Il lui revient notamment de filtrer les notes écrites par les différents conseillers ou encore les dépêches diplomatiques. Le secrétaire général de l'Élysée entretient d'ailleurs des rapports suivis avec ses homologues étrangers. À partir de la présidence de Georges Pompidou, le secrétaire général a enfin rempli une nouvelle fonction : celle d'informateur de la presse sur l'état d'esprit du président. Michel Jobert, à l'ère pompidolienne, recevait régulièrement certains journalistes, tout comme Jean François-Poncet sous Valéry Giscard d'Estaing. La création d'un poste d'adjoint en 1969, consécutive à la disparition de celui de directeur de cabinet, a renforcé encore la fonction de secrétaire général, véritable pivot de l'Élysée.

---

1. Cf. Claude Dulong, *op. cit.*
2. Entretien avec l'auteur le 17 novembre 1992.
3. Samy Cohen, *Les conseillers du président,* Paris, PUF, 1980.

Les collaborateurs directs du président

L'apparition de collaborateurs directement attachés au chef de l'État, sans dépendance vis-à-vis du Secrétariat général ou du cabinet, est un autre signe de montée en puissance de l'entourage présidentiel. Georges Pompidou crée, en 1969, un poste de « chargé de mission auprès du président de la République » confié à Pierre Juillet qui se trouve ainsi chargé de la « politique pure [1] ». François Mitterrand multipliera plus tard ces chargés de mission. On en compte cinq en 1992 : Pierre Dreyfus, Jean Kahn, le général d'armée aérienne Philippe Vougny, Thierry de Beaucé, Yves Dauge.

L'actuel président a innové en créant, en 1981, un poste de « conseiller spécial » pour Jacques Attali. Il fallait alors trouver un titre prestigieux à la tête chercheuse du président qui aurait voulu devenir secrétaire général de l'Élysée. La solution retenue était inspirée des États-Unis, comme en témoigne la manière dont Mitterrand présenta sa proposition à Attali : « Vous serez conseiller spécial, comme Henry Kissinger le fut auprès de Richard Nixon. Votre bureau sera à côté du mien. Vous n'aurez d'ordre à recevoir de personne d'autre que moi [2]. » « Sherpa » du président dans les sommets internationaux, prolixe auteur de notes diverses et variées, assidu compagnon de travail du président, le « conseiller spécial » a indéniablement donné une nouvelle couleur à la notion d'entourage élyséen.

Au fil des septennats, celui-ci est d'ailleurs passé « du silence au bruit », selon l'expression de Michel Jobert [3]. Pendant la présidence du général de Gaulle, « l'entourage était invisible », ajoute l'ancien secrétaire général. Olivier Guichard fut d'ailleurs écarté de l'Élysée en partie parce qu'il avait agacé le Général en se mettant trop en avant. Bernard Tricot confirme que l'obligation de « discrétion » était alors majeure [4]. Le rôle politique ouvertement joué par l'entourage de Georges Pompidou, avec Pierre Juillet, a commencé à le rendre apparent aux yeux de la classe politique. En admettant la publicité sur son entou-

1. Cf. Samy Cohen, *op. cit.*
2. Pierre Favier, Michel Martin-Roland, *La décennie Mitterrand*, Paris, Seuil, 1991.
3. Entretien avec l'auteur le 10 novembre 1992.
4. Entretien avec l'auteur le 17 novembre 1992.

rage, Valéry Giscard d'Estaing a ensuite franchi un pas supplémentaire [1].

L'affirmation, sous la présidence de François Mitterrand, du rôle de porte-parole de la présidence a encore accentué l'exposition publique de l'Élysée. Denis Baudoin sous Georges Pompidou puis Jean-Philippe Lecat sous Valéry Giscard d'Estaing avaient déjà, avec plus ou moins de discrétion, rempli cette fonction. Mais Hubert Védrine, devenu porte-parole de l'Élysée en 1988, est allé nettement plus loin. Phénomène sans précédent sous la Cinquième République, il a participé à des émissions audiovisuelles pour expliquer la position du président pendant la guerre du Golfe de 1991. Le jeu des sommets internationaux, où tous les chefs d'État disposent d'un porteparole, a beaucoup contribué à l'émergence de cette fonction en France.

LES DEUX CERCLES
DE L'ENTOURAGE PRÉSIDENTIEL

Les équipes présidentielles peuvent grossièrement être divisées en deux groupes : une petite minorité travaille *avec* le président alors que la grande majorité travaille *pour* le président. Très peu nombreux sont les collaborateurs de l'Élysée qui voient régulièrement le chef de l'État. La plupart d'entre eux se contentent de l'alimenter en notes concises (rarement plus de deux pages) filtrées par le secrétaire général. Ce sont les « soutiers » de l'Élysée.

Ces simples conseillers en conçoivent souvent une certaine frustration. « Depuis que je suis à l'Élysée, je n'ai rencontré Mitterrand que cinq ou six fois », se lamente un conseiller technique en 1982 [2]. Leur sentiment de peu peser sur le chef de l'État est renforcé par le caractère souvent laconique de la réponse présidentielle à leurs notes. Le général de Gaulle réagissait fréquemment avec un grand « vu » peu explicite. De

1. Cf. Samy Cohen, *op. cit.*
2. Maurice Szafran, Sammy Ketz, *Les familles du président,* Paris, Grasset, 1992.

son encre bleue, François Mitterrand est souvent aussi énigmatique.

À l'inverse, certains de ceux qui voient régulièrement le président n'exercent pas forcément une influence importante sur lui. Plus que ses prédécesseurs, François Mitterrand est entouré de vieux amis. François de Grossouvre, formellement chargé des « Chasses présidentielles », avouait en 1982 une fréquentation quasi quotidienne du chef de l'État, mais de nature amicale : « Il ne s'agit pas vraiment de relations de travail, nous discutons, c'est tout [1]. » Décédé en avril 1994, François de Grossouvre connaissait Mitterrand depuis 1952.

D'autres amis du président jouent néanmoins un rôle de poids dans son entourage. Ancien chef de cabinet de Mitterrand lorsque celui-ci était ministre de l'Intérieur en 1954, André Rousselet est devenu directeur de cabinet du chef de l'État en 1981. Son départ de l'Élysée en 1983 ne l'a pas empêché de rester un visiteur régulier du président. Son influence politique, notamment dans le domaine des médias, fait peu de doute.

Michel Charasse a disparu de l'organigramme de l'Élysée en 1988, où il portait le titre de « conseiller auprès du président de la République », mais n'en a pas pour autant cessé de fréquenter l'Élysée où il surveillait notamment de près le domaine sensible des nominations. Sa promotion ministérielle ne l'a pas empêché de continuer à suivre, pour le président, certaines questions d'ingénierie institutionnelle. Mieux, son élection au Sénat, en septembre 1992, n'a pas mis fin à ses activités de conseiller officieux. À l'opposé, l'influence de simples favoris du président, comme Pierre Berger ou Georges Kiejman, est plus sujette à caution.

Le noyau de l'équipe

Chaque président est finalement entouré d'un « noyau » de collaborateurs en qui il a pleinement confiance. Du temps du général de Gaulle, il s'agissait d'abord de la série des secrétaires généraux : Geoffroy de Courcel, qui était à Londres le 18 juin 1940, puis Étienne Burin des Roziers, auprès de

---

1. Cf. Maurice Szafran, Sammy Ketz, *op. cit.*

De Gaulle dès 1943, enfin Bernard Tricot, qui avait suivi de très près l'affaire algérienne. En dehors du secrétaire général, trois autres personnes voyaient quotidiennement le général de Gaulle : le directeur et le chef de cabinet et Jacques Foccart, le secrétaire général pour les Affaires africaines et malgaches.

Sous la présidence de Georges Pompidou, la vie de l'Élysée est dominée par la rivalité qui existe entre le secrétaire général Michel Jobert et le chargé de mission Pierre Juillet. Secondé par Marie-France Garaud et Anne-Marie Dupuy, ce dernier exerce alors une influence non négligeable.

Lorsque Valéry Giscard d'Estaing occupe la présidence de la République, quatre personnes ont directement accès à lui [1] : Jean Serisé, chargé des dossiers économiques puis de la prospective politique à long terme à partir de 1976, Victor Chapot, l'homme des « missions spéciales », Jean Riolacci, chargé des questions électorales, et enfin Jean-Philippe Lecat, porte-parole et responsable de la cellule de presse. Le secrétaire général (Jean François-Poncet puis Jacques Wahl) et son adjoint (Yves Cannac, puis Jacques Wahl et François Polge de Combret) rencontrent par ailleurs le président tous les soirs.

Aux débuts de la présidence de François Mitterrand, seuls Jean-Louis Bianco et Jacques Attali voient le président quotidiennement. La liste de ceux qui fréquentent le bureau présidentiel peut être établie comme suit [2] : Michel Charasse (questions institutionnelles), Jean-Claude Colliard (directeur de cabinet), Nathalie Duhamel (attachée de presse), Jean Glavany (chef de cabinet), Élisabeth Guigou (Europe), Henri Nallet (agriculture), Guy Penne (Afrique), Charles Salzmann (sondages), Christian Sautter (économie), Hubert Védrine (diplomatie) et enfin Michel Vauzelle.

Un bon connaisseur de l'Élysée considère néanmoins que seulement « six ou sept personnes » pouvaient se flatter d'exercer une réelle influence sur le chef de l'État : l'omniprésent Jacques Attali, les conseillers budgétaires François Stasse et Hervé Hannoun (bien qu'ils voient rarement le président),

---

1. Cf. Samy Cohen, *op. cit.*
2. Michel Schifres, Michel Sarazin, *L'Élysée de Mitterrand,* Paris, Alain Moreau, 1985.

l'ingénieux Michel Charasse, la performante Élisabeth Guigou, l'habile Hubert Védrine et enfin certains conseillers culturels.

LA PUISSANCE AMBIGUË DE L'ÉLYSÉE

L'entourage présidentiel constitue-t-il une sorte de « super-gouvernement » officieux ? Le démenti officiel est de rigueur. « Il n'y a pas de gouvernement bis » à l'Élysée, proclamait encore François Mitterrand le 5 janvier 1993, en présentant ses vœux aux corps constitués. On doit éviter de confondre le pouvoir du chef de l'État, assurément vaste, avec celui de son entourage, plus ambigu. Le président de la Cinquième République ne dirige pas les affaires du pays en s'appuyant uniquement sur ses collaborateurs. « Beaucoup de ministres sont plus proches du président que bien des membres de son entourage élyséen », observe Jean François-Poncet [1]. C'est vrai sous toutes les présidences. Michel Poniatowski du temps de Valéry Giscard d'Estaing ou Charles Hernu avec François Mitterrand ont pleinement appartenu à l'entourage présidentiel. Le Premier ministre peut, au demeurant, être considéré parfois comme le membre le plus éminent de l'entourage présidentiel. « N'oubliez pas que je suis le premier collaborateur du président », avait coutume de rappeler Georges Pompidou à Bernard Tricot [2].

Il serait également faux de considérer l'Élysée comme un poste de pilotage presse-bouton des affaires de l'État. Samy Cohen souligne à juste titre que « le secrétariat général de l'Élysée est un appareil beaucoup trop léger pour faire la pluie et le beau temps [3] ». L'Élysée n'a de prise directe sur aucune administration. C'est l'Hôtel Matignon qui dispose des leviers de commande étatiques. La primauté incontestable du fait présidentiel n'a rien changé à cette réalité politico-administrative. Si les collaborateurs du président surveillent tout, leur intervention effective ne peut être que ponctuelle et relativement

---

1. Entretien avec l'auteur le 27 octobre 1992.
2. Entretien avec l'auteur le 17 novembre 1992.
3. Cf. Samy Cohen, *op. cit.*

éclectique. Elle est d'ailleurs soumise à la bonne volonté de l'Hôtel Matignon. La somnolence relative de l'Élysée, ironiquement baptisé « château de la belle au bois dormant », pendant la période de cohabitation 1986-1988, en témoigne.

L'Élysée et le Premier ministre

L'ampleur de la prise réelle de l'Élysée sur le processus gouvernemental dépend, de manière décisive, de l'état des relations entre le président et son Premier ministre, lui-même influencé par la configuration de la majorité parlementaire. « Le général de Gaulle avait un immense respect du rôle du Premier ministre », rappelle Michel Jobert [1]. Au fil des années, Pompidou avait assis son pouvoir sur les affaires internes de telle manière que l'idée d'un « super-gouvernement » élyséen était complètement irréelle. L'élection à la présidence de Georges Pompidou a marqué un surcroît d'influence de l'Élysée sous l'effet de plusieurs facteurs : l'expérience à Matignon de l'hôte de l'Élysée, la volonté de surveiller et de contrôler un Premier ministre (Jacques Chaban-Delmas) qui a vite perdu l'entière confiance du président, l'appétit de puissance de l'entourage présidentiel (notamment de Pierre Juillet). La prééminence élyséenne a culminé lorsque Pierre Messmer a remplacé Jacques Chaban-Delmas comme Premier ministre de Georges Pompidou.

Bien que Valéry Giscard d'Estaing ait été un président de tempérament plutôt interventionniste, l'Élysée est revenu à un rôle un peu moins encombrant sous son règne. « Foutez-lui la paix », disait de temps à autre Giscard d'Estaing à ses collaborateurs en parlant du Premier ministre, rapporte Jean François-Poncet [2]. Il arriva même que Raymond Barre, qui succéda à Jacques Chirac à l'Hôtel Matignon, « fasse appel d'une orientation donnée par le président et réussisse à le faire revenir sur sa décision ».

Les débuts de la présidence mitterrandienne ont été caractérisés par une nouvelle concentration élyséenne des pouvoirs

---

1. Entretien avec l'auteur le 10 novembre 1992.
2. Entretien avec l'auteur le 27 octobre 1992.

née de la nécessité d'assurer la cohérence d'une équipe gouvernementale marquée par l'inexpérience. De Pierre Mauroy à Laurent Fabius puis à Michel Rocard, l'emprise de l'Élysée s'est ensuite atténuée. Le mouvement de montée en puissance de l'Élysée n'est donc pas univoque : il est sujet à des variations contradictoires en fonction de la qualité des relations existant entre les deux responsables de l'exécutif.

La dyarchie de l'exécutif établie par les institutions n'en crée pas moins, dans tous les cas de figure, une réelle rivalité entre les équipes qui travaillent à l'Élysée et à Matignon. On ne compte pas les escarmouches entre l'entourage du président et celui du Premier ministre dans la période 1981-1984, alors même que Pierre Mauroy avait de bonnes relations avec François Mitterrand [1]. La conflictualité des rapports entre les deux « maisons » a évidemment culminé pendant la cohabitation de 1986-1988 mais elle n'a pas été négligeable, loin s'en faut, pendant la période (1988-1991) où Michel Rocard fut Premier ministre. La méfiance du président à l'égard du chef du gouvernement s'est alors traduite par des relations plutôt troubles. Les entourages de l'un et de l'autre se livrèrent à une sournoise guérilla. L'Élysée se posait en gardien vigilant du dogme présidentiel (la *Lettre à tous les Français* écrite par le président pendant la campagne électorale de 1988), tandis que Matignon ne manquait pas de faire savoir que les limites de son action renvoyaient précisément à ce carcan.

Le « court-circuitage » des ministres

En règle générale, les présidents de la Cinquième République ont défendu à leurs entourages de « court-circuiter » les ministres et surtout le premier d'entre eux. « Nous ne sommes pas un super-gouvernement, le président nous l'a clairement fait comprendre », explique Hubert Védrine en 1982 [2]. « Le Général était beaucoup trop attentif à la hiérarchie pour permettre à ses collaborateurs de " court-circuiter " les ministres », écrit

---

1. Voir Thierry Pfister, *La vie quotidienne à Matignon au temps de l'union de la gauche,* Paris, Hachette, 1985.
2. Cf. Maurice Szafran, Sammy Ketz, *op. cit.*

de son côté Claude Dulong [1]. Bernard Tricot précise qu'il était rare, sous de Gaulle, que les collaborateurs du président s'entretiennent directement avec les ministres et qu'ils devaient, en tout état de cause, prévenir alors le chef du gouvernement [2]. Hubert Védrine estime fort peu répandue la pratique du « court-circuitage » et souligne que ce sont souvent les membres les plus modestes du gouvernement qui cherchent le contact avec l'Élysée pour faire progresser leur cause [3]. Il est vrai que certains d'entre eux peuvent être considérés comme des « créatures » de la présidence : le cabinet de secrétaires d'État personnellement proches du chef de l'État mais pauvres en relations politiques est parfois directement composé par l'Élysée.

Les cas de court-circuitage n'en existent pas moins. L'exemple le plus fameux est celui de la négociation secrète menée en 1971 sur les conditions d'entrée de la Grande-Bretagne dans la CEE. Georges Pompidou confie cette mission à Michel Jobert, alors secrétaire général de la présidence, qui négocie directement avec le directeur de cabinet du Premier ministre britannique. Maurice Schumann, ministre des Affaires étrangères, ignore tout de ces contacts. « À chaque fois que je voyais le président, j'insistais pour que Schumann soit au courant », dit aujourd'hui Michel Jobert [4].

Dans l'autre sens, il arrive que certains membres du gouvernement, particulièrement ceux qui sont proches du président, fassent appel à l'Élysée de décisions prises par le Premier ministre. Jack Lang, ministre de l'Éducation et de la Culture jusqu'en 1993, fut un habitué de cette méthode. Celle-ci est surtout utilisée en période de préparation du budget, lorsque chaque ministre cherche à maximiser les ressources qui lui sont affectées. À moins de laisser à Matignon le soin de procéder aux ultimes arbitrages, l'Élysée se transforme alors en une sorte de cour d'appel budgétaire.

---

1. Cf. Claude Dulong, *op. cit.*
2. Entretien avec l'auteur le 17 novembre 1992.
3. Entretien avec l'auteur le 16 novembre 1992.
4. Entretien avec l'auteur le 10 novembre 1992.

Pas de travail collectif

L'influence propre de l'entourage présidentiel est limitée par la quasi-inexistence d'un travail collectif à l'Élysée. La stricte organisation pyramidale qui prévalait sous la présidence du général de Gaulle, quatre conseillers techniques encadrant les chargés de mission, était évidemment incompatible avec une quelconque pratique de *brain storming*. Les présidents suivants se sont tous méfiés de ce qui pouvait donner à leur entourage un fonctionnement collectif. « Valéry Giscard d'Estaing redoutait la constitution de ses collaborateurs en véritable cabinet », se rappelle Jean François-Poncet [1] qui n'en avait pas moins organisé discrètement une réunion de ses collaborateurs tous les vendredis après-midi.

Soucieux de sa liberté, François Mitterrand craint lui aussi les phénomènes d'entourage. « La ruche mitterrandienne est très cloisonnée », écrivent Pierre Favier et Michel Martin-Roland [2]. L'équipe du président se retrouve rarement. C'est tout juste si ses principaux membres (le secrétaire général et son adjoint, le directeur de cabinet et le secrétaire général du gouvernement) se réunissent chaque lundi pour préparer le Conseil des ministres. Ou si, pendant ce dernier le mercredi matin, quelques collaborateurs du président profitent de ce que le chef de l'État ne peut alors les appeler pour se rencontrer informellement. Conscient des effets pervers d'un isolement excessif des collaborateurs du président, Hubert Védrine a néanmoins innové récemment en organisant de temps en temps une réunion de tous les conseillers sur un thème précis : la guerre du Golfe, le référendum sur le traité de Maastricht, etc. Mais l'Élysée, où l'essentiel procède du et remonte au président, a toujours un fonctionnement très lointain de celui d'un « intellectuel collectif ».

Les influences individuelles sur le président apparaissent également plutôt rares. Tous les chefs d'État se méfient du pouvoir de leurs collaborateurs. « L'étoile de l'entouré ne doit pas briller plus fort que celle de l'entourant », écrit Samy Cohen [3] qui souligne que les collaborateurs porteurs d'une

---

1. Entretien avec l'auteur le 27 octobre 1992.
2. Cf. Pierre Favier, Michel Martin-Roland, *op. cit.*
3. Cf. Samy Cohen, *op. cit.*

« doctrine personnelle » sont l'exception. On compte à l'Élysée plus de technocrates compétents mais un peu gris que d'esprits aimantés par une idée originale. Le cas de Lionel Stoléru, venu à l'Élysée sous Valéry Giscard d'Estaing, dans le but très précis de « revaloriser le travail manuel » constitue plutôt une exception.

« De Gaulle se méfiait beaucoup des influences et, par hygiène mentale, il évitait de se laisser coloniser par untel », rappelle Bernard Tricot [1]. Même témoignage en ce qui concerne l'actuel président : « François Mitterrand est obsessionnellement rétif aux influences trop fortes », analyse Hubert Védrine [2] qui insiste sur la diversité préventive de l'entourage présidentiel. Mitterrand pratique d'ailleurs de longue date une technique destinée à relativiser l'avis de ses « conseillers » : il commande une même étude à plusieurs de ses collaborateurs sans les prévenir de cette mise en concurrence. Valéry Giscard d'Estaing utilisait lui aussi, en son temps, cette redoutable méthode.

Les conseillers de grand poids

On peut toutefois repérer quelques conseillers de grand poids au fil des septennats. Sous de Gaulle, le cas de Jacques Foccart, qui a la haute main sur les Affaires africaines et malgaches mais s'occupe également du renseignement et de politique intérieure, est assez singulier. Samy Cohen recense les clefs de sa puissance : « Il avait un quasi-monopole d'accès au chef de l'État ; il possédait des sources d'information indépendantes ; il dirigeait enfin lui-même l'action de ses services [3]. » Aucun autre conseiller ne cumulait autant d'atouts. Le même auteur remarque néanmoins que Foccart n'a jamais cherché à s'opposer à de Gaulle sauf sur des questions mineures. La docilité politique de ce conseiller très spécial était à la mesure de la latitude de son champ d'action.

Pierre Juillet, pendant la présidence de Georges Pompidou, est un autre cas spécial. Vieux compagnon du président, qu'il connaît depuis 1947, il tente de « faire passer coûte que coûte

---

1. Entretien avec l'auteur le 17 novembre 1992.
2. Entretien avec l'auteur le 16 novembre 1992.
3. Cf. Samy Cohen, *op. cit.*

ses idées au chef de l'État [1] ». Juillet n'hésite d'ailleurs pas à claquer la porte à plusieurs reprises lorsqu'il estime que ses avis ne sont pas suffisamment suivis. Son rôle politique est majeur sous le septennat pompidolien : il est l'âme de la résistance au réformisme affiché de Jacques Chaban-Delmas contre lequel il mène une farouche guérilla. Encore cette influence n'aurait-elle pas pu s'exercer si le conservatisme de Pierre Juillet n'était pas entré en communion avec celui de Georges Pompidou.

À l'ère mitterrandienne, le rôle de collaborateur atypique semble avoir été tenu par Jacques Attali, « conseiller spécial » de 1981 à 1990. En toute modestie, celui-ci s'autodéfinit alors comme « le seul intellectuel au cœur du pouvoir d'État à la fin du XXᵉ siècle, non pas seulement en France, mais dans le monde entier [2] ». Le touche-à-tout Attali assure qu'il a « vocation à tout regarder ». Il cumule, en tout cas, plusieurs caractéristiques qui en font un conseiller particulièrement influent : la proximité physique du président, la production inépuisable de notes, l'association aux grandes manœuvres diplomatiques et enfin la présence dans les principaux lieux de décision (petits déjeuners du mardi avec les dirigeants du PS, Conseil des ministres).

Attali s'est voulu l'éclaireur de Mitterrand. Le 31 janvier 1983, il remit ainsi une note sur la façon dont le président pourrait « laisser une trace dans l'histoire ». Ses suggestions allaient de la libération des travailleurs à la chaîne jusqu'à la construction d'une Europe politique. « Oui, sur tous les points », répondit Mitterrand [3]. L'emprise d'Attali sur Mitterrand ne fait guère de doute même si d'autres conseillers du président considèrent que la réputation du « conseiller spécial » tient aussi à son sens aigu de l'autopromotion.

L'influence des collaborateurs

L'entourage du président peut-il influencer les décisions du chef de l'État ? « Si vous avez des idées et assez de constance,

---

1. *Ibid.*
2. Catherine Demangeat, Florence Muracciole, *Dieu et les siens,* Paris, Belfond, 1990.
3. Cf. Pierre Favier, Michel Martin-Roland, *op. cit.*

vous pouvez exercer une influence », dit Bernard Tricot [1]. Mais il souligne aussitôt son caractère aléatoire : « J'avais parfois l'impression de quelqu'un qui a mis un peu de colorant vert dans une rivière souterraine et qui se demande si cela ressortira et sous quelle forme. »

De fait, les exemples de décisions où l'avis de l'entourage semble avoir été décisif ne sont pas innombrables. Geoffroy de Courcel et Bernard Tricot ont certes convaincu le général de Gaulle de ne pas recourir à l'article 16 (les « pleins pouvoirs ») pour résoudre en 1960 la crise algérienne dite des Barricades [2]. En 1963, Étienne Burin des Roziers et Jean-Maxime Lévèque ont beaucoup insisté pour que le président adopte le rigoureux plan de lutte contre l'inflation.

Sous la présidence de François Mitterrand, on peut citer l'influence de Jacques Attali et de Jean-Louis Bianco dans la conversion présidentielle, en septembre 1983, à la baisse régulière des prélèvements obligatoires [3]. La pression de l'entourage s'est également exercée lors du débat majeur de 1983 sur l'opportunité, pour la France, de sortir du système monétaire européen. Un « club des cinq », composé de Jacques Attali, Jean-Louis Bianco, Élisabeth Guigou, Christian Sautter et François Stasse, se réunissait quotidiennement depuis l'automne 1982 pour contrer les partisans de cette option [4].

En définitive, le pouvoir de l'entourage élyséen est limité à la fois par la conception très personnelle du pouvoir que se font les présidents de la Cinquième République et par les ambiguïtés générées par la dyarchie du système institutionnel. Si le président fixe toujours les grandes orientations, c'est souvent le Premier ministre qui gouverne. L'Élysée intervient alors surtout de deux manières : en exerçant un pouvoir d'empêchement sur des décisions gouvernementales jugées inopportunes et en jouant un rôle de pression sur des dossiers auxquels le président se montre particulièrement sensible. La présidence de la République utilise une sorte de pouvoir d'évocation plus qu'elle ne dirige complètement l'État. Avec le risque d'un partage pervers des tâches où les dossiers valorisants sont appelés

---

1. Entretien avec l'auteur le 17 novembre 1992.
2. Cf. Samy Cohen, *op. cit.*
3. Cf. Pierre Favier, Michel Martin-Roland, *op. cit.*
4. *Ibid.*

— 155 —

par l'Élysée, tandis que les problèmes difficiles sont laissés aux bons soins de l'Hôtel Matignon [1].

Le système d'exécutif à commande double expose à un autre danger : la coupure entre un commandement du verbe assuré par l'Élysée et un commandement de l'action confié à Matignon. Le président fixe le cap sans trop se soucier des conditions d'application, alors que le Premier ministre concrétise des politiques dont les fondements lui échappent. Il peut en résulter un fâcheux effet de divorce entre la parole et les actes de l'exécutif, comme en témoigne la période où Michel Rocard fut le Premier ministre de François Mitterrand. Le président en appelait régulièrement dans ses discours à une politique plus sociale, alors même qu'il enfermait le gouvernement dans une règle de conduite économique qui interdisait une telle évolution.

LA PROMOTION DES FIDÈLES

Se retrouvent à l'Élysée les compagnons de la « longue marche » qui a conduit leur chef sur la plus haute marche du podium politique. La majorité des collaborateurs de tous les présidents de la Cinquième République avait travaillé avec leur patron avant son accession à l'Élysée. En 1959, l'entourage élyséen de De Gaulle était composé, pour plus de la moitié, d'anciens collaborateurs du Général, à une époque remontant parfois à la guerre [2]. En 1969, plus de six collaborateurs sur dix du président Pompidou avaient appartenu à son cabinet lorsque celui-ci était Premier ministre. En 1974, huit collaborateurs du président Giscard d'Estaing sur dix l'avaient déjà servi au ministère des Finances. François Mitterrand a, lui aussi, puisé son entourage auprès de ceux qui l'ont accompagné dans sa longue carrière politique. Sur trente-sept collaborateurs offi-

---

1. Le fonctionnement du couple président-Premier ministre sous la Cinquième République fait l'objet d'une critique féroce dans Jean-François Revel, *L'absolutisme inefficace*, Paris, Plon, 1992.
2. Cf. Samy Cohen, *op. cit.*

ciellement en fonction en octobre 1984, dix-huit étaient liés au président de la République avant le 10 mai 1981 [1].

Le critère de fidélité personnelle, prouvée au fil des ans, est plus important dans le choix des collaborateurs du président que celui de leur strict pedigree politique. On constate significativement que seule une minorité de membres de l'équipe élyséenne ont appartenu au parti majoritaire sous les trois premiers présidents de la Cinquième République. Pendant la présidence de François Mitterrand, on trouve même une fraction éminente de l'entourage présidentiel qui, à l'exemple de Jean-Louis Bianco pendant longtemps, n'appartient pas au PS.

Contrairement à ce qui se passe aux États-Unis, chaque secteur de la société ne trouve pas un correspondant attitré dans l'entourage présidentiel. L'Élysée n'en abrite pas moins un certain nombre de « spécialistes ». Le cas d'Isabelle Thomas, ancienne dirigeante du mouvement étudiant de décembre 1986, devenue par la suite chargée de la jeunesse à l'Élysée, en constitue un exemple. La nomination des membres de l'équipe du président fait d'ailleurs rarement l'objet de polémiques. On peut ici citer le cas de l'arrivée à l'Élysée de Régis Debray, ancien compagnon d'armes de Fidel Castro, qui fit quelque bruit en 1981.

Les équipes de campagne récompensées

La participation aux équipes de campagne électorale traduit cette confiance qui, une fois la victoire acquise, se transforme souvent en poste à l'Élysée. Il existe un rapport d'une étroitesse surprenante entre l'organigramme des états-majors de campagne et la configuration des futures équipes élyséennes.

Tous les hommes forts de la présidence de Georges Pompidou se démenaient dans son quartier général du boulevard de Latour-Maubourg en 1969. Michel Jobert (futur secrétaire général) s'occupait de la « coordination », Édouard Balladur (futur secrétaire général adjoint), des « dossiers et rencontres », Pierre Juillet (futur chargé de mission) organisait les « tournées

---

1. Cf. Michel Schifres, Michel Sarazin, *op. cit.*

en province », tandis que Anne-Marie Dupuy (futur chef de cabinet) s'occupait de la « liaison avec l'UDR [1] ».

Le cas de François Mitterrand est plus frappant encore. On retrouve, dans l'organigramme de sa campagne présidentielle de 1974 [2], nombre de ceux qui le suivront plus tard à l'Élysée : Paulette Decraene, Nathalie Duhamel, François de Grossouvre, Claude Manceron, Paul Legatte, Guy Penne, André Rousselet, Laurence Soudet. En 1981, comme par hasard, le porte-parole du candidat Mitterrand était Pierre Mauroy, futur Premier ministre. Son successeur Laurent Fabius avait été nommé, pendant la campagne de 1981, porte-parole du PS par le futur président...

L'examen de l'équipe de campagne de Mitterrand en 1988 est tout aussi parlant. Pierre Bérégovoy, futur Premier ministre du second septennat, était alors directeur de campagne. Et c'est au domicile d'Édith Cresson, autre futur Premier ministre, que « les axes et les structures de la campagne de François Mitterrand » furent définis lors d'un déjeuner hebdomadaire rassemblant le président et sa garde rapprochée [3].

La prédominance
des hauts fonctionnaires

Le critère des compétences techniques est le second facteur de sélection de l'entourage présidentiel. Il se traduit par la prédominance des collaborateurs issus de la haute fonction publique. On peut même considérer que le chef de l'État dispose de cette dernière pratiquement à sa guise. Cette fonction publique lui offre, à l'occasion, une précieuse solution de substitution à la classe politique traditionnelle.

À ce jour, Pierre Bérégovoy a été le seul secrétaire général de l'Élysée à ne pas appartenir à cette catégorie. On compte, depuis 1959, quatre secrétaires généraux issus du Conseil d'État,

---

1. Roger-Gérard Schwartzenberg, *La guerre de succession. L'élection présidentielle de 1969,* Paris, PUF, 1969.
2. Sylvie Colliard, *La campagne présidentielle de François Mitterrand en 1974,* Paris, PUF, 1979.
3. Kathleen Evin, *François Mitterrand : chronique d'une victoire annoncée,* Paris, Fayard, 1988.

trois du Quai d'Orsay, trois de la Cour des comptes et deux de l'Inspection générale des finances.

Le poids de l'élite administrative a néanmoins baissé sous le septennat de François Mitterrand. Les collaborateurs issus des grands corps de l'État, qui représentaient autour de 60 % de l'entourage des présidents précédents, n'en constituent plus qu'environ 20 % sous l'actuel chef de l'État [1]. Si les énarques détiennent toujours les positions clefs de l'Élysée, comme le remarquent Monique Dagnaud et Dominique Mehl, la proportion de collaborateurs venant de la haute fonction publique a chuté de 80 % environ sous de Gaulle et Valéry Giscard d'Estaing, à 40 % sous Mitterrand. La diversification du vivier présidentiel s'est traduite par une présence accrue des non-fonctionnaires : 47 % sous Mitterrand contre 11 % sous Giscard d'Estaing, 27 % sous Pompidou et 10 % sous de Gaulle [2].

L'actuel chef de l'État a également sensiblement féminisé l'Élysée. On ne comptait à la présidence aucune femme du temps du général de Gaulle, seulement cinq sous Pompidou et trois sous Giscard d'Estaing [3]. Ce chiffre s'élève à quinze avec Mitterrand en 1992. Au fil des septennats, les atypismes de la micro-population élyséenne se sont sensiblement estompés.

On peut également noter l'existence d'un phénomène de cycle qui conduit l'Élysée à passer d'une composition très « militante » en début de septennat à une composition plus « technocratique » à la fin. En début de mandat, le président est entouré de ses proches compagnons. Il s'agit alors de lancer des impulsions politiques. En fin de parcours, le chef de l'État se trouve plus à l'écoute des divers dépositaires supposés de la compétence, son souci étant devenu celui du bilan de sa gestion.

L'ÉLYSÉE : TREMPLIN POLITIQUE

La puissance élyséenne se manifeste peut-être le mieux par la destinée de ceux qui servent le président. L'obtention d'un

---

1. Monique Dagnaud, Dominique Mehl, *L'élite rose. Sociologie du pouvoir socialiste 1981-1986,* Paris, Ramsay, 1988.
2. Cf. Michel Schifres, Michel Sarazin, *op. cit.*
3. Cf. Samy Cohen, *op. cit.*

poste à l'Élysée joue souvent comme un formidable accélérateur de carrière. Le président, remarque Samy Cohen [1], cherche d'ailleurs à asseoir son pouvoir en nommant ses fidèles dans le maximum de rouages de l'État. Éternelle est la crainte qu'un appareil administratif insuffisamment en phase avec le pouvoir politique ne freine l'action de celui-ci. Mais il s'agit aussi, pour le président, d'affirmer sa puissance personnelle. François Mitterrand s'était préparé à la « cohabitation » forcée avec un gouvernement de droite pendant la période 1986-1988 en allongeant, quelque temps auparavant, la longue liste des nominations aux emplois publics dépendant du président de la République. Plusieurs milliers d'emplois dépendent de lui en France. La gratification majeure des « hommes du président » ne serait-elle pas projetée dans leur avenir post-élyséen ?

Les promotions ainsi obtenues balaient le large champ des entreprises et organismes publics. Elles peuvent même atteindre le niveau ministériel. Georges Pompidou avait innové en nommant en 1973 ministre des Affaires étrangères son secrétaire général, Michel Jobert. Valéry Giscard d'Estaing avait fait prendre le même chemin à Jean François-Poncet en 1978. On pouvait toutefois estimer que le titulaire du Quai d'Orsay demeurait, « domaine réservé » oblige, un collaborateur du président...

Avec François Mitterrand, on assiste au déploiement d'une véritable filière élyséenne de promotion ministérielle. Dix de ses anciens collaborateurs sont devenus membres du gouvernement depuis 1981 : Pierre Bérégovoy, Jean-Louis Bianco, Frédérique Bredin, Michel Charasse, Jean Glavany, Élisabeth Guigou, Henri Nallet, Gérard Renon, Ségolène Royal et enfin Michel Vauzelle. Huit « hommes du président » siégeaient en 1992 au gouvernement.

Le record de longévité battu par l'actuel chef de l'État est un des éléments d'explication de ce phénomène. On peut également évoquer le soin extrême avec lequel François Mitterrand s'attache à récompenser les fidélités. La multiplication des ministres qui ont fait leurs classes à l'Élysée relève enfin du développement d'un « cursus moderne » de carrière politique [2]. Le moteur de ces ascensions est ici « la faveur du

---

1. *Ibid.*
2. Philippe Braud, *Sociologie politique*, Paris, LGDJ, 1992.

prince », bien plus que les atouts militants ou les performances électorales. Si nombre de ces ministres d'extraction élyséenne ont gagné l'onction du suffrage universel, c'est souvent après avoir reçu les honneurs ministériels et toujours grâce à l'appui du président. La position centrale du chef de l'État sous la Cinquième République rejaillit jusque dans la distribution d'investitures électorales pour ceux qui l'ont servi.

L'esprit de soumission

Les aspects les plus critiquables du pouvoir élyséen renvoient à l'esprit de soumission envers le chef de l'État qui souffle très fort dans la classe politique. Le président et son équipe jouissent d'une faveur et d'un prestige qui dépassent largement les pouvoirs que leur attribue la lettre constitutionnelle. Ces pouvoirs ne sont certes pas mineurs. Le chef de l'État contrôle, depuis le décret du 6 août 1985, la nomination d'une très longue liste de responsables du secteur public. François Mitterrand n'a d'ailleurs pas manqué de privilégier fréquemment les candidats qu'il connaissait personnellement lorsqu'il s'est agit de procéder aux nominations qui relevaient de son choix.

Mais les mentalités sont allées au-delà de ces évolutions. Elles se sont excessivement pliées à une pratique qui assimile abusivement l'Élysée au détenteur sacré d'un pouvoir sans appel. Ministres, dirigeants du parti majoritaire ou députés ont tendance à être tétanisés par la parole élyséenne la moins clairement exprimée. D'où les abus de pouvoir possibles d'un entourage du président parfois prompt à donner une interprétation extensive à la plus équivoque des mimiques présidentielles.

Par la faiblesse de caractère dont elles font preuve, les victimes de ces méthodes s'en font les complices. Une complicité parfois très active. Ardemment désireux de précéder les desiderata du prince, certains ministres s'emploient à sonder sans relâche ses conseillers. Exprimés devant des échines trop souples, les souhaits présidentiels les plus flous se transforment en consignes qui ne souffrent plus la moindre discussion. On retrouve ici des comportements de cour qui ne sont pas sans rappeler l'Ancien Régime.

L'acceptation assez générale en France du pouvoir personnel, observable également au niveau des collectivités locales, n'est assurément pas sans rapport avec son histoire nationale. La monarchie reste bien vivante dans de nombreuses têtes. Les phénomènes de cour ont pris un relief particulier ces dernières années en raison de la longueur du règne mitterrandien et du culte des relations personnelles pratiqué par l'actuel président. C'est à travers eux que les fantasmes suscités par le pouvoir élyséen rencontrent parfois des réalités tangibles.

Éric DUPIN

CHAPITRE 8

LE PRÉSIDENT DE LA RÉPUBLIQUE
Acteur de politiques publiques

Il peut sembler paradoxal de présenter le président de la République sous les traits d'un acteur de politiques publiques. L'article 20 de la Constitution du 4 octobre 1958 déclare, en effet, que « le gouvernement détermine et conduit la politique de la nation ». Il met à sa disposition, à cette fin, l'administration et la force armée. Et l'article 21 ajoute que « le Premier ministre dirige l'action du gouvernement ». Au regard de ces textes, ne serait-il pas plus juste d'observer que, sous la Cinquième République, l'élaboration et la mise en œuvre des politiques publiques relèvent du Premier ministre ? En outre, sans minimiser la place qu'occupe le pouvoir politique, nul ne saurait négliger aujourd'hui le poids, jugé souvent excessif, de la haute administration et des groupes de pression. La thèse, en partie réfutée, de l'influence exercée aux États-Unis par le « complexe militaro-industriel » fut cautionnée, en son temps, par le président Eisenhower. Et l'observation de nombreux dossiers conduit parfois à imputer, sous le régime de l'État providence, la paternité de certaines politiques et sociales à l'anonymat de la bureaucratie [1].

Trente-cinq ans d'expérience montrent, cependant, qu'aucun

---

1. Cf. sur ce point l'ouvrage classique de Lucien Sfez, *Critique de la décision,* Paris, Presses de la Fondation nationale des sciences politiques, 4ᵉ éd., coll. « Références », 1992.

des quatre présidents de la Cinquième République n'est demeuré inerte dans la conduite des politiques publiques. En de nombreux domaines et dans plusieurs circonstances, le chef de l'État français a réussi tantôt à imposer sa primauté, tantôt à exercer un pouvoir partagé. Aussi peut-on formuler l'hypothèse selon laquelle la légitimité dont il bénéficie du fait de son élection au suffrage universel contribue à lui procurer un pouvoir effectif.

Certes, le général de Gaulle n'a pas attendu d'être élu directement par le peuple, en 1965, pour asseoir son autorité. Dès son premier septennat, il a donné des articles 20 et 21 de la Constitution une lecture personnelle. Celle-ci s'est accordée au texte de l'avant-projet, retiré en juin 1958 à la demande des ministres d'État, selon lequel « assisté du gouvernement [le président de la République] définit l'orientation de la politique intérieure et extérieure du pays et en assure la continuité [1] ». Il faut convenir que les circonstances exceptionnelles dues à la poursuite de la guerre d'Algérie ont conforté cette interprétation. Ainsi, le pli a-t-il été pris et, hormis le recours à l'article 16, les successeurs du Général se sont gardés de revenir en arrière. Or l'onction du suffrage universel − que l'usage répété du référendum avait préfigurée au profit du général de Gaulle − les y a largement aidés.

Sans doute ne suffit-elle pas, dans tous les cas, à fonder la primauté du chef de l'État. Le comparatisme nous enseigne la difficulté que rencontrent les présidents autrichien, irlandais, islandais, voire portugais et finlandais, pourtant élus au suffrage direct, à exercer des pouvoirs propres [2]. Mais dans le cas français, et à travers le comportement de quatre personnalités très différentes, la convergence du suffrage universel, de prérogatives constitutionnelles affirmées et d'une pratique devenue coutumière a engendré un dualisme de l'exécutif qui s'est révélé effectif [3]. En conséquence, il apparaît légitime de compter le président de la République française au nombre des principaux

1. Francis Hamon, « Regards nouveaux sur les origines de la Cinquième République », *Revue du droit public et de la science politique en France et à l'étranger*, 1975, p. 416 et suiv. ; *Documents pour servir à l'histoire de l'élaboration de la Constitution du 4 octobre 1958*, Paris, La Documentation française, vol. 1, 1987.

2. Maurice Duverger (dir.), *Les régimes semi-présidentiels*, Paris, PUF, 1986.

3. Jean Massot, *Chef de l'État et chef du gouvernement. Dyarchie et hiérarchie*, Paris, La Documentation française, 1993.

acteurs de politiques publiques et de lui réserver, parmi eux, une place de choix. À l'évidence, un tel rôle se prête mal à l'analyse juridique. Sur la base de textes constitutionnels constants, il varie en fonction de nombreux éléments. Il diffère selon les domaines d'intervention ; car, sans même recourir à la notion contestable de « domaine réservé », il apparaît évident que le chef de l'État dispose d'une plus grande marge de manœuvre en politique extérieure et de défense. En fonction des mêmes textes, l'intensité du pouvoir présidentiel évolue également selon les circonstances. Quoi de plus naturel qu'il atteigne son paroxysme en temps de crise et qu'il se borne à l'essentiel en période de cohabitation ! Enfin, s'il est un domaine situé à l'interface de la politique intérieure et de la politique extérieure, qui appelle la vigilance particulière du président de la République, c'est bien celui de la politique européenne. Il sera donc spécialement étudié.

En conclusion, la question se posera de savoir si, eu égard aux devoirs de sa charge, que lui impose l'article 5 de la Constitution, et aux ressources que lui apporte l'élection au suffrage universel, un président nouvellement élu se doit de proposer aux Françaises et aux Français la poursuite d'un « grand dessein » ? On ne pourra pas non plus l'éluder.

LE CHAMP D'INTERVENTION DU PRÉSIDENT

Le suffrage universel impose à tout candidat à la présidence de la République, sinon l'établissement d'un programme, du moins la présentation d'un projet. Le général de Gaulle en a éprouvé la nécessité à ses dépens au lendemain du premier tour de l'élection de 1965. Aussi, a-t-il dû, entre les deux tours, consentir à exposer, au cours d'une série d'interviews télévisés accordés à Michel Droit, les principes qui guideraient son second septennat.

La leçon ayant été retenue, ses successeurs ont pris soin de souscrire à cette obligation. Georges Pompidou a annoncé un compromis entre sa fidélité au gaullisme et une certaine ouverture européenne. Face aux problèmes de société, Valéry Giscard d'Estaing s'est présenté comme le candidat du changement. En 1981, François Mitterrand a franchi un pas de plus en formulant 110 propositions auxquelles il attacha la valeur d'un contrat [1]. Mais en 1988, voulant apparaître comme le candidat du consensus, il s'est borné à dégager quelques orientations dans une *Lettre à tous les Français.*

De tels engagements ne constituent pas, à proprement parler, un programme. Mais tous impliquent de la part de leur auteur la capacité d'orienter les choix du gouvernement, voire du Parlement [2]. Naturellement, l'ampleur de ce pouvoir est « à géométrie variable » en fonction du champ d'intervention concerné. Aussi, dans un souci de clarté, distinguerons-nous trois domaines dans lesquels l'intervention présidentielle s'est exercée : la politique extérieure et de défense, la politique économique et sociale et la politique des « grands travaux ». Il devra être entendu, cependant, qu'ils n'épuisent pas le pouvoir d'ingérence du chef de l'État, toute question pouvant être évoquée à l'Élysée dès lors que son hôte y attache un intérêt direct et que les circonstances s'y prêtent.

La politique extérieure et de défense

« Dans le champ des affaires, il n'y a pas pour moi de domaine qui soit, ou négligé ou réservé [3]. » En récusant l'expression employée par Jacques Chaban-Delmas lors du premier congrès tenu par l'UNR en 1959 pour laisser au chef de l'État les mains libres en Algérie, le général de Gaulle a entendu signifier, dans ses *Mémoires d'espoir,* qu'il n'avait pas cantonné sa tâche en politique extérieure et de défense. Et en 1993, en parlant de « domaine partagé », à la veille de la seconde cohabitation, François Mitterrand a voulu affirmer qu'en tout autres

---

1. Observons que, dans son message au Parlement du 8 juillet 1981, François Mitterrand souligne que « ses engagements constituent la charte de l'action gouvernementale » et que du fait de l'élection d'une majorité socialiste à l'Assemblée nationale ils sont devenus « la charte de l'action législative ».
2. Du fait de la dissolution de l'Assemblée nationale qui a permis, à l'occasion des élections législatives anticipées de juin 1981 et de juin 1988, l'avènement d'une majorité conforme à la majorité présidentielle.
3. Charles de Gaulle, *Mémoires d'espoir,* Paris, Plon, 1970, t. I, p. 345.

domaines l'intervention du président de la République pourrait être justifiée. En outre, son comportement a montré qu'en politique extérieure et de défense il ne renonçait pas à exercer une réelle primauté. Telle a été la doctrine constante des quatre présidents successifs de la Cinquième République, qui tranche par rapport à la pratique des autres chefs d'État élus au suffrage universel en Europe, pour se rapprocher davantage de celle du président des États-Unis.

En matière de défense, l'autorité du président de la République française s'appuie sur l'article 15 de la Constitution. Aux termes de celui-ci : « Le président de la République est le chef des Armées. Il préside les conseils et comités supérieurs de la défense nationale. » Et, bien que le Premier ministre soit également responsable, au titre de l'article 21, de la défense nationale, c'est en vertu des dispositions précédentes que le décret du 14 janvier 1964 – qui eût dû sans doute être adopté par voie législative [1] – dispose que « le commandant des forces aériennes stratégiques est chargé de l'exécution des opérations de ces forces sur ordre d'engagement donné par le président de la République, président du conseil de Défense et chef des Armées ». Or cette directive a été étendue au commandement des forces nucléaires tactiques. Ainsi, convient-il, à la suite de Samy Cohen [2], de distinguer le rôle du chef de l'État au regard des forces de dissuasion et des forces armées conventionnelles.

S'agissant de la préparation et de l'emploi des premières, l'autorité du président de la Cinquième République est exclusive et absolue. Et même en période de cohabitation, personne ne la récuse. Cela résulte directement du concept de dissuasion et de la crédibilité du recours à la force nucléaire [3]. Or l'autorité présidentielle s'étend à la maintenance de l'instrument de dissuasion, y compris à la décision de suspendre ou de reprendre les essais nucléaires. Ce que le président François Mitterrand a rappelé à la veille du débat parlementaire sur la loi de pro-

---

1. En vertu de l'article 34 qui inclut dans le domaine de la loi « les principes fondamentaux de l'organisation générale de la Défense nationale ».
2. Samy Cohen, *La défaite des généraux. Le pouvoir politique et l'armée sous la Cinquième République,* Paris, Fayard, 1994.
3. Cette crédibilité a cependant été ébranlée par les propos tenus par l'ancien président Valéry Giscard d'Estaing dans son livre de mémoires : *Le pouvoir et la vie,* t. II, *L'affrontement,* 1991, p. 203 et suiv.

gramme militaire en déclarant le 10 mai 1994 sur *TF 1* et sur *France 2* : « La décision de l'usage de la bombe atomique appartient au président de la République... Cela veut dire que, si le Parlement ou le gouvernement se trouvaient en conflit avec moi, oui, je demanderais au peuple de trancher [1]. » Aussi bien, devant l'Institut des hautes études de la défense nationale, Édouard Balladur a reconnu que la définition des « intérêts vitaux » que couvre la dissuasion nucléaire relève de l'appréciation du président de la République, ajoutant que c'est là « l'un des acquis les plus précieux de la Cinquième République [2] ».

En ce qui concerne les forces conventionnelles, l'autorité du président est aussi reconnue. À ce titre, il n'a jamais délégué au Premier ministre la présidence du conseil de Défense, comme l'y autorisait l'article 21 de la Constitution. Et l'on verra que, prenant à la lettre son rôle de chef des Armées, il a toujours suivi de très près le déroulement des opérations militaires, que ce soit en Algérie au temps du général de Gaulle, au Biafra et au Tchad sous Valéry Giscard d'Estaing, et surtout pendant la guerre du Golfe, en Bosnie et même au Rwanda pendant le second septennat de François Mitterrand. Il reste qu'en matière de programmes d'armement et de préparation des projets de lois de programmes militaires, le chef de l'État laisse souvent une marge d'initiative assez grande au ministère de la Défense et aux administrations compétentes, tout en leur faisant supporter les contraintes budgétaires dictées par la conjoncture économique. S'agissant des ventes d'armes à l'étranger, il a même souvent lâché prise, ce qui lui a permis de dégager, à tort ou à raison, sa responsabilité lors des scandales qui ont éclaté à propos de l'affaire Luchaire, des vedettes de Cherbourg ou des rapports avec l'Irak [3].

En politique extérieure, le fondement constitutionnel de l'intervention du président de la République est sans doute

---

1. *Le Monde,* jeudi 12 mai 1994, p. 8. C'est également au président de la République qu'il est revenu de programmer la construction des missiles *Hadès.*
2. *Le Monde,* 9 septembre 1994, p. 22.
3. Samy Cohen, *op. cit.,* p. 165, rappelle les propos tenus par François Mitterrand à Philippe Alexandre à *RTL* le 16 novembre 1987 : « La Constitution ne m'a pas confié la charge de vérifier les autorisations d'exportation de matériel de guerre. »

moins évident. Il résulte, cependant, de l'article 52 de la Constitution : « Le président de la République négocie et ratifie les traités. Il est informé de toute négociation tendant à la conclusion d'un accord international non soumis à la ratification. » En outre, l'article 14 précise qu'« il accrédite les ambassadeurs et les envoyés extraordinaires auprès des puissances étrangères » et que « les ambassadeurs et les envoyés extraordinaires des puissances étrangères sont accrédités auprès de lui ». Surtout, l'article 5 fait du chef de l'État « le garant de l'indépendance nationale, de l'intégrité du territoire, du respect des accords de Communauté et des traités [1] ».

Interprétés largement par le général de Gaulle, ces textes ont pu légitimer la conduite de la politique étrangère à laquelle il a consacré une part essentielle de son activité. Mais la dérive présidentielle a eu aussi pour cause le règlement de la guerre d'Algérie et de la décolonisation opéré directement de l'Élysée par le chef de l'État. À tel point que, devenus indépendants, les États d'Afrique noire, suivis par ceux du Maghreb, ont continué d'entretenir avec lui, par présidents interposés, des relations personnelles. D'où l'institution, rattachée à l'Élysée, d'un secrétariat général pour les Affaires africaines et malgaches confié à Jacques Foccard. Celui-ci fut officiellement supprimé par Valéry Giscard d'Estaing en 1974. Mais il a survécu depuis lors dans l'entourage du président de la République, à travers la présence d'un conseiller chargé de suivre ces affaires qui fut, pendant plusieurs années, le propre fils de François Mitterrand.

En outre, le général de Gaulle ne s'est déchargé du problème algérien que pour se donner les mains libres en Europe et dans les rapports Est-Ouest. Du retrait de la France des organes intégrés de l'OTAN à la reconnaissance de la Chine populaire, du plan Fouchet à la recherche d'une Europe allant de l'Atlantique à l'Oural, et du discours de Phnom Penh au « Vive le Québec libre ! », le premier président de la Cinquième République n'a pas laissé à d'autres − assisté d'un même ministre des Affaires étrangères : Maurice Couve de Murville − le soin

1. Didier Maus, « La Constitution jugée par sa pratique. L'article 5, fondement de la prépondérance présidentielle », dans François Luchaire, Gérard Conac, *La Constitution de la Cinquième République française,* Paris, Économica, 2e éd., 1987, p. 298.

de guider la politique extérieure de la France [1]. Comme l'avait observé, en son temps, Raymond Aron, cette ambition fut même l'un des arguments décisifs qui lui fit reconnaître l'indépendance algérienne, condition sans laquelle la France serait demeurée tributaire de la diplomatie américaine [2].

Naturellement, aucun des successeurs du général de Gaulle n'a entendu renier cette ambition, ni se priver des moyens que lui offre cette « diplomatie directe ». Incomparablement moins importants que ceux qui entourent le président des États-Unis – la Cinquième République ne possède pas de conseil national de sécurité –, ils permettent néanmoins au chef de l'État de disposer à l'Élysée de conseillers, au premier rang desquels le secrétaire général [3], capables de l'informer en temps réel et d'établir des liaisons permanentes avec le Quai d'Orsay et avec la DGSE [4]. En outre, le choix des titulaires des ministères des Affaires étrangères et de la Défense et la présidence des délégations françaises lors des grandes rencontres internationales, telles que le G 7 ou le Conseil européen, confèrent au président de la République une primauté incontestable en matière internationale et européenne.

Outre le fait qu'elle semble désormais reposer sur une coutume constitutionnelle, cette primauté respectée pendant plus de trente ans a été rendue possible par le maintien de l'institution du septennat, qui garantit le président de la République contre les aléas de la vie politique et lui apporte la même stabilité que celle qui résulte de l'existence au Royaume-Uni et en Allemagne d'un système de partis sans équivalent en France. Dans l'après-gaullisme, en effet, l'« exception française » en matière de politique extérieure n'aurait pu se poursuivre sans la continuité dont dispose le président de la République élu au suffrage universel pour sept ans. Par conséquent, il n'est pas sûr que cet avantage survive à une révision éventuelle de la Constitution qui instaurerait le quinquennat. En opérant un mélange des genres, celle-ci risquerait, au contraire, de confondre

---

1. Alfred Grosser, *La politique extérieure de la Cinquième République,* Paris, Seuil, 1965.
2. Raymond Aron, *Le spectateur engagé,* Paris, Julliard, 1981, p. 201.
3. L'actuel titulaire de la charge, Hubert Védrine, a occupé antérieurement les fonctions de conseiller diplomatique auprès du chef de l'État.
4. Direction générale de la Sécurité extérieure.

le « gouvernement du long terme », nécessaire en politique
étrangère, avec la gestion du court terme, dont il revient au
Premier ministre, de maîtriser au jour le jour les contingences
sous le contrôle du Parlement.

La politique économique et financière

Aucun domaine spécifique n'étant *a priori* « négligé » par le
président de la République, il est impossible de recenser tous
les domaines qui ont donné lieu, jusqu'à présent, à son intervention. Et même la connaissance des ordres du jour des conseils
interministériels ou des conseils restreints tenus à l'Élysée,
notamment sous Georges Pompidou et sous Valéry Giscard
d'Estaing, n'épuiserait pas le sujet. L'on se bornera donc à
repérer ici quelques exemples illustrant l'ingérence présidentielle
en matière de politique économique et sociale.

Rappelons d'abord qu'en 1958, ayant décidé de ne pas
renégocier le traité de Rome et d'engager l'économie française
sur la voie du Marché commun, le général de Gaulle entendit
assortir ce défi des mesures d'accompagnement indispensables.
D'où l'impulsion donnée par le chef de l'État au plan Rueff-
Armand et à sa mise en œuvre par le ministre des Finances
de l'époque, Antoine Pinay [1]. D'autres coups de semonce du
fondateur de la Cinquième République témoignent de l'attention portée par celui-ci à l'économie et à la monnaie, dans la
mesure où leur bonne santé conditionne toute politique extérieure et de défense crédible. Citons, parmi les plus importants :
le plan de stabilisation de 1963, le plaidoyer en faveur du
retour à l'étalon-or dans les relations internationales, le refus
opposé à la dévaluation du franc en 1968 et les tentatives
avortées pour mener une politique de participation [2].

Étendu au septennat écourté de Georges Pompidou, l'inventaire des interventions présidentielles serait plus impressionnant encore car la connaissance des dossiers par celui-ci fut
alimentée par sa longue expérience de Premier ministre. En

---

1. Cette politique donna lieu notamment à l'établissement du nouveau
franc.
2. Alain Prate, *Les batailles économiques du général de Gaulle,* Paris, Plon,
coll. « Espoir », 1978.

outre, l'on pourrait se risquer à observer, à travers le comportement du second président de la Cinquième République, le franchissement d'un seuil. Car la priorité donnée par le chef de l'État à l'élaboration et à la mise en œuvre d'une politique industrielle a été souvent assimilée à la recherche d'un « grand dessein [1] ». Mais ses interventions ponctuelles en matière sociale ne doivent pas être davantage négligées, ne serait-ce qu'en ce qui concerne la mensualisation des salaires et l'extension de la sécurité sociale à des catégories sociales qui en étaient privées. Et dans beaucoup d'autres domaines encore, l'on s'accorde à reconnaître que la présidence de Georges Pompidou, en même temps qu'elle a enraciné les institutions, a contribué à présidentialiser le fonctionnement du régime. Sous l'influence de certains de ses collaborateurs, l'attention portée à la majorité présidentielle, que récusait le général de Gaulle, a même conduit à faire remonter jusqu'à l'Élysée une multitude de questions relevant de la politique politicienne.

Ayant occupé longtemps le ministère des Finances, Valéry Giscard d'Estaing ne pouvait, à son tour, se désintéresser de la politique économique et financière. Certes, il s'est d'abord préoccupé de résoudre un certain nombre de problèmes de société, tels que l'abaissement de la majorité à 18 ans, la réforme du divorce (dont il a souhaité qu'elle soit « écrite en français ») et la réglementation de l'interruption volontaire de grossesse. Mais l'impulsion présidentielle en matière économique et financière n'a pas seulement résulté, sous son septennat, de l'appel lancé en 1976 à Raymond Barre, qualifié pour la circonstance de meilleur économiste français. En témoigne l'aigreur manifestée par Jacques Chirac lorsqu'il déclare en 1979, en réponse aux reproches formulés par son successeur : « Ce qu'a dit M. Barre n'est pas convenable. Lorsqu'il appartenait à mon gouvernement, il n'a jamais fait la moindre critique, suggestion ou réserve à l'égard de la politique du gouvernement. Or la politique économique était faite en réalité directement par le chef de l'État et le ministre des Finances M. Fourcade. M. Barre critique donc aujourd'hui directement la politique du président de la République [2]. »

---

1. Cf., à cet égard, Bernard Ésambert, *Pompidou capitaine d'industries,* Paris, Odile Jacob, 1994.
2. *Le Monde,* 9-10 septembre 1979, p. 22.

S'agissant de François Mitterrand, sa réserve bien connue à l'égard de l'argent et sa distance à l'égard du milieu des affaires, auraient dû le dissuader de jouer un rôle de premier plan en matière économique. Or, déjà parmi ses 110 propositions, figuraient les nationalisations appelées à illustrer, de 1981 à 1983, sa volonté de rupture avec le capitalisme, à laquelle les contraintes extérieures viendront vite mettre un terme. Laissons de côté l'analyse de ses interventions ponctuelles comme, par exemple, la fixation du taux des livrets de caisse d'épargne ou la rémunération du travail hebdomadaire réduit à trente-neuf heures. Retenons seulement deux décisions dont la portée aura été considérable : d'une part, celle prise, non sans hésitation, le 21 mars 1963, de garder au prix d'une nouvelle dévaluation la monnaie française au sein du SME ; d'autre part, celle qui a conduit, en 1992 avec Pierre Bérégovoy et même en 1993 avec Édouard Balladur, au maintien du « franc fort ». Dans les deux cas, le choix présidentiel fut davantage dicté par des considérations politiques liées à la construction européenne que par des motifs d'ordre économique et financier. Mais ces exemples montrent, précisément, qu'aujourd'hui les deux domaines sont liés.

La politique des grands projets et des grands travaux

Enfin, s'il est un domaine d'intervention qui revêt une certaine spécificité par rapport à la vaste constellation des politiques publiques, c'est bien celui que recouvre la double expression : grands projets et grands travaux. Sous le premier vocable, on situerait volontiers certains aspects du « colbertisme économique [1] ». Mais le côté spectaculaire et médiatique des grands projets tient aussi à l'intérêt que porteront les présidents de la République aux aventures technologiques de la France. De la *Caravelle* au *Concorde,* du gaz de Lacq à l'usine de Pierrelatte, du tunnel du mont Blanc au tunnel sous la Manche, du train à grande vitesse à la fusée *Ariane,* se dégagera l'espace d'une politique symbolique, à la faveur de laquelle tous les

1. Élie Cohen, *Le colbertisme high-tech,* Paris, Hachette, 1992.

chefs d'État chercheront à valoriser, chacun à sa manière, l'expression du « génie français ».

Cette politique symbolique[1], dans la plus pure tradition monarchique, se manifestera encore davantage à l'occasion des grands travaux destinés à illustrer chaque septennat. Le moins monarchiste des présidents fut, sans doute, à cet égard le général de Gaulle, qui laissa à André Malraux le bénéfice d'une action culturelle appelée à marquer son époque. À tel point que le nom du Général sera donné plus tard, non pas à un musée ou à une œuvre architecturale, mais à un aéroport de Paris. Néanmoins, déjà sous son règne, l'urbanisme, notamment à travers la constitution du district de la région parisienne, figurera à l'ordre du jour de plus d'un conseil restreint à l'Élysée.

L'intérêt personnel porté à l'art contemporain par Georges Pompidou l'amènera, à son tour, à intervenir directement dans plusieurs entreprises. La plus spectaculaire reste la construction, à l'occasion de l'aménagement du quartier des Halles à Paris, du Centre d'art contemporain à l'architecture futuriste qui portera, plus tard, son nom. Mais, de façon générale, les préoccupations du second président de la Cinquième République en matière d'urbanisme (le nouveau quartier de la Défense à Paris et la voie express le long de la Seine) et dans le domaine des arts plastiques, contribueront largement à développer en France la connaissance de l'art contemporain. Les goûts plus classiques de Valéry Giscard d'Estaing le porteront davantage à s'intéresser à la réalisation du musée d'Orsay, consacré aux œuvres du XIXᵉ siècle. Mais, avec moins de succès, ses interventions s'étendront également au domaine de la musique, avec notamment la tentative manquée de donner un rythme plus lent à *La Marseillaise !*

La durée des deux septennats de François Mitterrand lui offrira plus de temps pour marquer le paysage parisien. L'œuvre essentielle restera certainement la restauration du Grand Louvre. Mais, de l'Opéra-Bastille à la Bibliothèque nationale de France, en passant par la grande Arche de la Défense, sans compter quelques réalisations en province, le bilan semble impressionnant. Et le soutien apporté à cette politique par Jack Lang aura également contribué, malgré les réticences du ministère

1. Lucien Sfez, *La politique symbolique*, Paris, PUF, 1993 (coll. « Quadrige »).

des Finances, à accroître les moyens budgétaires alloués au ministère de la Culture.

Bref, si l'action quotidienne en matière de politiques publiques demeure le fait des Premiers ministres et du gouvernement dans de nombreux domaines, le bilan de l'impulsion donnée par les quatre présidents de la Cinquième République s'avère loin d'être négligeable. Elle a, cependant, varié dans le temps. Reste donc à tenter d'évaluer l'ampleur qu'au gré des circonstances elle aura réussi à atteindre.

L'AMPLEUR DES INTERVENTIONS PRÉSIDENTIELLES

Lorsqu'on mesure la complexité des processus de décision dans les États contemporains et l'enchevêtrement qui affecte l'exercice du pouvoir d'expertise, du pouvoir financier et du pouvoir politique, on imagine la difficulté que rencontre toute tentative destinée à évaluer l'ampleur des ingérences présidentielles dans l'élaboration et la mise en œuvre des politiques publiques. On vient d'observer leur variation selon les domaines d'intervention concernés. L'ampleur du pouvoir présidentiel diffère aussi selon les circonstances. Elle n'atteint évidemment pas le même degré d'intensité selon que l'action du président de la République s'exerce en régime de croisière, en temps de crise ou en période de cohabitation.

Dans les trois cas de figure, cependant, l'on retrouve la caractéristique essentielle du régime de la Cinquième République, à savoir le dualisme du pouvoir exécutif. Il offre au chef de l'État, sur la base de l'article 5 de la Constitution, la faculté de n'être pas seulement le garant du fonctionnement régulier des pouvoirs publics, mais bel et bien l'un des acteurs essentiels de la scène politique.

En régime de croisière

On entend par là ce que le général de Gaulle appelait : « les temps ordinaires », c'est-à-dire toute période pendant laquelle les institutions fonctionnent normalement, la France vit en paix avec le reste du monde et le système de partis assure la convergence entre la majorité présidentielle et la majorité parlementaire.

Il ne faudrait pas croire, pour autant, qu'il s'agit d'un rythme monotone. Les lendemains d'élection présidentielle offrent, généralement, à l'heureux élu du suffrage universel un certain « état de grâce ». Des présidents en ont profité, comme Georges Pompidou en 1969 et François Mitterrand en 1981, pour imposer des changements. Ainsi, fut décidé en 1969 l'élargissement à la Grande-Bretagne, au Danemark et à l'Irlande de la Communauté européenne et, en 1981, les politiques de nationalisation et de décentralisation. D'autres chefs d'État laissèrent passer la chance, tel Valéry Giscard d'Estaing, en 1974, en n'accompagnant pas son élection de la dissolution de l'Assemblée nationale. Les lendemains de référendum ou d'élections législatives anticipées peuvent constituer aussi des instants privilégiés. Ce fut le cas, pour le général de Gaulle, à l'automne 1962, ce qui lui permit d'engager la France sur la voie d'une politique étrangère et de sécurité indépendante et de régler les séquelles de la guerre d'Algérie. Et, de façon générale, lorsque le soutien de la majorité parlementaire est assuré au gouvernement en conformité avec la majorité présidentielle, l'autorité du président sur celui-ci ne rencontre pas de véritable obstacle. Dès lors, le problème se ramène à définir la latitude d'action que le chef de l'État laisse au Premier ministre et au gouvernement. Ce que Laurent Fabius avait illustré en 1985 par la formule : « Lui c'est lui, moi c'est moi ! »

Pour la mesurer, il faut à nouveau recourir à la distinction opérée entre la politique extérieure et de défense et les autres. Dans le premier cas, la primauté du pouvoir présidentiel ne saurait souffrir d'exception. Elle se traduit à la fois par le suivi quotidien de l'action diplomatique, par la présence active du chef de l'État dans les « sommets » intergouvernementaux, par la réception à l'Élysée des chefs d'État et de gouvernement étrangers ainsi que de leurs ministres des Affaires étrangères, et elle s'exprime, enfin, par de fréquents déplacements du président de la République aux quatre coins de l'Europe et du monde. Les voyages effectués par le général de Gaulle en Allemagne, aux États-Unis, à Moscou, en Amérique latine, au

Cambodge ou au Québec ont parfois créé l'événement. La relation récente des entretiens menés par Georges Pompidou avec Edward Heath, Richard Nixon ou Leonid Brejnev apparaît, en revanche, révélatrice de la nature des échanges, oscillant entre des problèmes cruciaux pour le sort de l'humanité et des questions futiles tenant à la personnalité de chacun [1]. Mais ces échanges occupent une place importante dans l'emploi du temps du président de la Cinquième République. Certes, les Premiers ministres effectuent, eux aussi, des voyages à l'étranger ; mais, hors période de cohabitation, ceux-ci s'inscrivent dans l'ombre de la diplomatie du chef de l'État. C'est ainsi qu'à la suite d'un déplacement en Turquie, au cours duquel il s'était entretenu avec son homologue turc en qualité de chef du gouvernement français, Georges Pompidou s'est fait rappeler par le général de Gaulle qu'il était « son » Premier ministre et non pas le « chef de gouvernement [2] » !

Dans les autres domaines, c'est-à-dire, pour reprendre les termes employés par le fondateur de la Cinquième République lors de sa conférence de presse du 31 janvier 1964, ceux que recouvre « la conjoncture politique, parlementaire, économique et administrative », l'initiative relève principalement du gouvernement. Et le chef de l'État ne se reconnaît généralement qu'un droit d'évocation. Il préfère laisser la responsabilité politique de ses actes au Premier ministre. Aussi bien, le voudrait-il qu'il ne disposerait pas des moyens nécessaires pour se substituer à lui. Si l'entourage du président de la République a été considérablement étoffé depuis 1959, l'exiguïté même du palais de l'Élysée ne permet pas, en effet, d'y installer des services très nombreux. Et l'option prise aux origines de la Cinquième République de maintenir rattachés à l'Hôtel Matignon non seulement le secrétariat général du gouvernement, mais également le secrétariat général de la Défense nationale et le secrétariat général pour la Coopération économique internationale (SGCI) illustre la dépendance dans laquelle se trouve

---

1. En témoigne la seconde édition du livre d'Éric Roussel, *Georges Pompidou, 1911-1974*, Paris, Jean-Claude Lattès, 1994. Édition établie d'après les archives de l'ancien président.
2. Cf. Étienne Burin des Roziers, « Les relations de travail avec le Premier ministre », dans *De Gaulle et le Service de l'État*, Paris, Plon, coll. « Espoir », 1977, p. 354-355.

l'Élysée par rapport à la logistique contrôlée par le Premier ministre et par les principaux départements ministériels. Il n'est pas jusqu'au secrétariat général pour les Affaires africaines et malgaches qui n'ait été supprimé en 1974.

Par conséquent, limité à une cinquantaine de collaborateurs de haut niveau, et regroupé dans le cadre du secrétariat général de l'Élysée, du cabinet présidentiel et de l'état-major particulier, l'entourage du président de la République reste tributaire pour son information, de l'appareil de l'État [1]. Rien à voir, par conséquent, avec l'*Executive Office* dépendant de la Maison-Blanche, qui oscille, selon la personnalité de ses hôtes, entre deux mille cinq cents et cinq mille agents. Il n'empêche que les réseaux établis entre les collaborateurs du chef de l'État français, l'Hôtel Matignon et les principales administrations ont permis, jusqu'à présent, au président de la Cinquième République d'assumer pleinement la fonction qui est la sienne. Et quand les circonstances l'ont justifié, ces réseaux ont été relayés par des conseils restreints tenus à l'Élysée, qui ont permis au président d'exercer les arbitrages nécessaires et d'imposer sa primauté [2].

En temps de crise

C'est en période de crise que la manifestation de l'autorité du président apparaît évidemment avec le plus d'éclat. Rappelons, d'abord, que la Constitution du 4 octobre 1958 renforce alors les attributions du chef de l'État, indirectement par le jeu des ordonnances qu'autorise l'article 38 et par le recours au référendum prévu à l'article 11 ; directement par l'institution, fondée sur l'article 15, du conseil de Défense, et brutalement, s'il le faut, par la mise en œuvre du célèbre article 16 [3].

---

1. Jean-Louis Quermonne, *L'appareil administratif de l'État,* Paris, Seuil, 1991, notamment chap. 1 : Les administrations d'état-major ; Samy Cohen, *Les conseillers du président,* Paris, PUF, 1980.

2. Ce rythme a varié selon les présidents et selon les circonstances. Il fut particulièrement soutenu sous Valéry Giscard d'Estaing et sous François Mitterrand de mai 1982 à mai 1983 (cf. Jacques Fournier, *Le travail gouvernemental,* Paris, Presses de la Fondation nationale des sciences politiques, Dalloz, coll. « Amphithéâtre », 1987).

3. Paul Leroy, *L'organisation constitutionnelle et les crises,* Paris, LGDJ, 1966.

Les circonstances de leur mise en œuvre étant bien connues, il paraît inutile de revenir, ici, sur l'usage qu'en a fait le général de Gaulle pour mater en 1960 la révolte des « barricades » et en 1961 le « putsch des généraux ».

Rappelons simplement que du premier des deux événements date, sur le modèle du comité des Affaires algériennes, l'habitude de tenir à l'Élysée des conseils restreints associant, autour du président de la République, le Premier ministre, des ministres et des hauts fonctionnaires [1]. En revanche, il peut apparaître instructif d'évoquer le comportement plus récent des successeurs du général de Gaulle en période de crise extérieure, tel que l'a révélé la conduite d'opérations militaires nécessitées par diverses interventions en Afrique et au Moyen-Orient, par la guerre du Golfe et par l'envoi des casques bleus en Bosnie.

S'agissant des premières, la décision prise ponctuellement a toujours relevé du chef de l'État. Assisté de son chef d'état-major particulier, c'est Valéry Giscard d'Estaing qui a donné l'ordre aux parachutistes français de sauter à Kolwezi et aux *jaguars* de la Force aérienne tactique de neutraliser les guérilleros sahraouis. De même, l'opération *Manta,* au Tchad, a-t-elle été directement contrôlée par François Mitterrand [2]. Mais, au-delà de ces actions ponctuelles, auxquelles peuvent être assimilées les interventions effectuées au Liban, un véritable système codé a été mis en place au cours de la guerre du Golfe et appliqué, de façon allégée, aux actions des casques bleus menées sous le drapeau des Nations unies dans l'ex-Yougoslavie. Or ce système, caractéristique selon Samy Cohen de l'omniprésence du « président généralissime », se présenterait, selon l'auteur, de la manière suivante :

« L'hôte de l'Élysée décide du principe de l'intervention, de son ampleur et de ses limites. Il définit la stratégie et intervient dans la tactique. Il ne se contente pas de fixer les objectifs politiques. S'il le désire, il choisit lui-même la cible, commande directement aux unités sur le terrain. Il intervient dans le choix des moyens, au grand désarroi des militaires, qui voient leur rôle dévalué, contraints de prendre des

---

1. Bernard Tricot, « Les conseils restreints à l'Élysée au temps du général de Gaulle », *L'entourage et de Gaulle,* Paris, Plon, 1979, p. 164-172.
2. Samy Cohen, *La défaite des généraux, op. cit.,* p. 125.

risques qu'ils jugent inutiles, sur instruction de responsables qu'ils estiment incompétents, pour des objectifs qui leur paraissent confus [1]. »

Pour en arriver là, il aura fallu que l'état-major particulier du président de la République établisse, non seulement avec le ministère de la Défense, mais avec le secrétariat général de la Défense nationale et avec l'état-major général des armées et les états-majors des trois armes un réseau de relations capable de fonctionner sans à-coups. Ainsi, pendant la guerre du Golfe, la synchronisation des opérations a-t-elle été assurée, chaque soir, à l'Élysée lors d'une réunion tenue à 18 heures sous la présidence de François Mitterrand. Y participaient, outre le Premier ministre et les ministres des Affaires étrangères, de la Défense et de l'Intérieur, les chefs d'état-major des trois armes ainsi que trois collaborateurs du président de la République : le secrétaire général de la présidence : Jean-Louis Bianco ; le conseiller pour les Affaires diplomatiques : Hubert Védrine, et le chef d'état-major particulier : l'amiral Jacques Lanxade [2]. Dans une forme allégée, l'intervention des casques bleus français en Bosnie, sous l'égide des Nations unies, a provoqué également la convocation de réunions hebdomadaires du même type, la cohabitation établie depuis mars 1993 n'apportant pas de modification fondamentale au déroulement de ce scénario.

A *fortiori,* dans l'éventualité d'une tension internationale appelant la mise en alerte des forces de dissuasion nucléaires, le rôle de « président généralissime » exercé par le chef de l'État ne pourrait que se voir renforcé. Un dispositif a été mis en place, à cette fin, sous le septennat de Valéry Giscard d'Estaing, dans les sous-sols du Palais de l'Élysée, comportant un poste de commandement qui permet au président de la République d'établir une liaison directe et immédiate avec le commandement de la force d'intervention stratégique situé à Taverny [3].

---

1. Samy Cohen, *La défaite des généraux, op. cit.,* p. 123-124. Si l'on en croit Samy Cohen, l'incompétence viserait davantage les entourages civils du chef de l'État, du Premier ministre et du ministre de la Défense, que les titulaires eux-mêmes de ces différentes charges.
2. « La France en guerre », *Pouvoirs,* 58, 1991 : notamment les contributions de Samy Cohen, Raphaël Hadas-Lebel et Guy Carcassonne.
3. Pierre Pélissier, *La vie quotidienne à l'Élysée au temps de Valéry Giscard d'Estaing,* Paris, Hachette, 1978 : notamment le chapitre XIII, « Jupiter ».

En période de cohabitation

Contraint par l'élection d'une majorité parlementaire hostile à nommer un Premier ministre et un gouvernement disposant du soutien de cette majorité, le président de la République française voit alors l'ampleur de ses moyens limitée. Mais, à deux reprises, l'expérience a prouvé qu'ils n'étaient pas ramenés au niveau redouté par Valéry Giscard d'Estaing lorsque, dans un discours prononcé à Verdun-sur-le-Doubs le 27 janvier 1978, il avait déclaré aux Français : « Vous pouvez choisir l'application du Programme commun. C'est votre droit. Mais, si vous le choisissez, il sera appliqué. Ne croyez pas que le président de la République ait, dans la Constitution, les moyens de s'y opposer. »

En fait, quand s'ouvrira, pour de bon, la première cohabitation à la suite des élections législatives du 16 mars 1986, le président François Mitterrand s'efforcera de fixer lui-même la règle du jeu dans le message adressé au Parlement le 8 avril 1986. Dans ce texte, il déclare ne connaître « qu'une réponse, la seule possible, la seule raisonnable, la seule conforme aux intérêts de la nation : la Constitution, rien que la Constitution, toute la Constitution ». Mais il n'omet pas d'ajouter : « Les circonstances qui ont accompagné la naissance de la Cinquième République, la réforme de 1962 sur l'élection du chef de l'État au suffrage universel et une durable identité de vue entre la majorité parlementaire et le président de la République ont créé et développé des usages qui, au-delà des textes, ont accru le rôle de ce dernier dans les affaires publiques. » Or, s'il admet que « la novation qui vient de se produire requiert, de part et d'autre, une pratique nouvelle », il n'en énumère pas moins les prérogatives présidentielles qui doivent rester intactes. Elles ont pour nom : « fonctionnement régulier des pouvoirs publics, continuité de l'État, indépendance nationale, intégrité du territoire, respect des traités, l'article 5 désigne de la sorte – et les dispositions qui en découlent précisent – les domaines où s'exercent l'autorité (du président) ou bien son arbitrage. À quoi s'ajoute l'obligation pour lui de garantir l'indépendance de la justice et de veiller aux droits et libertés définis par la Déclaration de 1789 et le Préambule de la Constitution de 1946 [1] ».

---

1. Ce texte figure en annexe de l'ouvrage que nous avons consacré au *Gouvernement de la France sous la Cinquième République* (et dont la

Le Premier ministre, Jacques Chirac, avait préalablement accepté, dans une déclaration du 20 mars 1986, l'essentiel de ce protocole. Et s'il n'avait été candidat deux ans plus tard à la présidence de la République en même temps que le président sortant, l'expérience de la première cohabitation eût été, sans doute, plus sereine que ce qu'elle a été. En fait, de 1986 à 1988, contrairement à la mutation qui s'est produite en politique intérieure, le pouvoir d'intervention du chef de l'État a survécu, pour l'essentiel, en politique extérieure et de défense. Malgré l'installation à l'Hôtel Matignon d'une cellule diplomatique placée sous la responsabilité de François Bujon de l'Estang, François Mitterrand a continué à disposer de l'information nécessaire à l'exercice de sa mission. Le protocole l'y aidant, il a présidé la délégation française au sommet de Tokyo ainsi qu'à l'occasion des Conseils européens où la présence du Premier ministre à ses côtés a alterné avec celle du ministre des Affaires étrangères. Ainsi, non sans quelques incidents, la France a continué à parler d'une seule voix, notamment pour refuser le survol de son territoire aux avions américains allant bombarder Tripoli [1].

La seconde cohabitation, qui a suivi les élections législatives de mars 1993, apparaît mieux rodée. François Mitterrand, en admettant à l'avance l'existence au profit du gouvernement d'un « pouvoir partagé » en politique extérieure et de défense, a permis d'associer plus étroitement le président de la République et le Premier ministre aux décisions importantes. Ainsi, en a-t-il été lors de la crise monétaire d'août 1993 et de la négociation par la Commission européenne des accords du GATT, sans compter l'initiative prise par Édouard Balladur de convoquer à Paris, les 26 et 27 mai 1994, une conférence sur la stabilité en Europe. Il n'empêche qu'en matière diplomatique et militaire les prérogatives traditionnelles du chef de l'État n'ont pas été véritablement entamées. On l'a déjà observé concernant l'intervention des casques bleus en Bosnie. Et si

---

4e édition a été publiée en collaboration avec Dominique Chagnollaud aux éditions Dalloz en 1991), p. 696 et suiv.

1. Sur la première cohabitation, on se reportera aux ouvrages de M.A. Cohendet, *La cohabitation : leçons d'une expérience,* Paris, PUF, 1993 ; F. Luchaire, G. Conac, *Le droit constitutionnel de la cohabitation,* Paris, Economica, 1989.

l'opération menée au Rwanda semble avoir été davantage maî-
trisée par le Premier ministre, l'état de santé du président en
fournit une part d'explication. L'autorité du chef de l'État s'est
également exercée lors de la préparation de la loi de programme
militaire. Et malgré la réserve du Premier ministre et l'hostilité
d'une fraction de sa majorité, la décision présidentielle de
maintenir la suspension des essais nucléaires français n'a pas
été remise en cause. Il en a été de même de la non-réintégration
par la France des organismes intégrés de l'OTAN. Aussi,
François Mitterrand a-t-il pu déclarer dans une interview accordée au journal *Le Figaro* le 8 septembre 1994 : « Il ne peut
pas y avoir deux présidents à la fois. Et il n'y en a qu'un [1]. »
Par conséquent, sauf dérapage imprévu, l'intégrité du pouvoir présidentiel en politique extérieure et de défense devrait
pouvoir être transmise au successeur de François Mitterrand à
l'échéance de son second septennat. Cette exigence aura d'ailleurs pesé lourd dans la détermination des Premiers ministres
de la respecter, dans la mesure même de leur espoir d'accéder
un jour à l'Élysée. En revanche, en politique intérieure, il n'est
pas exclu que le précédent établi par deux cohabitations successives doive contribuer à renforcer la marge de manœuvre de
l'Hôtel Matignon. En effet, en ce domaine, tant de 1986 à
1988 que de 1993 à 1995, le président de la République
n'aura pu sauvegarder qu'un certain pouvoir d'empêcher. Ainsi
s'est-il arrogé, à l'encontre de Jacques Chirac, un droit de veto
à l'égard de trois projets d'ordonnances présentés en Conseil
des ministres [2] et, à l'encontre d'Édouard Balladur, celui de
s'opposer à la signature de plusieurs décrets [3]. Certes, contrairement à ce qu'avaient avancé quelques constitutionnalistes au
cours des premiers mois de cohabitation, le pouvoir du chef
de l'État ne s'est pas réduit à l'exercice d'une fonction tribu-
nitienne. L'influence qu'il aura exercée en présidant le Conseil

---

1. On se reportera utilement, sur ce point, à l'interview accordée par
François Mitterrand à Franz-Olivier Giesbert, publiée dans *Le Figaro* des 8
et 9 septembre 1994.
2. Ces projets concernaient les privatisations d'entreprises, le découpage
des circonscriptions électorales et la suppression de l'autorisation administrative de licenciement. Ils ont dû être convertis ultérieurement en projets de
lois.
3. Notamment un projet de décret visant à prolonger la durée du mandat
des dirigeants d'entreprises publiques.

des ministres hebdomadaire s'est avérée non négligeable. Elle marque, d'ailleurs, la différence qui oppose le président de la République française aux autres chefs d'État en régime parlementaire ou semi-présidentiel. Mais déjà, sous Michel Rocard, en politique intérieure, les séquelles de la cohabitation avaient produit leur effet. Et il est vraisemblable que le successeur d'Édouard Balladur bénéficiera des marges de manœuvre que celui-ci a réussi à s'octroyer. Il n'est qu'en matière de révision constitutionnelle que le pouvoir présidentiel est demeuré intact encore que l'accord conclu entre François Mitterrand et Édouard Balladur pour l'adoption, en matière de droit d'asile, de la loi constitutionnelle du 25 novembre 1993 ait pris l'allure d'un compromis [1].

LA CONSTRUCTION EUROPÉENNE À L'INTERFACE DE LA POLITIQUE INTÉRIEURE ET DE LA POLITIQUE EXTÉRIEURE

Aucun domaine d'intervention ne permet mieux d'évaluer la portée du pouvoir présidentiel que celui de la construction européenne. Situé à l'interface de la politique intérieure et de la politique extérieure, il fait ressortir le dualisme de l'exécutif – si ce n'est parfois la dyarchie – qui caractérise la Cinquième République. Et, tout bien pesé, son analyse contribue à souligner la primauté dont bénéficie le chef de l'État. Le contraste, à cet égard, est flagrant avec la Quatrième République, au cours de laquelle la politique européenne de la France fut conduite, de Robert Schuman à Christian Pineau, par le ministre des Affaires étrangères, avec le soutien tantôt explicite, tantôt simplement implicite du président du Conseil [2]. À tel point que le traité de Rome sera signé en 1967 par Christian Pineau et Maurice Faure, tenant à l'écart Guy Mollet qui en fut pourtant un ardent partisan.

---

1. Jean-Louis Quermonne, « Chronique d'une révision constitutionnelle bouleversée », *French Politics and Society*, 12 (1), hiver 1994.
2. Alfred Grosser, *Affaires extérieures, la politique de la France, 1944-1984*, Paris, Flammarion, 1984.

Là encore, l'impulsion est donnée par le général de Gaulle. Revenant aux affaires le 1ᵉʳ juin 1958, quelques mois après la ratification de ce traité, il n'en exige pas la renégociation. Il en tire prétexte, au contraire, pour réveiller l'économie française. Et sans attendre le règlement du conflit algérien, dès l'échec du dernier sommet Est-Ouest réuni à Paris en avril 1960, il annonce une initiative de sa part en matière européenne. Il ne s'agit pas, on s'en doute, d'une relance de l'Europe supranationale, qu'il considérait comme une construction artificielle, mais de la recherche, par voie intergouvernementale, d'une union des États. De là résulte l'architecture du plan Fouchet, dont l'échec à court terme en 1962, lié au rejet par le général de Gaulle de la candidature britannique au Marché commun, ne saurait occulter l'influence qu'il exercera plus tard sur certains aspects du traité de Maastricht.

Mais l'interventionnisme présidentiel, sous de Gaulle, ne s'arrête pas là. Alors qu'il s'était opposé, dès 1959, à la poursuite des négociations dans le cadre de l'OECE susceptibles de faire dériver la CEE vers une zone de libre-échange, à l'inverse il s'oppose, en 1965, à l'adoption d'un règlement financier de la politique agricole appelé à renforcer le pouvoir des institutions intégrées. D'où la politique de la chaise vide, qui conduit les six États à reconnaître, le 29 janvier 1966, l'existence d'un désaccord entre la France et ses cinq partenaires, appelé pour la circonstance « compromis de Luxembourg ». Ce simple rappel de faits bien connus [1] n'avait évidemment pour but que de prendre la mesure de l'ampleur atteinte, de 1958 à 1969, par le pouvoir présidentiel. Or, le pli étant pris, l'Europe restera un des domaines de prédilection de chacun des successeurs du général de Gaulle, à la fois en tant qu'acteur principal de la politique européenne de la France, comme partenaire privilégié du couple franco-allemand et, plus tard, mais chaque fois pour une durée précaire, en qualité de président du Conseil européen.

1. Cf. notamment Pierre Gerbet, *La construction de l'Europe*, Paris, Imprimerie nationale, 1983, 2ᵉ éd., 1994, Notre siècle ; Charles Zorgbibe, *Histoire de la construction européenne*, Paris, PUF, 1993.

Comme principal acteur de la politique européenne de la France

On n'en finirait pas s'il fallait recenser les initiatives prises par les présidents de la Cinquième République en matière européenne. Contentons-nous de citer quelques exemples, choisis à l'interface de la politique extérieure et de la politique intérieure.

À l'actif de Georges Pompidou, il faut relever d'abord la relance européenne du sommet de La Haye, qui ouvre en décembre 1969 la porte de la Communauté économique européenne à la Grande-Bretagne, au Danemark et à l'Irlande. Ce faisant, le second président de la Cinquième République répond à l'attente des centristes qui ont formé une composante de sa majorité présidentielle et au souci, qui lui est personnel, d'équilibrer le poids économique grandissant de l'Allemagne par la présence du Royaume-Uni en Europe. Ce premier élargissement sera ratifié, en France, par référendum populaire, le 23 avril 1972.

À Valéry Giscard d'Estaing revient l'initiative d'officialiser les sommets des chefs d'État ou de gouvernement sous la forme du Conseil européen. Celui-ci consacre la coopération des États, tandis que la volonté de mettre en œuvre l'élection au suffrage universel direct du Parlement européen fait progresser parallèlement l'intégration. S'y ajoute, en 1974, l'importante création du système monétaire européen (SME).

Au bilan de l'action de François Mitterrand, étendue sur deux septennats, s'inscrivent, enfin, de nombreuses mesures : au titre de la politique intérieure, le tournant décisif imprimé à l'action économique et financière de la France opéré le 21 mars 1983, au prix d'une troisième dévaluation, qui tend à maintenir le franc dans le SME ; et au titre de la politique extérieure, une série de propositions allant de l'adoption, au sommet de Fontainebleau, du statut financier britannique à la formation de l'Eurocorps, en passant par le programme *Euréka,* l'Acte unique européen et le traité de Maastricht, le tout entrepris en étroite concertation avec le chancelier Helmut Kohl.

Naturellement, il ne faudrait pas croire que les présidents français aient géré la politique européenne de la France au jour le jour. Chacun dans la limite de ses compétences, le Premier

ministre et le ministre des Affaires étrangères, celui-ci parfois
assisté d'un ministre délégué chargé des Affaires européennes,
y ont aussi pris leur part. Comme l'écrit Christian Lequesne :
« Une ligne de démarcation semble (avoir partagé) les fonctions
du président de la République et de chaque Premier ministre...
Définition de l'impulsion politique à l'Élysée, exercice des
arbitrages à Matignon ¹.» Par arbitrage, il faut entendre le
règlement des différends opposant les départements ministériels
sur les dossiers présentés à Bruxelles, en vue d'habiliter, après
examen du SGCI ², la représentation permanente de la France
auprès de la Communauté à parler d'une seule voix.
Sans doute, cette ligne de démarcation a-t-elle connu certains
infléchissements en période de cohabitation. Christian Lequesne
montre que, de 1986 à 1988, la politique européenne de la
France a souffert d'un certain immobilisme. Mais François
Mitterrand avait pris la précaution d'installer à la tête du SGCI
Élisabeth Guigou, qui exerçait parallèlement les fonctions de
conseiller à l'Élysée ; si bien que sur les problèmes essentiels :
ratification parlementaire de l'Acte unique signé avant l'avènement de l'alternance, programme européen de recherche
scientifique et technologique, premier « paquet Delors », le chef
de l'État a tenu bon. Pour le reste, la gestion a relevé de
l'Hôtel Matignon, sous le contrôle de Jacques Chirac et grâce
à l'étroite coopération de son conseiller Yves Thibault de Silguy
avec Élisabeth Guigou.
En 1993, la pratique du « pouvoir partagé » ne semble pas
avoir requis du chef de l'État les mêmes précautions. Le président
de la République ne s'est pas opposé à la nomination à la tête
du SGCI d'Yves Thibault de Silguy. Et, tout en concédant à
Édouard Balladur l'initiative de la conférence de Paris sur la
stabilité en Europe, il a poursuivi, dans l'«europessimisme»
ambiant, les objectifs qu'il s'était assignés en vue de renforcer

---

1. Christian Lequesne *Paris-Bruxelles. Comment se fait la politique européenne de la France,* Paris, Presses de la Fondation nationale des sciences
politiques, 1993.
2. Créé à l'occasion de la mise en place de l'OECE en 1948, le secrétariat
général du comité interministériel pour la coopération économique internationale (SGCI) a pour tâche d'assurer l'unité de vue des administrations
françaises en vue de préparer les Conseils des ministres de la Communauté
européenne ainsi que la mise en œuvre des règlements, directives et décisions
adoptés à Bruxelles. Il est rattaché actuellement au Premier ministre.

la coopération franco-allemande, comme en témoignera le défilé de l'Eurocorps le 14 juillet 1994 sur les Champs-Élysées, et de préparer sa dernière présidence du Conseil européen à compter du 1ᵉʳ janvier 1995.

Comme principal partenaire
du « couple franco-allemand »

L'initiative revient encore au général de Gaulle. Revenu aux affaires en 1958, le premier chef de gouvernement étranger qu'il convie à Colombey-les-Deux-Églises est le chancelier allemand Konrad Adenauer. Et faute d'avoir réussi à faire aboutir, avec son aide, le plan Fouchet, il signera avec lui, le 22 janvier 1963, le traité de l'Élysée. Depuis lors, un sommet bilatéral réunit deux fois par an, autour du président de la République française et du chancelier allemand, une vingtaine de ministres des deux pays [1].

Certes, le couple franco-allemand, pas plus que les autres « couples », n'a pas connu le même degré de coopération selon l'humeur de ses partenaires. Distendu à la suite de l'arrivée à la chancellerie de Ludwig Erhard, le lien s'est trouvé renforcé grâce aux relations personnelles qui se sont établies entre Valéry Giscard d'Estaing et Helmut Schmidt. Et il a gardé cette qualité pendant la longue période de présence simultanée au pouvoir de François Mitterrand et d'Helmut Kohl. Ce qui montre que les divergences d'opinion en politique intérieure peuvent faire bon ménage au plan européen !

De cette action commune ont résulté, on l'a dit, au milieu des années 1970 : le Conseil européen, l'élection au suffrage universel du Parlement et le SME ; et depuis 1985 : le processus qui a conduit, *via* le règlement de la contribution financière de la Grande-Bretagne, à l'Acte unique ainsi qu'au traité de Maastricht. Il est dommage que la coopération franco-allemande instituée dans le domaine communautaire n'ait pas réussi à s'étendre plus tôt en politique extérieure. D'une part, les réticences de la République fédérale à engager la *Bundeswehr*

---

1. Henri Ménudier (dir.), *Le couple franco-allemand en Europe*, Paris, Université de la Sorbonne nouvelle/PIA, 1993.

en dehors des zones couvertes par l'OTAN, d'autre part la reconnaissance précipitée par l'Allemagne de l'indépendance de la Croatie et de la Slovénie ont empêché l'établissement de positions communes sur la Yougoslavie. Suivies d'actions communes, elles auraient peut-être permis à l'Union européenne en voie de formation de maîtriser à temps le drame bosniaque. À plus long terme, la création de la brigade franco-allemande, suivie de l'Eurocorps, devrait donner à l'UEO l'instrument qui permette à l'Union européenne, comme y invite l'article B du traité de Maastricht, « d'affirmer son identité sur la scène internationale, notamment par la mise en œuvre d'une politique étrangère et de sécurité commune, qui pourrait conduire, le moment venu, à une défense commune ». Sur ce point, aucune divergence ne semble avoir opposé François Mitterrand à Édouard Balladur.

Moteur de la construction européenne, le couple franco-allemand survivra-t-il aux prochaines échéances électorales et à l'élargissement de l'Union ? La perspective de cet élargissement rendra de plus en plus difficile le prolongement d'une action conjointe qui a ouvert la voie aux autres partenaires. Devenus quinze ou vingt, ceux-ci ne pourront sans doute pas suivre au même rythme. Il s'agira, alors, de savoir si, dans une Europe à plusieurs vitesses, Allemands et Français resteront capables de s'engager eux-mêmes et d'orienter les autres dans la direction d'une intégration renforcée, dont les deux étapes décisives pourraient être l'établissement de la monnaie unique et d'une défense commune, ou si leur coopération se trouvera ravalée au niveau du plus petit dénominateur commun ?

Comme président du Conseil européen

L'une des manifestations de l'« exception française » étant la primauté du chef de l'État sur le Premier ministre, celle-ci confère au président de la République la prérogative d'assurer lui-même, au nom de la France, la présidence du Conseil européen [1]. Au fur et à mesure de l'élargissement de l'Union,

---

1. Composé du chef de l'État français, des quatorze chefs de gouvernement des autres pays membres et du président de la Commission, assistés respec-

le rythme de ce tour de rôle s'en trouve espacé. Mais il aura permis à François Mitterrand de l'exercer trois fois au cours de ses deux septennats. La première fois, pendant le premier semestre 1984, la présidence française a réussi, après une préparation minutieuse qui ne lui a pas demandé moins d'une trentaine de rencontres bilatérales, à régler définitivement le problème de la contribution britannique au budget communautaire, qui constituait un préalable à l'adoption de l'Acte unique. La seconde fois, au deuxième semestre 1989, l'action du président de la République, soutenue par un réseau de communication établi entre Élisabeth Guigou et ses homologues allemand et britannique, a conduit à effacer l'échec du projet d'espace social européen du début des années 1980, en permettant l'adoption de la charte communautaire des droits sociaux fondamentaux : elle a surtout abouti à la fixation d'une date d'ouverture de la conférence intergouvernementale sur l'Union économique et monétaire [1]. Cependant, apparemment désemparée par la soudaine chute du mur de Berlin, survenue le 9 novembre 1989, la présidence française n'est parvenue sur le moment qu'à faire reconnaître par le Conseil européen de Strasbourg le droit du peuple allemand à retrouver son unité à travers la libre autodétermination et l'existence d'un lien entre unité allemande et intégration communautaire. Ce qui fut loin d'être négligeable, puisque, sur cette base, l'action combinée du président Delors et du chancelier Kohl a rendu possible, en quelques mois, l'intégration à la CEE des cinq *Länder* de l'Allemagne de l'Est, sans qu'il ait été nécessaire d'ouvrir une longue procédure d'adhésion.

Chaque présidence assurée par la France aura ainsi contribué à accroître l'intensité de l'intervention du chef de l'État en matière européenne. À tel point qu'observant l'activité présidentielle du premier semestre 1984, Philippe Moreau-Defarges n'hésite pas à écrire : « Durant six mois, François

---

tivement des quinze ministres des Affaires étrangères et d'un autre membre de la Commission, le Conseil européen est présidé alternativement par chacun des États membres pour une durée de six mois. Cf. sur ce point Jean-Louis Quermonne, *Le système politique de l'Union européenne,* Paris, Montchrestien, coll. « Clefs », 2ᵉ éd., 1994, Paris, PUF, 1993.

1. L'analyse des présidences françaises de 1984 et de 1989 est présentée dans Christian Lequesne, *Paris-Bruxelles (op. cit.),* chap. « Élysée, Matignon, chefs d'orchestre et arbitres ».

Mitterrand a déployé une intense activité de bilatéralisme multiple dans le but d'opérer des liens entre des attentes très différentes des partenaires : la libéralisation du marché à condition que soient réglés les problèmes budgétaires pour Londres ; la libéralisation du marché et les réformes institutionnelles pour Bonn [1]... » Et l'on pourrait en dire autant de la seconde présidence.

Qu'en sera-t-il de la troisième qui devrait débuter le 1er janvier 1995, à quelques semaines de la fin du second septennat ? Le fait qu'elle doive suivre immédiatement la présidence allemande a mis à l'ordre du jour de la rencontre bilatérale franco-allemande, tenue à Mulhouse au mois de mai 1994, le problème de la synchronisation des deux présidences. Mais, dans le climat d'« euroscepticisme » qui prévaut, elles devront l'une et l'autre maîtriser des problèmes redoutables. Sans parler de la crise économique et du sort qui sera finalement donné à l'initiative de croissance européenne de Jacques Delors, il ne s'agira rien de moins que d'empêcher que l'élargissement inéluctable de l'Union ne la ramène à une simple zone de libre-échange. Ce qui devrait conférer un enjeu décisif à l'échéance de 1996 fixée par le traité de Maastricht. L'Union européenne sera-t-elle capable, par une réforme des institutions qui allie démocratie et efficacité, de répondre aux exigences de l'approfondissement [2] ? De la survie du couple franco-allemand dépendra largement la réponse à la question.

Notons, en passant, que l'élargissement de l'Union à l'Autriche, à la Finlande, à la Norvège et à la Suède, prévu en 1995, devrait entraîner un étalement du rythme des présidences. De telle sorte que le successeur de François Mitterrand qui sera élu en mai 1995 ne sera appelé à présider le Conseil européen que pendant les quelques jours qui le sépareront du 1er juillet, le tour de rôle ne devant revenir à la France qu'au-delà de l'expiration de son septennat ! À moins que, d'ici là, le Conseil européen ne dispose d'un président à plein temps, distinct des

---

1. Philippe Moreau-Defarges, « J'ai fait un rêve... Le président Mitterrand artisan de l'Union européenne », *Politique étrangère*, 2, 1985, p. 368.
2. Jean-Louis Quermonne, « Le spectre de la technocratie et le retour du politique », *Pouvoirs*, 69, « L'Europe, de la Communauté à l'Union », 1994.

chefs d'État et de gouvernement des États membres [1], ce qui mettrait un terme au cumul des mandats.

Trois observations se dégagent de l'analyse qui précède. La première confirme l'hypothèse de travail formulée au seuil de cette étude, à savoir que le président de la République, élu au suffrage universel, constitue, en France, l'un des acteurs principaux des politiques publiques, son rôle revêtant le maximum d'intensité en politique extérieure et de défense et en période de crise. La contre-épreuve résulte du fait qu'en temps de cohabitation, à condition d'en manifester la volonté politique, le chef de l'État conserve dans ces domaines un rôle actif, devant se contenter d'exercer en politique intérieure un droit de veto limité. Cela illustre le fait que le mandat conféré au président par le suffrage universel ne saurait être effacé par le résultat défavorable d'élections législatives intervenant à date fixe. Sans doute, serait-il davantage déstabilisé par le verdict néfaste d'élections législatives anticipées ? Il le fut, en tout cas, par le vote sanction survenu à l'occasion du référendum, du 27 avril 1969, qui entraîna la démission du général de Gaulle. De manière indirecte, fut mis en jeu le principe d'*accountability*, cher aux auteurs américains [2], auquel le chef de l'État français et ses ministres ont trop tendance, sous la Cinquième République, à échapper.

Une seconde observation conduit à souligner la spécificité de la Cinquième République. La capacité d'intervention du président illustre, en effet, la caractéristique essentielle du régime qui tient au dualisme du pouvoir exécutif. Partagé, en rythme de croisière, entre le gouvernement et le chef de l'État, celui-ci tend vers la dyarchie en période de cohabitation. Ce qui autorise à qualifier le système politique de la France de régime présidentiel dualiste, par opposition au système américain qui, en cumulant les fonctions de chef de l'État et de chef du gouvernement entre les mains du président, se présente sous

---

1. Comme le proposent aujourd'hui Jacques Delors, Élisabeth Guigou, Jacques Chirac et la plate-forme des listes d'union RPR-UDF et socialiste formées à l'occasion des élections du Parlement européen.
2. Ce dont témoigne Nicholas Wahl dans le premier chapitre de cet ouvrage.

les traits d'un régime présidentiel moniste. Confortée par l'analyse du processus de décision à laquelle on vient de procéder, cette interprétation confirme à ce sujet la pertinence de l'hypothèse que l'on crut pouvoir avancer à ce sujet [1].

Enfin, une troisième observation soulève le point de savoir si l'élection du président de la Cinquième République entraîne l'obligation pour lui de proposer et de poursuivre un « grand dessein » ? Incontestablement, en recherchant l'indépendance nationale à travers la décolonisation, le général de Gaulle a créé un précédent. Et en menant avec détermination une politique industrielle, Georges Pompidou s'est inscrit dans cette voie. La situation paraît moins claire sous Valéry Giscard d'Estaing, sauf à lui imputer la recherche de ce que, prématurément, Jacques Chaban-Delmas avait appelé la « nouvelle société » ? Ce qui montre, *a contrario,* qu'un objectif de cet ordre n'est pas à portée de main d'un Premier ministre. Quant à François Mitterrand, après qu'il eut abandonné en 1983 l'objectif, inscrit au programme commun de gouvernement de la gauche, de la rupture avec le capitalisme, la construction européenne paraît bien avoir été son « grand dessein ».

Quoi qu'il en soit, s'il appartient, sous la Cinquième République, aux gouvernements de promouvoir des réformes, il revient assurément au président de la République de faire rêver les Français. Cette tâche prend sa source dans la tradition monarchique. Mais elle correspond aujourd'hui à la mission que le rôle simplificateur de la télévision met à la portée du chef de l'État. En étant candidat à l'élection au suffrage universel direct, son titulaire s'engage dans un processus médiatique dont il ne pourra plus s'écarter au long de son mandat, sans en subir les effets négatifs. Aux hommes politiques réfractaires à cette contrainte, un seul conseil : s'abstenir ou militer en faveur du rétablissement de l'élection du président de la République par le Parlement ou par un collège élargi !

Jean-Louis QUERMONNE

---

1. Jean-Louis Quermonne, *Les régimes politiques occidentaux,* Paris, Seuil, coll. « Points Essais », 3ᵉ éd., 1994, p. 161-162.

CHAPITRE 9

MODÈLE PRÉSIDENTIEL ET EXÉCUTIFS LOCAUX

La référence au modèle présidentiel, au «présidentialisme», est devenue quasiment obligée lorsqu'on évoque l'évolution, voire la transformation radicale, qui a marqué la fonction d'exécutif dans les collectivités territoriales françaises après les lois de décentralisation de 1982-1983. Selon une opinion désormais assez répandue, les exécutifs communaux, départementaux et régionaux se seraient inspirés, dans leur mode de développement récent, du modèle qui depuis trente-cinq ans domine et fascine la politique française, la présidence de la République. Pour vérifier la pertinence de cette hypothèse d'interprétation du changement survenu à la tête des collectivités territoriales françaises, il n'est pas inutile de s'interroger sur l'existence même d'un modèle. Est-il besoin d'y recourir pour interpréter les mutations du système local en général et des exécutifs en particulier ? Ne pourrait-on pas, au contraire, soutenir avec quelque raison que les changements intervenus doivent moins à l'imitation qu'à la capacité autonome d'innovation des institutions locales ? Et si cette interprétation était infirmée, est-il judicieux d'ériger la présidence de la République en modèle exclusif, alors même que d'autres modèles (le chef d'entreprise, par exemple) pourraient être évoqués avec profit ? À ce stade, il est prématuré de répondre à ces objections. Mais du moins peut-on apporter quelques éléments au débat, qui justifient une interprétation de la périphérie par référence au modèle central.

Ces éléments sont d'ordre comparatif : dans de nombreux systèmes occidentaux – mais pas exclusivement bien entendu – la construction des institutions non nationales est imitée ou s'inspire du référent central. Le modèle « parlementaire » en vigueur en Allemagne, en Italie, en Espagne, a largement influencé les structures fédérées ou régionales de ces pays. De même, le modèle présidentiel américain, son bicaméralisme, son système de *checks and balances* se retrouvent *mutatis mutandis* au niveau des États. Bien entendu, imitation ne veut pas dire mimétisme servile, mais le poids structurel, politique, symbolique des institutions centrales explique que, dans de nombreux systèmes politiques, le modèle le plus prégnant, le plus décisif, soit national plutôt que local. Bien entendu encore, les accidents de l'histoire, les évolutions propres à chaque institution brouillent les perspectives et les repères : les préfets ont bien été perçus comme des empereurs au petit pied mais ils ont dû « vivre leur vie » lorsque le modèle central de référence a fait place à des institutions moins autoritaires et plus démocratiques. La prégnance du modèle central, sa fascination – ou parfois au contraire son caractère répulsif – ne doivent cependant pas faire oublier les spécificités des fonctions locales et les contraintes du rôle d'exécutif de la commune, du département et de la région. Elle ne doit pas non plus négliger l'impact des cultures politiques locales, ni la pluralité des influences ou des sources d'inspiration. Elle ne doit pas enfin négliger les profondes disparités qui segmentent la planète éclatée des collectivités territoriales, même si le discours officiel des élus tend à promouvoir une uniformité et une solidarité de façade qui n'existent guère que dans les stratégies de groupe de pression à l'égard du pouvoir central. Elle ne doit pas enfin sous-estimer l'influence de modèles endogènes au milieu local, tels le modèle mayoral ou préfectoral.

PLURALITÉ DES MODÈLES, DIVERSITÉ DES RÔLES CONTRAINTES DE SITUATION

La recherche d'un modèle de référence ou d'adhésion implicite à ses traits constitutifs (réels ou supposés) ne s'effectue pas dans un univers non construit et non contraint. Le modèle s'impose par sa fonctionnalité, sa séduction, sa capacité à amplifier l'influence ou le pouvoir de ceux qui s'y réfèrent. Mais il doit également être susceptible de manipulation, d'adaptation, d'«instrumentalisation». Une situation externe ne peut servir de référent (si ce n'est négatif) si elle apparaît comme trop lointaine, trop différente, « étrangère à nos lois et à nos mœurs ». L'applicabilité du modèle de référence doit donc conduire à examiner d'abord le terrain d'application. Or celui-ci est très hétérogène. La France compte plus de 36 000 collectivités territoriales dont chacun connaît la diversité sociologique, politique, culturelle. De la masse des élus, il faut extraire ceux qu'Albert Mabileau qualifie de « nouveaux professionnels de la République » [1] qui, de fait, sont constitués de cumulants et, de surcroît, leaders des exécutifs locaux. L'échantillon se restreint puisque 7 000 élus locaux au maximum peuvent aspirer à un cumul local et 1 000 seulement à un cumul national [2]. Historiquement, c'est là que se forge le modèle dominant et structurant de la vie politique française : la figure du député-maire depuis plus d'un siècle est emblématique des relations centre-périphérie et des rapports du citoyen et de l'élu à la politique. Quand on évoque la « présidentialisation » des exécutifs locaux, on ne saurait passer par pertes et profits ce poids du « temps long » et le fait que la totalité des maires des villes de plus de 80 000 habitants détiennent un mandat national (le chiffre est encore d'un tiers lorsqu'on descend au seuil de 20 000 habitants). Toutefois, si la structure est restée immuable, sa signification a changé. Le député-maire de la Troisième République est d'abord député et sa fonction locale est notabiliaire, médiatrice et n'exprime que très rarement, comme c'est le cas aujourd'hui, un leadership incontesté mis au service d'un projet entrepreneurial. « On passe d'une légitimité d'intercesseur, écrit Dominique Lorrain, à une légitimité par l'action [3]. » La figure du notable est toujours présente, mais la construction de la notabilité, son maintien et surtout le contenu de ses

---

1. Albert Mabileau, « L'élu local : nouveau professionnel de la politique », *Pouvoirs*, 60, « La décentralisation », p. 67 et suiv.
2. *Ibid.,* note 4, p. 68.
3. Dominique Lorrain, « Après la décentralisation », *Sociologie du travail*, 3, 1993.

attributs ont changé, du moins pour ce qui est des « grands élus », les exécutifs des grandes villes, des départements et des régions. Le maire qui occupait déjà une place centrale dans le dispositif politique – les ouvrages de Kesselman ou de Tarrow en avaient souligné et documenté les ambiguïtés et les singularités dans les années 1970 – est devenu l'élément moteur de la transformation d'une France encore rurale en pays urbain. Avec les réformes de 1982-1983, il a été libéré des derniers impedimenta qui bridaient son action. Les innovations des deux dernières décennies se sont conjuguées avec les traditions du passé pour imposer la figure d'un leader incontesté : la demande sociale en services de toutes sortes et l'accroissement des compétences formelles ont conforté le portefeuille de ressources dont bénéficiait déjà le maire ancienne manière (notabilité, cumul des mandats, dispositifs juridiques favorisant l'autorité aux dépens de la collégialité).

L'autorité mayorale ne dérive donc pas – du moins à titre principal – de l'application au niveau local du modèle présidentiel. La matrice du leadership local est antérieure au modèle présidentiel façon Cinquième République. Mais il est indéniable – comme on le verra ultérieurement – que la transformation du leadership local (le passage du notabilisme ancienne manière au leadership entrepreneurial) a été influencée et légitimée par la « clef de voûte » du régime.

Les maires et le chef de l'État possèdent d'ailleurs au moins un point en commun : eux seuls sont élus et légitimés par un électorat co-extensif à leur territoire d'action et d'intervention. De surcroît, même si le maire n'est pas élu au suffrage universel direct, c'est le leader qui entraîne la liste et l'opinion publique se comporte comme si celui-ci était désigné par le corps électoral. À la formule juridique « le maire est élu par le conseil municipal » se substitue celle qui révèle la réalité, « le conseil municipal est choisi par le futur maire ». Autrement dit, le président et le maire sont les deux hommes politiques disposant de l'assise démocratique la plus forte et la plus large. Mais cette situation est davantage la résultante de « convergences parallèles » que d'une présidentialisation de la fonction mayorale, au moins à ce niveau d'analyse.

Le cas des présidences de conseils généraux et régionaux est plus problématique car ces exécutifs n'ont jamais bénéficié de l'autonomie et du prestige conférés au maire par la loi de 1884 et, au-delà des textes, par l'ancrage d'une des plus vieilles institutions locales. L'exécutif départemental était – au moins officiellement – entre les mains des préfets et celui des régions réduit à l'état d'ectoplasme par la loi de 1972. Dans la majeure partie des cas, les présidences départementales et régionales n'ont qu'une quinzaine d'années d'existence – parfois moins – même si des velléités d'affirmation des exécutifs s'étaient manifestées dans certaines collectivités. Par ailleurs, à la différence du maire qui compose sa liste et choisit ses équipiers – généralement avec une grande marge de manœuvre –, les présidents de conseils généraux doivent composer avec la constellation peu structurée des conseillers généraux élus dans leur canton. Naturellement, ils pourraient n'être – et ne sont parfois – que des *primus inter pares,* fort éloignés d'un profil présidentialiste. Pourtant, en dépit de ces handicaps, nombreux sont les présidents de conseils généraux qui ont adopté des méthodes et un style fort éloigné de ceux du notable local classique. *Mutatis mutandis,* le problème se retrouve au niveau régional où le conseil est élu sur la base de listes départementales et où l'exécutif est soutenu par une coalition plus ou moins homogène. Dans les deux cas, la légitimité politique de la présidence est affaiblie par l'absence de désignation populaire de l'exécutif et par la fragmentation des assemblées, collection d'individualités (département) ou de formations politiques fragiles et instables (région). Et, dans ce cas de figure, les règles juridiques ne sont pas contournées par le sociologique ou le symbolique, à la différence du statut mayoral. Pourtant, malgré ces incontestables et incontournables faiblesses, les présidences régionale et départementale se sont affirmées avec vigueur. Certes, le mouvement n'est ni général ni uniforme, mais les renouvellements de présidence confirment et accentuent la tendance : le modèle notabiliaire ancien, celui qui laissait au préfet le soin de gérer la collectivité pourvu que l'exécutif en reçoive les mérites et en évite les problèmes, est de plus en plus menacé. Il s'efface au profit, là aussi, d'un modèle managérial et entrepreneurial qui privilégie l'exécutif dans son expression la plus extrême, c'est-à-dire le président. Beaucoup plus rares sont les hypothèses de collégialité (de type britannique) et de segmentation sectorielle (à l'italienne).

La différenciation des professionnels de la politique locale résulte donc de l'hétérogénéité structurelle et fonctionnelle des collectivités territoriales, et des disparités démographiques, économiques, sociologiques au sein de chaque catégorie. Mais tous les observateurs, de Thoenig à Mabileau, de Grémion à Lorrain, de Muller à Garraud, concourent à souligner la montée en puissance des leaders locaux. Certains parleront de la diffusion du modèle mayoral à l'ensemble des trois niveaux territoriaux, d'autres invoqueront la « présidentialisation du pouvoir des maires et présidents des conseils régionaux et départementaux » (Mabileau).

Si le modèle mayoral, le plus proche, a incontestablement contaminé le mode de gestion et de direction des départements et régions (ne serait-ce que par le cumul des mandats et l'« union personnelle » maire-président du conseil général ou régional), l'attraction du modèle présidentiel n'est pas niable tant du point de vue interne (le mode de gouvernement) qu'externe (la communication et la relation avec les citoyens).

DU CENTRAL AU LOCAL
DES STRUCTURES D'ATTENTE IDENTIQUES ?

La présidence de la Cinquième République s'organise autour de quelques valeurs clefs qui ont servi de référents quasi permanents à la culture politique française, mais qui avaient rarement pu être cumulativement jointes ou qui n'avaient su se concilier avec l'évolution démocratique du système politique : légitimité populaire (longtemps refusée à l'exécutif par crainte de l'homme providentiel), autorité (le plus souvent affaiblie au nom d'une conception erronée du parlementarisme et de la séparation des pouvoirs), durée (l'exécutif soumis au fléau de l'instabilité). Pour la première fois dans un régime démocratique, la Cinquième renoue ces différents fils de la tradition et de la culture politique en tentant de les rendre compatibles : la légitimité par l'élection, l'autorité par la concentration des pouvoirs essentiels, la durée par le maintien d'un mandat long jusque-là toléré parce que lié à l'impuissance. Bien qu'il n'y soit jamais fait référence dans le discours gaulliste, la Cinquième République et son chef reprennent — avec succès cette fois — le chantier ouvert par une Troisième République

ambiguë, et fermé pour presque un siècle par le « coup d'État »
de 1877.

Cependant, si le triangle magique – légitimité, autorité,
durée – ne put être créé au niveau national, il ne fut pas
abandonné au niveau local où il apparaissait moins menaçant
pour les valeurs républicaines. La loi de 1884 réussit là où les
lois constitutionnelles ont échoué : la légitimité du maire est
assurée par l'élection au suffrage universel – la seule exception
significative est le Paris de la Commune –, l'autorité par les
dispositions législatives qui privilégient le maire aux dépens
du conseil, la durée par un mandat de six ans renouvelable.
Significativement, et une fois encore en raison des craintes qui
agitent les esprits, les départements se voient accorder eux aussi
la légitimité et la durée, mais pas l'autorité, confiée aux préfets.
Après la seconde guerre mondiale, les tentatives divergentes de
De Gaulle (qui veut recréer le triangle magique au niveau de
l'État) et de la gauche (qui souhaite l'établir au niveau départemental) échouent à nouveau pour les mêmes raisons que dans
les années 1870-1880. La gauche a plus que jamais peur de
l'homme fort (d'où le rejet des solutions de Bayeux), la droite
craint le péril rouge même s'il n'est que local, ce qui rendra
caduques avant d'être appliquées les dispositions constitutionnelles qui prévoient le transfert de l'exécutif départemental à
une autorité élue.

L'harmonie des trois valeurs ne sera retrouvée qu'avec la
crise du système politique de la Quatrième et celle moins
spectaculaire du système administratif, incapable d'affronter
avec une légitimité suffisante la transformation économique et
sociale de la France, c'est-à-dire le passage d'une société rurale
à une société urbaine. Malgré quelques beaux succès notamment
en région parisienne, la faillite des solutions technocratiques
fut de plus en plus patente, et la gestion des politiques publiques
un cauchemar sauf pour quelques grands projets nationaux qui,
au moins en leur début, purent être mis en œuvre sans trop
de difficultés (nucléaire, restructurations industrielles, politique
des « champions nationaux »).

Avec les réformes de 1982-1983 (anticipées sur le terrain
par quelques précurseurs), la France retrouve une structure de
pouvoir homothétique au niveau national et au niveau local,
et c'est probablement au niveau le plus profond des aspirations
collectives qu'il faut rechercher les similitudes et les apparen-

tements. En définitive, plus que l'imitation d'un modèle présidentiel national par le local, ce sont les retrouvailles de la trilogie légitimité-autorité-durée dont il s'agit, au sommet d'abord, à la base ensuite. Le débat sur la mayoralisation ou sur la présidentialisation des exécutifs locaux devient à la limite un faux débat. La question de fond devient celle de l'agencement du pouvoir que l'opinion – telle qu'on peut la connaître par les sondages ou par la ratification qu'apportent les citoyens par leur vote – privilégie. Or toutes les analyses montrent que les Français plébiscitent l'élection du président au suffrage universel ou l'attribution des fonctions exécutives aux élus plutôt qu'aux préfets. Tous les sondages confirment que la présidence et la mairie sont les instances de référence privilégiées. Toutes les observations convergent pour montrer que les Français en général, la presse et les élites en particulier ne détestent rien davantage que l'instabilité, les coalitions fragiles, les clairs-obscurs politiques (la cohabitation est acceptée mais comme un « mauvais moment à passer » ; les maires faibles sont impitoyablement rejetés ; les coalitions conflictuelles honnies). Toutes les données convergent pour démontrer que les Français apprécient l'autorité d'un leader (quitte à la contester parfois de manière abrupte) installé dans la durée : le cumul des mandats, le renouvellement jusqu'au seuil de la tombe des leaders locaux témoigne que la concentration du pouvoir dans l'espace et dans le temps n'est pas véritablement un problème pour la plupart des citoyens français.

Au niveau national comme au niveau local, cette structure d'exercice du pouvoir – qu'on peut appeler par commodité présidentialisation – est renforcée par quelques traits institutionnels marquants. En effet, au centre comme à la périphérie, l'organisation du pouvoir est caractérisée par la faiblesse des partis, le caractère chétif du pouvoir délibérant et l'ampleur, en revanche, des pouvoirs discrétionnaires de l'exécutif. Nulle part comme en France, les dispositions juridiques et les réalités sociologiques ne contribuent à faire de l'exécutif élu la pièce centrale du système. Il n'existe pas de véritables contrepoids ni dans des assemblées délibérantes qui acceptent souvent leur *reductio capitis,* ni dans des partis qui, s'ils existent, sont en général dominés par le *big boss* local. Certes, un statut juridique ne constitue aucune garantie, mais, lorsqu'il vient confronter une attente de l'opinion, il peut se révéler d'une redoutable efficacité. Efficacité est précisément le mot clef : les élites s'y réfèrent sans cesse en invoquant leurs vertus entrepreneuriales, et l'opinion publique la préfère à la collégialité entendue comme source de lenteur et de débats stériles.

Quand le général de Gaulle déclarait que la France avait besoin d'un chef d'État « qui en soit un », il résumait une opinion largement diffuse, mais inexprimée en raison de la médiation hostile des partis et d'une large part des élites. Quand les Français plébiscitent leurs nouveaux hommes forts au niveau local, ils ne font qu'adhérer à l'idéal gaullien en l'appliquant à tous les mandats exécutifs. Le principe d'autorité est supérieur dans la hiérarchie des valeurs à celui du débat public, faute pour le pouvoir délibérant — national ou local — d'avoir réussi à prouver qu'il pouvait concilier les exigences de l'efficacité avec celles de l'espace public.

LA PRÉSIDENTIALISATION DES EXÉCUTIFS LOCAUX

Que la présidentialisation des exécutifs locaux ait été influencée par le modèle mayoral (qui relève effectivement davantage d'un modèle présidentiel que d'un modèle parlementaire) est probable ; que cette présidentialisation réponde à des attentes plus diffuses et à des habitudes bien ancrées au sein de l'univers politique (mais aussi dans les modes d'exercice de l'autorité au sein de la famille, de l'école, des groupes) ne fait guère de doute. Mais cette personnalisation du pouvoir local s'est aussi trouvée confortée dans ses pratiques par l'exemple venu de plus haut. On peut en trouver des traces dans l'organisation de l'entourage de l'exécutif, dans la promotion de son image, dans le style.

Philippe Garraud écrit à propos du maire que « son action quotidienne et multiforme permet l'articulation et l'intégration de trois ordres de réalités et d'exigences : administratives, locales et politiques [1] ». Cette fonction d'articulation — qu'exercent aussi les présidents de conseil général et régional

---

1. Philippe Garraud, *Le métier d'élu local : les contraintes d'un rôle,* document dactylographié, p. 9.

– constitue une ressource clef, mais nécessite également de disposer d'une structure efficace de gestion [1]. Maires et présidents entrepreneurs ne l'ont que rarement trouvé dans les structures administratives classiques et se sont approprié des moyens et des méthodes analogues à ceux qui se sont développés au sein de la présidence de la République. Comme le chef de l'État, les exécutifs locaux ont tendance à considérer qu'il n'existe pas de domaine réservé, mais un noyau dur non négligeable et un deuxième cercle extensible au vu des circonstances ou selon les appétits et les ambitions du titulaire de la charge. Ou, pour le dire autrement, l'exécutif local activiste tend à considérer que rien de ce qui se passe sur « son » territoire ne lui est étranger. Cette vision des choses, on le sait, a sonné le glas des blocs de compétences instaurés par les lois Defferre. Mais elle implique aussi une vision stratégique, une grande capacité tactique d'adaptation, une équipe soudée et fidèle qui, sous l'apparence trompeuse de l'unité d'action (l'élu à capacité et compétence universelles), fait face, pour le compte de l'élu, à la diversité et à la multiplicité des tâches et des politiques. Le cabinet des exécutifs locaux fonctionne selon le modèle présidentiel : tous les champs d'intervention de la collectivité sont couverts, rien ne se décide sans qu'il en ait été informé, qu'il en ait débattu et qu'il ait pris position. Le cabinet-superstructure est le bras armé de l'élu local, et leurs relations sont fondées sur la totale loyauté des uns et la confiance absolue des autres. *The president's men* restent dans l'ombre et sont inconnus du public mais, au sein de l'appareil administratif ou des milieux sociaux qui sont en contact avec les décideurs locaux, nul n'ignore que tel directeur de cabinet ou tel chargé de mission est le double du chef, que rien d'important ne peut se décider sans en référer à lui.

Cette évolution s'est opérée aux trois niveaux territoriaux en dépit de la diversité extrême des situations : le maire dispose d'une administration dont il est le responsable incontesté ; le président du conseil général n'exerce ses responsabilités que depuis une dizaine d'années, et doit gérer des services hétéro-

---

1. Florence Haegel, *Un maire à Paris. Mise en scène d'un nouveau rôle politique*, Paris, Presses de la Fondation nationale des sciences politiques, 1994.

clites dont l'imbrication avec les services de l'État reste forte.

Par ailleurs, le recours aux services extérieurs reste la règle en dépit de la multiplication des exceptions ; l'administration régionale, enfin, était réduite à sa plus simple expression et reste de taille très modeste.

Malgré ces différences structurelles, la structure de cabinet, par sa souplesse, par la fidélité de ses membres à l'exécutif est apparue comme la plus adéquate, non seulement pour « activer » et coordonner l'administration, mais aussi et surtout pour la mettre au service du « patron » de la ville, du département, de la région.

Que le leader soit la pièce maîtresse, la « clef de voûte » du système local est confirmé par la politique de communication adoptée par les élus les plus puissants et les plus ambitieux. Le plus souvent, une stratégie délibérée d'identification du leader et de sa collectivité est menée par son entourage et les cabinets de conseil qui l'assistent. Toulouse s'identifie à Baudis comme Nîmes à Cacharel, Rhônes-Alpes à Millon ou les Hauts-de-Seine à Pasqua. Certes, tous n'ont pas le charisme, l'énergie ou les moyens de réussir dans cette tentative, mais la tendance est générale. Partout les budgets de communication ont explosé, partout ils visent à promouvoir l'action de la collectivité incarnée par son patron.

Cette action de communication se prolonge d'ailleurs sur le plan symbolique par la réalisation de travaux où l'élu s'implique au premier chef. Un premier élan à ce type d'action avait été donné par l'exemple des pratiques présidentielles de Pompidou et de Giscard d'Estaing. Mais la décennie 1980 introduit un changement d'échelle aussi bien au sommet qu'à la périphérie. Avec Mitterrand s'ouvre l'ère des grands travaux qui marquent l'empreinte du chef d'État dans le champ culturel et sur le territoire parisien, l'incarnation par excellence de l'État. Les élus locaux emboîtent le pas aussitôt et s'engagent dans une kyrielle de projets plus ou moins grandiloquents ou somptuaires, associant leur nom à des architectes célèbres ou à des initiatives de prestige (musées, équipements culturels ou sportifs, etc.). Pour le meilleur et pour le pire, le comportement régalien du chef de l'État s'est imposé comme le modèle de référence aux yeux des hommes politiques locaux les plus ambitieux. Cette action symbolique a été de surcroît accompagnée de pratiques rhétoriques que Philippe Braud qualifie de logiques d'auto-imputation ou encore d'assomption du sujet dans son analyse du mythe présidentiel [1]. Le président tend à se prévaloir – et à la première personne – de tous les mérites des événements considérés comme positifs ou heureux. Le même mécanisme s'impose dans le discours des élus locaux, y compris dans des collectivités de taille moyenne, comme l'a montré Christian Le Bart dans son étude de la rhétorique du maire entrepreneur [2].

Un constat s'impose désormais : la prégnance du modèle présidentiel combinée à la tradition mayorale a permis l'homogénéisation presque totale du mode d'exercice de l'autorité en France, en imposant la conviction que le « bon gouvernement » impliquait la concentration de l'autorité, condition de l'efficacité. Si l'on accepte avec Stanley Hoffmann que « l'habitat naturel de l'autorité héroïque française a toujours été monarchique » [3], alors il n'est sans doute pas excessif de prétendre que la France, désormais, est « monarchique », de la base au sommet [4].

Yves MÉNY

1. Philippe Braud, « La réactivation du mythe présidentiel », dans Bernard Lacroix et Jacques Lagroye (dir.), *Le président de la République. Usages et genèses d'une institution,* Presses de la Fondation nationale des sciences politiques, 1992, p. 380 et suiv.
2. Christian Le Bart, *La rhétorique du maire entrepreneur,* Paris, Pedone, 1992.
3. Stanley Hoffmann, *Essais sur la France. Déclin ou renouveau,* Paris, Le Seuil, 1974.
4. Yves Mény, « La République des fiefs », *Pouvoirs,* 60, « La décentralisation », p. 17 et suiv.

CHAPITRE 10

LES RÉFORMES CONSTITUTIONNELLES DE LA FONCTION PRÉSIDENTIELLE

S'interroger sur les conséquences du changement de mode de désignation du président de la République en 1962, sur son statut ultérieur, conduit obligatoirement à tenter de définir les éléments de son statut. Il pourrait être tentant de regrouper sous cette expression tous les éléments juridiques et politiques qui concourent à définir la fonction présidentielle, et d'analyser dans le détail les multiples aspects originaux de son exercice en France.

Cette analyse ayant déjà été menée de façon excellente, en particulier par Jean Massot [1], il importe ici de s'intéresser essentiellement à ce qui se situe au centre du débat présidentiel et à ce qui représente soit des enjeux, soit des oublis de la vie politique et constitutionnelle française des trente dernières années. Ce parti pris conduit à préciser de trois manières différentes les limites de l'étude.

1. D'abord, il a été convenu de n'aborder que ce qui constitue le statut du président élu, et de ne pas traiter, même si cela mériterait une analyse, tous les changements de législation réalisés ou potentiels concernant la conquête du mandat présidentiel. L'introduction, dans un pays aux vieilles traditions électorales comme la France, d'une compétition entièrement

---

1. Jean Massot, *L'arbitre et le capitaine*, Paris, Flammarion, 1987, et *Chef de l'État et chef de gouvernement*, Paris, La Documentation française, 1993.

nouvelle, exclusivement fondée sur les hommes, dans une période de montée en puissance de la télévision, traduit la confrontation d'un droit électoral très traditionnel à des enjeux politiques nouveaux. Les éléments de valeur organique inclus dans la loi du 6 novembre 1962 relative à l'élection du président de la République au suffrage universel ont fait par la suite l'objet de modifications par les lois organiques du 18 juin 1976, du 20 décembre 1983, du 13 janvier 1988, du 11 mars 1988 et du 10 mai 1990. Pour l'essentiel, ces réformes ont consisté, d'une part, à accroître le nombre des parrains nécessaire pour être candidats (100 à 500) et, d'autre part, à instituer à partir de 1988 un nouveau système de plafonnement et de financement de la campagne électorale pour l'élection présidentielle. Il est possible de soutenir que ces éléments de droit positif, joints par exemple à la pratique des émissions télévisées, notamment au face-à-face du second tour, ont pu influencer le statut du président de la République. Il s'agit néanmoins d'une période temporaire, qui prend fin, par définition, avec l'accession à l'Élysée d'un nouveau titulaire ou le renouvellement du précédent.

2. Dans la mesure où la Constitution consacre son titre II au président de la République, il est logique de rechercher, dans les dispositions des articles 5 à 19, l'essentiel de ce qui peut intéresser le sujet central. Il est certes possible de trouver, dans d'autres articles de la Constitution, des dispositions intéressant le président de la République, par exemple en ce qui concerne ses relations avec le Conseil constitutionnel ou son rôle à l'égard de la magistrature ; sans les oublier totalement, ces aspects de la fonction présidentielle méritent moins de retenir l'attention que les pouvoirs qui sont directement en relation avec le gouvernement ou le Parlement.

3. Parmi les attributs importants de la fonction présidentielle figurent incontestablement les dispositions de l'article 11 relatives au référendum. On sait que, dans l'histoire de la Cinquième République, le référendum a joué un rôle considérable, qu'il s'agisse des référendums fondateurs des premières années du gaullisme ou des référendums ultérieurs avec leurs succès, leurs échecs et leur difficile insertion dans la vie constitutionnelle. Il a existé, en particulier depuis 1981, de nombreuses propositions tendant à modifier l'article 11. L'une d'entre elles a même fait l'objet d'un projet présidentiel en 1984 ; on sait

qu'il fut arrêté à la suite d'un vote négatif du Sénat. La question mérite d'être immédiatement évoquée de savoir si les propositions de réforme, c'est-à-dire d'élargissement du rôle du référendum, touchent directement le président de la République. Certaines d'entre elles pourraient conduire à étendre son autonomie : dans la mesure où le champ du référendum s'élargirait, la capacité d'initiative ou de réaction du président de la République connaîtrait un développement analogue. À l'inverse, les propositions qui tendent soit à rendre le référendum obligatoire sur initiative populaire ou parlementaire, soit à renforcer le rôle du Conseil constitutionnel, peuvent s'apparenter à une restriction d'un tel pouvoir. Les questions évoquées par Jean-Louis Quermonne dans son rapport de synthèse, lors de la journée d'étude du 23 avril 1989 [1], c'est-à-dire le dégagement du référendum de sa dimension plébiscitaire, l'opposition entre référendum législatif et référendum constituant, et la conciliation entre les exigences de l'État de droit et celles de l'État démocratique demeurent parfaitement actuelles. Sauf à la reprendre intégralement, le référendum réussi du 20 septembre 1992 ne semble pas devoir remettre en cause l'analyse. Dès que l'on aborde le thème du référendum, il devient désormais indispensable de tenir compte des propositions formulées, en février 1993, par le Comité consultatif pour la révision de la Constitution [2] en faveur de la création d'un référendum d'initiative minoritaire [3] et de la reprise de cette idée par le président

---

1. Gérard Conac et Didier Maus (dir.), *Le référendum, quel avenir ?* Paris, Éditions STH, coll. « Les cahiers constitutionnels de Paris I », 1990. Importante bibliographie.

2. Sur les projets de révision de la Constitution liés à l'initiative du président Mitterrand et aux travaux du Comité consultatif pour la révision de la Constitution, voir « La révision de la Constitution de 1958 », *Revue française de droit constitutionnel,* 14, 1993, et Association française des constitutionnalistes, *La révision de la Constitution,* Paris, Economica, 1993. Cet ouvrage comprend, en annexe, le rapport du Comité consultatif pour la révision de la Constitution et les projets du président de la République. Voir également *Les séminaires de la Fondation Jean-Jaurès,* 1, janvier 1994, « La révision de la Constitution » (avec la participation de huit anciens membres du Comité consultatif pour la révision de la Constitution).

3. Comité consultatif pour une révision de la Constitution, *Propositions pour une révision de la Constitution,* Paris, La Documentation française, 1993, p. 77-80.

Mitterrand, sous une forme différente, dans les suites qu'il a données aux suggestions du Comité consultatif [1].

Il résulte de cette précaution que l'essentiel consiste à s'interroger sur le président de la République, en tant que véritable chef de l'exécutif français, qu'il s'agisse des périodes normales, de l'originale et curieuse période de la cohabitation de 1986 à 1988 ou de la nouvelle donne issue des élections législatives de 1993.

Alors que la classe politique est très rapidement portée à parler de révision constitutionnelle, le recensement des propositions de loi constitutionnelle concernant le président de la République s'avère relativement décevant. Depuis 1962, il est possible d'en relever dix-sept à l'Assemblée nationale et treize au Sénat, c'est-à-dire en tout trente [2]. Pour être précis, il convient de signaler que plusieurs d'entre elles sont, à l'Assemblée nationale, la reprise, de législature en législature, de la même proposition, et qu'une fois éliminées celles qui préconisent l'instauration d'un véritable régime présidentiel, la moisson s'avère relativement limitée. On relève, par exemple, qu'il n'y a à l'Assemblée nationale que deux propositions relatives au raccourcissement du mandat présidentiel, et que la liste des pouvoirs sans contreseing n'a fait l'objet d'aucune proposition de modification.

Cette constatation conduit à deux réflexions assez simples : d'un côté, un thème majeur domine le statut du président de la République depuis trente ans : il s'agit de la question de la durée du mandat ; de l'autre, une interrogation demeure : d'où vient la véritable primauté présidentielle ? Est-elle due à des éléments juridiques ou faut-il pousser l'analyse au-delà ?

---

1. Projet de loi constitutionnelle portant révision de la Constitution du 4 octobre 1958 et relatif à l'organisation des pouvoirs publics. Sénat, *Documents parlementaires,* n° 232, 1992-1993.
2. Voir en annexe.

UN THÈME DOMINANT
LA DURÉE DU MANDAT PRÉSIDENTIEL

Un thème ancien : 1973

L'analyse du projet de loi constitutionnelle déposé en 1973 par le président Georges Pompidou dans le but de réduire de sept ans à cinq ans la durée du mandat présidentiel a fait l'objet de suffisamment d'analyses pour qu'il soit seulement nécessaire ici d'en rappeler les éléments essentiels.

La fixation de la durée du mandat en 1958

Établi en 1873 pour les raisons historiques que l'on connaît, la fixation à sept ans de la durée du mandat présidentiel n'a fait l'objet d'aucune discussion sérieuse en 1958 [1].

Dès les documents soumis au conseil interministériel du 7 juillet 1958, il est prévu que le président de la République est élu pour sept ans [2]. Le premier avant-projet complet de Constitution établi le 15 juillet conserve cette même durée [3]. Il semble que, lors du conseil de cabinet des 23 et 25 juillet 1958, les nombreuses interventions sur le futur article 6 (MM. Boulloche, Sudreau, Mollet, Michelet, Berthoin, Pinay, Jacquinot, Lejeune ainsi que le général de Gaulle) ont davantage porté sur le problème de la technique d'élection, et notamment la composition du collège électoral, que sur la durée du mandat [4]. L'exposé des motifs qui accompagne la transmission au Comité consultatif constitutionnel, le 29 juillet, du projet dit du *Livre rouge* ne contient d'ailleurs aucun commentaire sur ce point, tellement il est admis que la tradition n'a pas besoin d'être explicitée [5].

Lorsque le futur article 6 est évoqué, le 8 août 1958, devant le Comité consultatif constitutionnel, la quasi-totalité des débats

---

1. Les références proviennent des trois volumes des *Documents pour servir à l'histoire de l'élaboration de la Constitution du 4 octobre 1958*, Paris, La Documentation française, 1987, 1988, 1991.
2. *DPS* I, p. 357.
3. *DPS* I, p. 430.
4. *DPS* I, p. 475.
5. *DPS* I, p. 518.

est consacrée au très difficile et important problème de la composition du collège électoral [1]. Seul M. Bruyneel, député indépendant et paysan, estime que la durée du mandat est trop longue, et propose de la réduire à six ans. Il change néanmoins assez rapidement d'avis : il est amené, quelques instants plus tard, à réviser son amendement en reprenant la durée traditionnelle de sept ans [2]. Il va de soi que l'avis du Comité demeure fidèle à sept ans, et qu'aucune mention ne figure dans la lettre adressée le 14 août par le président Paul Reynaud au général de Gaulle [3].

Les débats du Conseil d'État ne permettent guère plus de considérer qu'une quelconque contestation s'est élevée à propos de la durée du mandat. Dans son allocution du 27 août 1958, Michel Debré s'attarde longuement sur le problème de la composition du corps électoral, mais n'évoque à aucun moment la durée du mandat du chef de l'État [4]. Les débats, tant de la commission spéciale du Conseil d'État que de son assemblée générale, confirment l'accord absolu sur le septennat.

Dans l'un des premiers commentaires de la nouvelle Constitution, Maurice Duverger se contente d'indiquer, en 1959, que « la Cinquième République conserve la même durée des pouvoirs que la Troisième et la Quatrième [5] ».

Il devient donc nécessaire de s'interroger sur les motifs qui conduisent, en 1973, le président Pompidou à se déclarer partisan de la réduction du mandat, et d'évoquer les péripéties du projet.

1973

Les origines du projet. Dans son travail sur la présidence de Georges Pompidou, Françoise Decaumont [6] rappelle avec précision que pour le général de Gaulle, la durée, c'est-à-dire la longueur du mandat, était un élément important et qu'il n'était

---

1. *DPS* II, p. 312 et suiv.
2. *DPS* II, p. 316 et 318.
3. *DPS* II, p. 557.
4. *DPS* III, p. 264 et suiv.
5. *Droit constitutionnel et institutions politiques,* Paris, PUF, 4ᵉ éd., 1959, tome 2, p. 515.
6. Françoise Decaumont, *La présidence de Georges Pompidou : essai sur le régime présidentialiste français,* Paris, Economica, 1979.

— *213* —

pas envisageable de calquer la durée du mandat présidentiel sur celle des députés.

Françoise Decaumont souligne en outre que, dans le courant des années 1960, Gaston Defferre, candidat à la candidature en 1965, et Alain Poher, véritable candidat en 1969, ont l'un et l'autre proposé la réduction du mandat à cinq ans, le premier se déclarant assez nettement en faveur d'un régime présidentiel.

Très significative du courant de pensée du début des années 1960 est, par exemple, la prise de position du club Jean-Moulin, dans *L'État et le citoyen,* en faveur de la coïncidence de la durée du mandat présidentiel avec celle de la législature. Il est important de noter qu'à l'époque il y a identité quasi absolue entre les tenants du régime présidentiel et les partisans de la réduction du mandat. Il est curieux de voir que, par la suite, certaines propositions tenteront de déconnecter les deux éléments, sachant que si la réduction du mandat est populaire, l'établissement d'un régime présidentiel l'est beaucoup moins et présente une certaine part d'aventure.

L'affaire de la réduction du septennat à un quinquennat est véritablement lancée par le président Georges Pompidou dans son message du 3 avril 1973 [1]. Faisant part de son hostilité à la simultanéité des élections législatives et présidentielle, il estime néanmoins que « le septennat n'est pas adapté à nos institutions nouvelles... Ma propre expérience m'a confirmé dans cette idée ». Tout en annonçant qu'il déposera un projet de révision constitutionnelle, et qu'il utilisera à cette fin les voies de l'article 89, il précise immédiatement qu'il sera hostile à toutes les propositions annexes, « si tentantes qu'elles puissent apparaître pour certains », et qu'il ne compte pas s'appliquer à lui-même l'éventuelle réduction du mandat. Les raisons précises qui ont poussé le président Pompidou à préconiser cette transformation demeurent incertaines. L'exposé des motifs du projet de loi déposé le 11 septembre 1973 n'est guère plus explicite que le message cité précédemment [2] : « La règle du septennat ne correspond plus au rôle que le président de la

---

1. Dans *Textes et documents sur la pratique institutionnelle de la Vᵉ République,* rassemblés par Didier Maus, Paris, La Documentation française, 1982, doc. nº 18-108.
2. Assemblée nationale, *Documents parlementaires,* Vᵉ législature, nº 639, dans *Textes et doc... op. cit.,* doc. nº 6-300.

République joue dans la définition des orientations générales de la politique nationale. » L'objectif essentiel paraît être de permettre aux Français de se prononcer sur les orientations importantes, à intervalles plus fréquents. Comme le président de la République indique, en même temps, qu'il n'est pas question dans son esprit de lier la date des élections présidentielles et la date des élections législatives, il en découlerait effectivement un calendrier d'échéances électorales rapprochées.

À cet argument tiré de l'inadéquation de la durée du mandat face au régime présidentialiste, Françoise Decaumont ajoute une explication qu'elle appelle hypothétique [1]. Il s'agirait pour le président Pompidou de tenir compte de son état de santé : des signes non équivoques sont rendus publics au printemps 1973. Est-il possible d'en déduire qu'au fond de lui-même le chef de l'État, conscient des pronostics médicaux, souhaitait, en réalité, abréger son mandat une fois la révision adoptée ? Nul ne peut le dire. Aucun de ses collaborateurs, à qui la question a été posée, n'a pu fournir un embryon de réponse sur ce point. Il convient donc de s'en tenir à l'explication institutionnelle : la fonction de président de la République est devenue tellement prenante et importante que son détenteur a besoin de retrouver, plus fréquemment que tous les sept ans, des ressources politiques nouvelles susceptibles de le porter et d'orienter son action.

La discussion. Dans le rapport qu'il présente devant l'Assemblée nationale, M. Piot, député, expose trois raisons qui conduisent à soutenir la révision de l'article 6 [2] :
– en premier lieu, l'exécution des engagements pris par le candidat-président devant le suffrage universel « ne saurait parfaitement se confondre avec un long mandat ». Il convient donc que ses engagements soient renouvelés le plus souvent possible ;
– l'autorité exercée par le président de la République est devenue inséparable de la responsabilité. Dans la logique gaulliste, il est nécessaire de solliciter plus fréquemment la confirmation de l'adhésion du peuple français à la politique présidentielle ;

1. Françoise Decaumont, *op. cit.*, p. 81.
2. Assemblée nationale, *Documents parlementaires*, n° 689, Vᵉ législature.

— d'une façon générale, la démocratie ne pourra qu'être gagnante dans l'opération qui consistera à voter pour le chef de l'État tous les cinq ans, et non plus tous les sept ans.

On sait qu'au terme d'une seule lecture dans chaque assemblée le projet fut adopté en termes identiques, mais l'addition des 270 députés et des 162 sénateurs favorables au texte ne permettait pas d'espérer que la majorité des trois cinquièmes prévue à l'article 89 de la Constitution pût être atteinte. Dans ces conditions, le président Pompidou prend acte, le 24 octobre 1973, de la situation et déclare que, « n'ayant pas l'intention d'entrer dans les négociations et les marchandages pour essayer de décider untel ou untel à modifier le vote qu'il a émis dans son assemblée en première lecture », il n'a pas l'intention actuellement de convoquer le Congrès.

Quelles que soient les opinions qui ont pu être émises par la suite sur l'obligation qu'aurait eu le président de la République de soumettre le projet de révision au référendum, et de ne pas utiliser, comme l'a dit André Chandernagor, la voie des « oubliettes [1] », ou les discussions qui ont pu avoir lieu depuis vingt ans sur la possibilité ou l'impossibilité de reprendre la procédure de 1973 en l'état où elle est demeurée [2], une certitude est établie : Georges Pompidou a lancé le problème de la durée du mandat dans le débat politique français ; il n'en est plus sorti.

Un thème récurrent depuis 1973

Ses avatars

De 1973 à 1992. La question de savoir s'il convient de réduire la durée du mandat présidentiel fait désormais partie des questions qui, d'année en année, sont évoquées régulièrement par les hommes politiques ou ceux qui les questionnent. Sans chercher à retracer toutes les prises de position qui ont jalonné les vingt dernières années, il est possible, au gré soit

1. *Textes et doc...*, *op. cit.*, doc. 89-200 (II).
2. Henry Roussillon, « Le devenir du projet Pompidou de 1973. Réflexions sur le temps dans la procédure constitutionnelle », dans *La révision de la Constitution*, Paris, Economica, 1993, p. 93 et suiv.

---

des grandes échéances, soit des personnalités significatives, de relever une assez nette tendance en faveur du raccourcissement mais, en même temps, un extrême prudence en ce qui concerne sa mise en œuvre.

Il semble que les idées de V. Giscard d'Estaing aient évolué. Françoise Decaumont rappelle qu'au début de son septennat il était plutôt favorable à un mandat de six ans mais que, par la suite, il est revenu à celui de sept ans, au motif qu'il avait déclaré, une fois élu, qu'il rendrait les institutions à l'échéance de son mandat dans l'état dans lequel il les avait trouvées. À partir de 1981, il fait preuve d'un engagement de plus en plus grand en faveur du mandat de cinq ans. À titre d'exemple, il est possible de relever que, le 14 juillet 1978, V. Giscard d'Estaing estime : « Pour la France, telle que je la vois maintenant, une durée brève pour un mandat présidentiel serait lui rendre un mauvais service [1]. » C'est en 1980 qu'il expose à nouveau que le raccourcissement du mandat présidentiel conduirait à une reprise de « la lutte sourde des partis contre la stabilité des institutions [2] », et qu'il réaffirme qu'il laissera les institutions de la Cinquième République dans l'état exact où il les a trouvées.

Après avoir quitté l'Élysée, Valéry Giscard d'Estaing se déclare de plus en plus fréquemment favorable à un mandat de cinq ans, comme d'ailleurs la plupart des responsables de l'opposition, à l'exception de Raymond Barre.

Pour sa part, François Mitterrand indique, à la proposition 45 de ses 110 propositions qu'il convient, dans l'esprit de mieux respecter la démocratie, de prévoir que « le mandat présidentiel sera ramené à cinq ans, renouvelable une fois ou limité à sept ans sans possibilité d'être renouvelé [3] ». Au gré des déclarations et prises de position, l'opinion du président de la République ne sera guère modifiée.

En 1988, aussi bien dans sa déclaration à la revue *Pouvoirs* que dans sa *Lettre à tous les Français,* François Mitterrand déclare « qu'il est prêt à souscrire à l'une des deux réformes,

---

1. Pierre Avril, Jean Gicquel, *Chroniques constitutionnelles françaises, 1976-1982,* Paris, PUF, 1983, p. 375.
2. *Ibid.,* p. 383.
3. Claude Manceron, Bernard Pingaud, *François Mitterrand, l'homme, les idées, le programme,* Paris, Flammarion, 1981, p. 177.

à condition qu'elle soit susceptible de réunir une large majorité dans les deux assemblées [1] ».

Dans les années plus récentes, les positions ne sont guère différentes [2]. On trouve toujours en faveur de la réduction de la durée du mandat V. Giscard d'Estaing, J. Chirac et ceux qui, d'une façon générale, penchent pour un régime présidentiel avoué ou inavoué, ensuite la position du président de la République hostile au double mandat de sept ans, et qui hésite entre deux fois cinq ans et une fois sept ans non renouvelable, les prises de position de Pierre Bérégovoy en faveur d'une fois sept ans non renouvelable, et l'hostilité définitive de Raymond Barre face à toute réforme de l'article 6 de la Constitution. Reprenant la thèse classique de l'orthodoxie gaulliste, il estime, d'une part, que la durée de sept ans permet de donner au chef de l'État l'indépendance nécessaire par rapport aux contingences parlementaires et, d'autre part, qu'interdire à un président de se représenter conduit à en faire un être irresponsable et à considérer que les Français ne sont pas en mesure de porter des jugements.

1992-1993. Les travaux menés pendant l'hiver 1992-1993 à l'initiative du président Mitterrand à propos de la révision de la Constitution ont largement été dominés par la question de la durée du mandat présidentiel.

Dans les propositions qu'il adresse, à travers les présidents de l'Assemblée nationale, du Sénat et du Conseil constitutionnel, à l'opinion publique, le 30 novembre 1992, le président de la République se prononce contre le quinquennat en déclarant : « Ma préférence va à un mandat d'une durée plus longue que celle d'un député et au moins aussi longue que celle d'un maire ou d'un conseiller général [3]. » Pour préciser sa pensée, François Mitterrand évoque la logique « tout autre » d'un régime présidentiel de type américain et confirme qu'il laisse le soin

---

1. *Pouvoirs,* 45, 1988, p. 135.
2. On trouve des références précises dans la « Chronique constitutionnelle française » de Pierre Avril et Jean Gicquel dans *Pouvoirs* ainsi que, depuis 1990, dans ma chronique « La pratique institutionnelle française » publiée dans la *Revue française de droit constitutionnel.*
3. Rappelons que les mandats du maire et du conseiller général sont de six ans.

« aux grandes formations politiques de déterminer, par un accord aussi large que possible, la durée désirable ¹ ».

Le thème de la durée du mandat présidentiel retiendra longtemps l'attention du Comité consultatif pour la révision de la Constitution. Il s'agit d'ailleurs du seul sujet sur lequel, faute d'une quelconque majorité significative, le rapport du Comité ne contient aucune conclusion autre que le *statu quo*, tout en présentant les arguments mis en avant par les uns et par les autres : « Le choix majoritaire qui s'est porté sur un décalage entre la durée d'exercice des fonctions présidentielle et parlementaire, joint au choix également majoritaire en faveur du renouvellement du mandat, entraîne ainsi le *statu quo* ². »

Sans qu'il soit ni possible, ni concevable d'interpréter les hésitations du Comité consultatif, il semble évident que ses membres se sont trouvés face à un choix qui dépassait les questions constitutionnelles et qui comportait de réels paramètres politiques. Il n'est donc pas étonnant qu'ils n'aient pas été en mesure de conclure de manière novatrice.

Sa signification

Plusieurs explications peuvent être recherchées, tant en ce qui concerne la volonté constante de modifier la durée du mandat présidentiel que de l'incapacité d'y parvenir.

La première explication tend à privilégier l'analyse purement logique, et à prendre effectivement en compte les transformations effectives de la fonction présidentielle sous la Cinquième République. Dans cette perspective, il peut être justifié de considérer que le rôle extrêmement actif du président de la République n'est plus compatible avec un mandat de sept ans, le plus long de tous ceux qui existent dans le monde occidental. Il s'agit de reprendre l'argument développé en 1973, selon lequel la responsabilité appelle la fréquence du retour devant les électeurs. Inévitablement, la logique de cette position conduit à soulever la question de la simultanéité avec l'élection législative en cas de raccourcissement du mandat à cinq ans. Fort logiquement également, les partisans de la simultanéité des

---

1. *JO*, 3 décembre 1992, *in Propositions pour une révision de la Constitution, op. cit.*, p. 10.
2. *Propositions... op. cit.*, p. 37.

deux élections en viennent à s'interroger sur l'utilité de la fonction de Premier ministre, donc sur le basculement d'un régime à tendance parlementaire vers un régime à nette orientation présidentielle, ce qui prolonge encore l'obligation de réforme vers, par exemple, la suppression de la responsabilité du gouvernement et du droit de dissolution. Compte tenu des éléments dont il est possible de disposer sur l'état d'esprit des Français à l'égard des institutions, la perspective d'un véritable régime présidentiel, par ailleurs fort critiquable, et très éloignée du modèle européen, rencontrerait vraisemblablement de réelles difficultés politiques.

Une deuxième explication, en particulier lorsque les partisans du raccourcissement se situent dans l'opposition du moment, tient en une certaine lassitude à l'égard du président de la République. Il est tentant, notamment pendant les cinq premières années d'un septennat, de préconiser le raccourcissement du mandat, et d'en déduire qu'une telle réforme devrait bien évidemment s'appliquer au président en place. Il faut reconnaître qu'aussi bien Georges Pompidou que François Mitterrand ont toujours indiqué que si une telle éventualité se produisait, ils ne se considéreraient pas dans l'obligation d'en tenir compte pour le mandat en cours. Le texte de 1973 avait d'ailleurs prévu que la révision n'entrerait en application qu'à l'échéance du mandat de Georges Pompidou, c'est-à-dire en 1976. Si cette explication, plus stratégique qu'institutionnelle, contient une part de réalité, il devient intéressant de suivre, après les élections de mars 1993, les prises de position relatives à la réduction du mandat. Le fait que François Mitterrand franchisse, en mai 1993, la cinquième étape de son deuxième mandat enlève toute portée au raisonnement de l'application immédiate, sauf à transformer une révision de la Constitution en un abrègement constitutionnel du mandat qui doit se terminer en 1995 [1].

Le choix entre la solution d'un mandat de cinq ans renouvelable, ou d'un mandat de sept ans non renouvelable, paraît largement reposer sur les souhaits d'une évolution à caractère présidentiel, ou au contraire d'un renforcement du régime présidentiel.

---

1. Force est de constater que le thème de la réduction de la durée du mandat n'a guère été évoqué depuis avril 1993.

Sans qu'il soit possible d'avancer des arguments nouveaux par rapport à ceux énoncés depuis plusieurs années, il paraît logique de considérer que le mandat de sept ans non renouvelable devrait conduire à un éloignement du président de la République par rapport à la gestion des affaires. Le fait que lui-même ne soit pas soumis, au moins immédiatement, à une possibilité de réélection, lui donnera à la fois une certaine indépendance par rapport aux contingences quotidiennes, et affaiblira considérablement son rôle de chef de la majorité. Tant qu'il existe une perspective de renouvellement pour le président, le personnel politique de la majorité aura toujours tendance à rester dans son orbite, sachant qu'il est susceptible d'influencer, non seulement les choix politiques du pays, mais également les décisions d'investiture en termes personnels. À cet égard, l'expérience du deuxième septennat de F. Mitterrand est la première occasion de tenter d'apprécier le poids d'un président non rééligible, ayant annoncé qu'il ne se représentait pas. Si l'on admet que le mandat de sept ans non renouvelable (définitivement ou immédiatement) favorise le renforcement du rôle du gouvernement, cette solution devrait être soutenue par ceux qui estiment que la Constitution de 1958 institue avant tout un régime d'essence parlementaire, et que ce sont les déviations présidentialistes qui l'en ont écarté.

En termes de faisabilité, l'expérience a montré, y compris dans la période plutôt favorable de 1973, que la révision de l'article 6 se heurtait à de réels obstacles. Lorsque, depuis 1981, le président Mitterrand indique que la mise en œuvre d'une procédure de révision est subordonnée à sa chance de succès, il sait qu'il ne prend guère de risques. L'addition de ceux qui sont fondamentalement opposés au changement de l'article 6 (par exemple, R. Barre ou certains éléments du RPR), de ceux qui seraient hostiles à l'un des systèmes proposés, et de ceux qui en tout état de cause ne voudront pas voter à un moment donné pour un projet émanant du président de la République, risque de rendre particulièrement difficile la réunion d'une majorité des trois cinquièmes, en admettant même que le vote de chacune des deux Assemblées puisse être acquis.

À ces éléments explicites, il faudrait peut-être ajouter, de manière plus discrète, en cas de proposition d'un mandat de cinq ans, une hostilité sourde du Sénat. Dans ce cas, en effet, le Sénat avec son mandat de neuf ans se trouverait complètement décalé par rapport aux autres mandats de la vie politique. En l'état actuel des choses, le mandat de cinq ans pour les députés, de six ans pour les conseillers municipaux, conseillers généraux et conseillers régionaux, de sept ans pour le président de la République et de neuf ans pour les sénateurs, permet à ces derniers de se présenter comme le point ultime d'une chaîne et de ne pas être trop en porte à faux par rapport aux autres mandats, en particulier celui du chef de l'État. Dans le cas d'une réduction à cinq ans, il existerait alors un vide de trois ans entre le mandat des membres des assemblées locales et celui des sénateurs. Il y a fort à parier que surgirait, à ce moment-là, une proposition de réduction du mandat sénatorial de neuf ans à six ans, en prenant, par exemple, le prétexte du précédent de la Quatrième République. Il n'est guère difficile d'imaginer qu'une telle perspective n'est pas susceptible d'enthousiasmer les parlementaires du palais du Luxembourg.

En définitive, il existe à propos de la durée du mandat présidentiel un accord général sur un seul point : la durée n'est pas neutre, et toute transformation de celle-ci, quelles qu'en soient les modalités, est susceptible d'avoir une influence significative sur le régime constitutionnel et le régime politique eux-mêmes. Lorsqu'en 1962 il a été expliqué que le changement de mode d'élection du président de la République ne modifierait pas l'équilibre de la Constitution, ou, en 1974, que l'élargissement de la saisine du Conseil constitutionnel n'aurait guère de conséquences, ceux qui prétendaient le contraire avaient du mal à se faire entendre. Les leçons des deux révisions de 1962 et de 1974 doivent désormais être prises en compte : les changements quantitatifs peuvent avoir une signification qualitative.

UNE INTERROGATION
LES FONDEMENTS DE LA PRIMAUTÉ PRÉSIDENTIELLE

L'analyse des propositions de réforme du mandat présidentiel n'ayant pas conduit à dégager de véritables éléments significatifs en ce qui concerne les pouvoirs du président de la République, il importe de s'interroger sur les véritables fondements de la primauté présidentielle, ce phénomène présentant un caractère d'incontestabilité difficilement discutable. Une première inclinaison naturelle conduit à rechercher les fondements de la primauté présidentielle dans le statut juridique conféré au chef de l'État. Cet examen se révélant insuffisant, il devient nécessaire de s'interroger sur les phénomènes politiques qui conduisent à la primauté présidentielle.

Les insuffisances de l'explication juridique

Pour la première fois, la Constitution contient en son article 19 une liste des pouvoirs du président de la République dispensés du contreseing. Dans la mesure où l'analyse classique conduit à considérer que le contreseing est une limitation de l'autonomie politique du président de la République, puisqu'il transmet la véritable responsabilité du signataire vers le contresignataire, l'absence de contreseing pour un certain nombre de décisions devrait conduire à considérer que l'on trouve là le véritable fondement de l'intervention quotidienne du président de la République. En réalité, l'analyse de chacun des pouvoirs conduit plutôt à la conclusion qu'ils doivent être reliés à la notion d'arbitrage telle qu'elle a été entendue en 1958, et qu'il ne s'agit en aucun cas de pouvoirs liés à la direction quotidienne des affaires.

Les pouvoirs sans contreseing
ne sont pas des pouvoirs de gouvernement

L'article 8 confère au président de la République la possibilité de nommer, sans aucune condition ni juridique ni politique, le Premier ministre. Il s'agit certainement, dans la panoplie des pouvoirs sans contreseing, du plus important. Il est tout à la fois d'un usage obligatoire, puisque la France ne peut se passer d'un Premier ministre, d'un usage régulier, dans la mesure où diverses circonstances obligent, automatiquement ou volontairement, à changer de gouvernement, et d'un usage à véritable signification politique. À partir du moment où le président de la République a toute liberté pour choisir le Premier ministre, il est naturel que dans les échanges qui précèdent la nomination du Premier ministre, le chef de l'État lui fasse connaître ses sentiments et établisse avec lui une sorte de cahier des charges portant à la fois sur la politique à conduire, les hommes chargés de la mettre en œuvre, et bien évidemment les relations personnelles entre le président de la République et le premier des ministres. Le communiqué publié par le général de Gaulle, lors de la nomination de Michel Debré le 9 février 1959, demeure le plus brillant symbole de cette nouvelle pratique présidentielle [1]. S'il est possible, au fil des trente-cinq années de Cinquième République, de relever des pratiques différentes en ce qui concerne la nomination du Premier ministre, il n'empêche que cet acte demeure le moyen le plus important, quelles que soient les circonstances politiques, pour établir la relation hiérarchique entre le président de la République et le Premier ministre. Cela ne signifie néanmoins pas le droit pour le chef de l'État de se substituer à celui qu'il nomme. Certes, il lui confère sa légitimité juridique et, dans la plupart des circonstances, politique. Il n'en demeure pas moins qu'il existe entre eux une répartition des compétences fixées à la fois par la Constitution et, plus largement, par la pratique.

L'article 11 permet, dans certaines conditions et dans certains domaines, au président de la République de décider l'organisation d'un référendum. Compte tenu à la fois des limites contenues dans cet article et de la mise en œuvre dont il a été l'objet depuis 1958, il peut difficilement être considéré qu'il s'agit là d'un instrument de gouvernement au quotidien. Il s'agit typiquement d'un moyen pour le chef de l'État d'en appeler à la décision du peuple, dans des circonstances soit conflictuelles, soit qui nécessitent une certaine solennité. Qu'il soit utilisé comme instrument de la responsabilité présidentielle, comme sous le général de Gaulle, ou qu'il fasse l'objet d'une utilisation plus banalisée depuis 1969, le référendum ne peut être considéré comme un élément du statut présidentiel de la vie courante. Le fait que le président Giscard d'Estaing ait pu passer un septennat entier sans y avoir recours (peut-être à tort) en souligne le caractère extraordinaire. Même l'élargissement du domaine du référendum d'initiative présidentielle ne devrait pas modifier la perception antérieure.

L'article 12 autorise le président de la République à pro-

---

1. *Textes et doc...*, op. cit., doc. n° 8-100.

noncer la dissolution de l'Assemblée nationale. Il s'agit d'une mesure typique de l'arbitrage du régime parlementaire. Indépendamment du fait que, d'une part, il peut exister des limitations politiques au cas où les trois avis recueillis seraient négatifs et rendus publics, et que, d'autre part, il existe une limitation temporelle à la dissolution, il s'agit avant tout d'une menace brandie en permanence à l'encontre d'une majorité susceptible d'être trop indisciplinée. Les quatre dissolutions intervenues depuis 1959 répondent à des cas de figure très différents : celle de 1962 correspond au schéma logique et classique du régime parlementaire ; celle de 1968 constitue une réponse à une crise politique dans laquelle le Parlement n'est guère impliqué ; celles de 1981 et de 1988 sont la conséquence de l'élection d'un président de la République en décalage par rapport à la majorité parlementaire du moment. Lorsque la nouvelle majorité issue des élections est en harmonie avec le président de la République, il y a là pour lui un moyen d'influence politique, mais non un instrument juridique de l'action quotidienne.

À propos de l'article 16, il n'est guère besoin d'insister. Son caractère à tous égards exceptionnel justifie qu'il soit exclu des armes de l'action quotidienne. La seule chose intéressante consiste à relever que plus personne n'avait proposé sa suppression jusqu'à l'initiative de François Mitterrand en février 1993, alors qu'il était l'objet d'une très forte vindicte dans les premières années de la Cinquième République [1].

L'article 18 autorise, selon la tradition parlementaire, le président de la République à communiquer avec le Parlement par des messages qui sont lus dans les enceintes parlementaires et qui ne font l'objet d'aucun débat. Le contenu de ces messages pourrait être un instrument de l'action politique. Il serait, par exemple, concevable que le président de la République en fasse un usage plus fréquent, et surtout plus régulier. Il pourrait une fois par an dresser un état de la France comme le président des États-Unis adresse au Congrès un message sur l'état de l'Union. Dans ce cas, la responsabilité des propos tenus par le président de la République dans ces messages deviendrait un

---

1. Il s'agissait d'un des éléments importants de la dénonciation du « pouvoir personnel » ou du « coup d'État permanent ». Voir *Projet de loi constitutionnelle..., op. cit.*

instrument de son action politique régulière. L'analyse des quinze messages lus depuis les origines de la Cinquième République ne valide en aucune manière une telle hypothèse [1]. Il s'agit soit de messages protocolaires, soit de messages à l'occasion de graves crises internationales, soit éventuellement de messages commémoratifs. Même si parfois l'idée de développer le droit de message a été émise [2], force est de constater que les présidents de la République n'ont guère cherché à faire usage de ce support autrement que de façon relativement traditionnelle.

Les articles 54, 56 et 61 concernent les relations entre le président de la République et le Conseil constitutionnel. Ils lui permettent, d'une part, de nommer tous les trois ans un membre de cette haute instance, dont le président, et, d'autre part, de le saisir pour examen de la conformité à la Constitution soit de traités, soit de lois ordinaires. Par définition, les relations entre le chef de l'État et le juge constitutionnel ne peuvent être considérées comme un instrument de l'action politique. Il suffit de souligner qu'en plus de l'obligatoire nomination du Premier ministre, la nomination régulière d'un membre du Conseil constitutionnel constitue le seul autre pouvoir sans contreseing dont le chef de l'État ne peut éviter l'usage. En ce qui concerne les saisines effectuées par le président de la République, les trois saisines effectuées à propos des traités, dans le cadre de l'article 54 [3], répondent parfaitement aux conditions prévues par l'article 5 en ce qui concerne le respect de la Constitution. Le fait que le chef de l'État n'ait jamais fait usage de la possibilité de l'article 61, même pendant les périodes de cohabitation, montre qu'en aucun cas cette possibilité ne peut être assimilée à une sorte de veto juridique.

Contrairement à des idées parfois répandues, tous les autres pouvoirs du président de la République sont soumis au contreseing. Il serait alors intéressant de rechercher dans quelle mesure la véritable initiative de la décision appartient au signataire ou au contresignataire, et dans quelle mesure l'annonce de telle

1. *Les grands textes de la pratique institutionnelle de la Ve République,* rassemblés par Didier Maus, La Documentation française, coll. « Retour aux textes », édition 1993, doc. n° 18-100.
2. Proposition Bignon de 1974.
3. *GTPI,* doc. n° 54-100.

ou telle de ces initiatives fait apparaître en première ligne le président de la République ou le Premier ministre. Pour ne prendre que les exemples récents, il suffit de relever que les trois projets de révision de la Constitution de 1984, de 1990 et de 1992 ont été annoncés publiquement par le président de la République [1], que la décision d'organiser le référendum du 20 septembre 1992 a également fait l'objet d'une annonce présidentielle [2] et que, dans certains cas, la décision de convoquer, dans des circonstances exceptionnelles, le Parlement (par exemple, lors de l'affaire Habbache en février 1992 [3]) ne laisse que très peu de place à la théorique proposition du Premier ministre. À l'inverse, il est raisonnable de penser que le référendum du 6 novembre 1988 sur la Nouvelle-Calédonie correspond à une initiative politique du Premier ministre. Le fait qu'il n'existe quasiment aucune proposition de modification des articles sans contreseing, ni pour en raccourcir, ni pour en allonger la liste, montre qu'il ne s'agit probablement pas d'un des aspects les plus sensibles de l'exercice du mandat présidentiel.

L'article 5 : clause de la compétence générale de la primauté présidentielle

Le paradoxe de l'article 5 est désormais bien connu. Alors qu'en 1958 il n'intéresse ni les membres du Comité consultatif constitutionnel, ni les membres du Conseil d'État, au motif qu'il ne contient aucun pouvoir précis, il est considéré par le général de Gaulle comme l'un des éléments essentiels de la restauration du pouvoir présidentiel. Le désintérêt des juristes s'est d'ailleurs maintenu jusqu'à aujourd'hui, puisque aucune proposition de modification de cet article n'existe. Sans reprendre la querelle ancienne sur la signification du mot « arbitrage » figurant à l'alinéa premier, il convient de souligner, une fois encore, combien les dispositions de cet article 5 offrent au président de la République la possibilité d'intervenir, ou tout au moins de mettre en tutelle de nombreux secteurs de l'activité gouvernementale. Il serait intéressant de procéder à une recherche

---

1. 12 juillet 1984, 14 juillet 1989, 11 décembre 1991.
2. 3 juin 1992.
3. 4 février 1992.

systématique sur l'utilisation des termes de l'article 5, dans les discours des quatre présidents de la République.

À cette fin, il suffit de rappeler les trois éléments suivants : lorsque, le 20 septembre 1962, le général de Gaulle justifie à la télévision le projet de révision de l'article 6, il précise : « Le projet que je me dispose à soumettre au peuple français le sera donc dans le respect de la Constitution que, sur ma proposition, il s'est à lui-même donnée [1]. » L'expression « respect de la Constitution » fait directement référence à la première phrase de l'article 5 (« Le président de la République veille au respect de la Constitution »). Il s'en déduit, par construction, que le président de la République ne peut pas être tenté de proposer des décisions contraires au respect de la charte fondamentale.

De manière quelque peu inattendue, on trouve dans plusieurs prises de position du président Mitterrand des références explicites à l'article 5 de la Constitution. L'alinéa premier de l'allocution radiotélévisée du 12 juillet 1984 rappelle que le président de la République a « l'impérieux devoir de préserver en toutes circonstances l'unité nationale, le respect de la Constitution, le fonctionnement des pouvoirs publics, la continuité de l'État [2] ». Les trois dernières expressions sont la reprise pure et simple des termes de l'article 5, alinéa premier. C'est en se fondant sur le pouvoir d'arbitrage que le président de la République met fin à la querelle scolaire du printemps 1984, ordonne le retrait du projet de loi de l'ordre du jour du Parlement, annonce un référendum et, implicitement mais nécessairement, suscite la démission du Premier ministre. Quelques semaines plus tard, en réponse à une démarche de son prédécesseur, Valéry Giscard d'Estaing, François Mitterrand interprète l'article 68 de la Constitution sur l'irresponsabilité du président de la République : en l'absence de toute juridiction susceptible d'être saisie, il appartient au président en exercice de veiller au respect de la Constitution, en interprétant les dispositions en vigueur. La réponse de M. Mitterrand à M. Giscard d'Estaing reprend d'ailleurs la référence à l'article 5 pour justifier la prise de position [3].

De manière encore plus significative, le président de la

---

1. *GTPI*, doc. n° 11-401.
2. *GTPI*, doc. n° 11-901.
3. *GTPI*, doc. n° 68-300.

République utilise le deuxième alinéa de l'article 5 pour, pendant la période de cohabitation, s'opposer à la signature des ordonnances relatives à la privatisation de 65 groupes industriels et financiers. Dans son intervention du 14 juillet 1986, le chef de l'État ne fait pas uniquement référence à la décision du Conseil constitutionnel des 25 et 26 juin 1986 relative à la loi d'habilitation économique et sociale, il ajoute : « J'ai une responsabilité supplémentaire : je suis non seulement chargé de veiller au respect de la Constitution, mais au regard d'un certain nombre de données qui sont écrites dans cette Constitution, je dois être le garant de l'indépendance nationale [1]. » Les mots « garant de l'indépendance nationale » figurent à l'alinéa second de l'article 5. En prolongeant le raisonnement, il pourrait être soutenu que la signature des ordonnances relatives à la privatisation pourrait constituer une atteinte à l'indépendance nationale, et donc que le chef de l'État faillirait à sa mission en y imposant son paraphe. C'est également en se fondant soit sur la tradition républicaine, soit sur le fonctionnement régulier des pouvoirs publics que le président de la République refusera la signature des deux autres ordonnances relatives à la délimitation des circonscriptions électorales, ou à l'aménagement du temps de travail.

Pour confirmer l'analyse, il suffit de souligner que dans ses propositions de réforme du 30 novembre 1992, le président Mitterrand rappelle à propos de la durée du mandat présidentiel : « N'oublions pas que le président de la République a, en raison de l'article 5, un pouvoir d'arbitrage et qu'il n'est pas lié aux changements de majorité parlementaire [2]. »

On constate ainsi que l'utilisation de l'article 5 a constitué la seule véritable arme juridique à la disposition du président de la République pendant les périodes de cohabitation pour fonder son opposition à la politique du moment. On constate également, dans ces circonstances, que l'article 5 constitue un moyen temporaire d'opposition du chef de l'État, mais que dans les trois hypothèses évoquées, le vote par le parlement et, le cas échéant, une décision du Conseil constitutionnel, ont permis en fin de compte, après un certain délai, que les décisions refusées par le président de la République entrent en vigueur.

---

1. *GTPI*, doc. n° 38-200 (I).
2. *Propositions... op. cit.*, p. 11.

— *229* —

Même en admettant que l'article 5 offre d'importantes possibilités d'intervention au président de la République dans la vie institutionnelle quotidienne, force est de reconnaître que, sauf en matière de politique étrangère et de politique de défense, il ne constitue pas le moyen privilégié de la primauté présidentielle [1].

La primauté politique
véritable fondement de la primauté présidentielle

À partir du moment où l'analyse strictement institutionnelle ne suffit pas pour expliquer l'exceptionnelle emprise du président de la République sur la vie politique française, il convient de rechercher dans les éléments de son statut politique, c'est-à-dire ceux extérieurs au texte constitutionnel, ce qui est susceptible d'être significatif. Même si la période de la cohabitation n'a duré que deux ans, de 1986 à 1988 (et que la nouvelle n'est pas achevée), elle est suffisamment caractéristique d'une rupture dans le rythme habituel des majorités politiques, pour qu'une distinction soit effectuée entre les périodes de système majoritaire et les périodes de cohabitation.

En période de système majoritaire

Dans les temps « normaux » de la Cinquième République, ceux où la majorité présidentielle et la majorité parlementaire coïncident pour l'essentiel, c'est-à-dire, depuis 1962, les trente années écoulées exception faite de la période 1986-1988 et depuis avril 1993, l'influence décisive du chef de l'État résulte tout simplement du fait qu'il est perçu, à la fois par l'opinion publique, par la classe politique et par tous les acteurs, comme étant le véritable chef de la majorité. La formalisation de cette solidarité obligatoire entre majorité présidentielle et majorité parlementaire a été exprimée de la manière la plus claire possible par le président François Mitterrand dans un message au Parlement le 8 juillet 1981. Il n'est pas besoin de chercher

---

1. Voir mon analyse de l'article 5, « La Constitution jugée par sa pratique », dans *Études sur la Constitution de la Cinquième République*, Paris, STH, 1990, p. 169-174.

de meilleure référence pour comprendre le lien qui unit les trois éléments essentiels que sont le président de la République, le gouvernement et la majorité à l'Assemblée nationale : « Le changement que j'ai proposé au pays pendant la campagne présidentielle, que les Françaises et les Français ont approuvé, que la majorité de l'Assemblée nationale a fait sien, commande désormais nos démarches. [...] J'ai dit à plusieurs reprises que mes engagements constituaient la charte de l'action gouvernementale. J'ajouterai, puisque le suffrage universel s'est prononcé une deuxième fois, qu'ils sont devenus la charte de votre action législative. Vous les connaissez, je n'y reviens pas. [...] Puisque j'évoque ici la notion de contrat, je précise que s'il fallait un jour aller plus loin que les engagements pris, ce ne pourrait être qu'après que le peuple, à nouveau consulté, eut dit son dernier mot [1]. »

Ni le général de Gaulle, ni G. Pompidou, ni V. Giscard d'Estaing n'avaient exprimé de manière aussi abrupte les fondements et les conséquences du contrat majoritaire. Pour le premier, les choses étaient suffisamment claires pour qu'elles n'eussent point besoin d'être exprimées ; pour le second et le troisième, le fait qu'il n'y ait pas eu renouvellement de l'Assemblée nationale dans la foulée de l'élection présidentielle rendait impossible une explication si précise du contrat majoritaire, mais la discipline naturelle ou la menace de dissolution suffisaient à ce que le pouvoir du chef de l'État ne soit pas contesté.

À partir de 1981, l'élément le plus nouveau réside dans le rôle joué par un véritable parti politique majoritaire. À la différence des partis ayant été associés au gouvernement avant 1981, le Parti socialiste connaît une véritable vie intérieure, dont ses congrès constituent toujours le moment de vérité. La combinaison du message présidentiel du 8 juillet 1981 et de l'acceptation, par tous les acteurs du processus majoritaire, de la primauté des décisions du président de la République et de la discipline règle beaucoup de problèmes constitutionnels. Il n'est plus besoin de s'interroger sur les bases constitutionnelles qui permettent au président de la République d'intervenir dans les affaires gouvernementales. Il suffit de prendre pour acquis

---

1. *GTPI*, doc. n° 18-110.

le fait que tout Premier ministre, dans les premiers mots de sa première intervention, souligne qu'il exerce ses fonctions sous l'autorité du président de la République, ou dans le cadre des grandes orientations définies par le chef de l'État. À partir de ce moment-là, peu importe que la Constitution répartisse d'une façon ou d'une autre les compétences entre le président de la République et le Premier ministre, il existe entre eux des règles coutumières suffisamment fortes pour être appliquées de façon systématique.

En période de cohabitation

Le raisonnement qui vient d'être tenu se heurte naturellement aux limites de la période de cohabitation. Autant le message présidentiel du 8 juillet 1981 fournissait l'exemple plus que parfait du contrat majoritaire, autant celui du 8 avril 1986 mérite l'attention, par opposition au précédent [1]. Après avoir souligné le caractère de nouveauté d'une période où, selon les mots du chef de l'État, « pour la première fois, la majorité parlementaire relève de tendances politiques différentes de celles qui s'étaient rassemblées lors des élections présidentielles [...] », M. Mitterrand expose quels sont les pouvoirs qui, d'après lui, doivent rester entre les mains du président de la République : « Fonctionnement régulier des pouvoirs publics, continuité de l'État, indépendance nationale, intégrité du territoire, respect des traités, l'article 5 désigne de la sorte, et les dispositions qui en découlent précisent, les domaines où s'exerce son autorité ou bien son arbitrage. À quoi s'ajoute l'obligation pour lui de garantir l'indépendance de la justice et de veiller aux droits et libertés définis par la Déclaration de 1789 et le Préambule de la Constitution de 1946. »

De la sorte, le président de la République définit trois domaines qui, même en période de cohabitation, sont de nature à fonder sa présence constitutionnelle et donc sa présence politique. On y trouve les éléments classiques relatifs à la fois à la continuité de l'État et à l'action extérieure de la France, éléments qui découlent très logiquement des alinéas premier et second de l'article 5. Le président Mitterrand y ajoute de manière plus significative la protection des libertés, qu'il s'agisse de la

---

1. *GTPI*, doc. n° 18-111.

protection de l'indépendance de la justice, ou d'un pouvoir de tutelle plus général sur les droits fondamentaux.

Ce mode d'emploi de la Constitution, dont la définition dépend unilatéralement de la volonté présidentielle, s'est traduit dans les faits par une présence régulière du président de la République lorsqu'il estimait qu'un des points relevant de sa primauté exclusive était en cause. Non seulement il a continué à déterminer la politique extérieure de la France, soit par des voyages, soit en participant aux grandes conférences internationales, mais il a de plus en plus fréquemment fait connaître, à l'issue des Conseils des ministres, en particulier dans la première année de la cohabitation, son sentiment, c'est-à-dire fréquemment son hostilité, à telle ou telle mesure adoptée par le gouvernement. Il serait particulièrement intéressant de reprendre les divers communiqués et déclarations du président Mitterrand et de relever comment ils peuvent être considérés comme des cas d'application des principes fixés dans le message du 8 avril 1986.

Le point constitutionnel le plus délicat de la période de cohabitation a été, on le sait, celui de la signature des ordonnances. C'est la raison pour laquelle, parmi les rares modifications constitutionnelles proposées pour le statut du président de la République, figurent celles adoptées par le Sénat en première et deuxième lectures en juin 1990 lors de la discussion du projet de révision sur l'élargissement des attributions du Conseil constitutionnel. À cette occasion, le Sénat avait adopté une modification de l'article 13 de la Constitution destinée à obliger le président de la République à signer les ordonnances préparées en application de l'article 38 dans un délai de quinze jours suivant leur adoption en Conseil des ministres [1]. Pour éviter que le chef de l'État puisse se réfugier derrière des arguments tirés de l'article 5, ce même article proposait qu'il ait la possibilité, comme pour les lois ordinaires, de déférer les projets d'ordonnance au Conseil constitutionnel. Cette adjonction — certains diront cette limitation du pouvoir présidentiel — a constitué l'une des raisons essentielles de l'opposition entre l'Assemblée nationale et le Sénat en juin 1990, et donc l'arrêt pur et simple de la procédure de révision.

---

1. *Revue française de droit constitutionnel*, 4, 1190 ; Didier Maus, *La pratique constitutionnelle française, 1990,* Paris, PUF, 1991, p. 110-116 et 120-121.

Il est évidemment impossible d'évoquer par avance d'autres situations de cohabitation. La principale conclusion à tirer de la période 1986-1988 réside dans le fait que le président de la République n'a en aucune manière perdu son influence politique, même si l'essentiel de l'action gouvernementale se situait aux antipodes de ses souhaits personnels.

Même s'il est trop tôt pour présenter un bilan de la période avril-décembre 1993, il paraît possible de constater des différences importantes par rapport à la période 1986-1988 :
– en premier lieu, l'écrasante majorité parlementaire (80 % des sièges) évite tout risque d'absence inattendue de majorité pour le gouvernement. À l'inverse, elle peut susciter des remous internes à la majorité ;
– en second lieu, le fait que le président de la République ne soit pas considéré comme un candidat au renouvellement de sa fonction, modifie les relations institutionnelles et personnelles qu'il entretient avec le Premier ministre, sans parler des tempéraments des hommes ;
– en troisième lieu, la défaite, non seulement politique, mais également morale, de la majorité présidentielle prive pour un temps (par nature indéterminée) le chef de l'État d'un relais politique crédible.

Ces éléments conduisent à considérer que l'influence du président de la République repose sur la conjonction de trois séries de ressources : des ressources constitutionnelles constantes ; des ressources politiques qui dépendent de l'état de la majorité présidentielle ; des ressources personnelles qui sont liées à son image dans l'opinion. En 1986-1988, les deux dernières catégories de ressources étaient certes affaiblies par rapport à 1981, mais largement suffisantes pour jouer un rôle très actif, en particulier dans la perspective de 1988. Depuis 1993, ces paramètres se sont enfoncés dans le négatif (peut-être provisoirement). De ce fait, le chef de l'État ne peut prendre appui que sur des ressources constitutionnelles, dont la pleine efficacité nécessite qu'elles ne soient pas les seules à sa disposition. En matière de politique étrangère et de défense, la pratique de la seconde cohabitation montre que le Premier ministre n'a pas cherché à réduire le président de la République à la portion minimale, mais qu'il assume plus de responsabilités qu'entre 1986 et 1988.

Chacun sait qu'à partir du moment où il peut envisager

d'être candidat à la présidence de la République, le Premier ministre rencontre une limite automatique à son éventuel désir de cantonner le chef de l'État dans des fonctions de plus en plus protocolaires.

Dans une perspective historique, il n'apparaît pas possible de considérer que la réforme de 1962 a fondamentalement transformé l'exercice immédiat de la fonction présidentielle. La manière dont le général de Gaulle a conçu sa fonction et l'a exercée ne connaît pas de césure à l'automne 1962. Il est, par contre, probable que l'échec de la révision de 1962 aurait conduit à un abandon de la pratique suivie de 1959 à 1962. Le retour vers une présidence d'allure plus Quatrième République aurait été logique avec l'élection de Paul Reynaud, ou d'Antoine Pinay. Pour l'avenir, le résultat positif du 28 octobre 1962 fut décisif ; il enracine la lecture présidentialiste de la Constitution. Il a certainement contribué à l'acceptation des nouvelles institutions par l'opinion et les acteurs politiques. Mis à part l'éventuelle réforme de la durée du mandat, force est de constater que les autres éléments du statut constitutionnel du président de la République n'ont guère fait l'objet de suggestions de transformations. Il sera difficile de trouver dans le stock des propositions de quoi alimenter de larges débats.

Didier MAUS

LISTE DES PROPOSITIONS DE LOI CONSTITUTIONNELLE POSTÉRIEURES À 1962 RELATIVES À LA FONCTION PRÉSIDENTIELLE

ASSEMBLÉE NATIONALE

DATE DU DÉPÔT	N°	AUTEUR	OBJET
		II° LÉGISLATURE	
7 décembre 1962	3	Paul Coste-Floret	Véritable régime présidentiel (rapport 410)
Id.	4	Robert Hersant	Régime présidentiel (rapport 410)
Id.	6	Id.	Équilibre des pouvoirs dans un régime présidentiel
Id.	8	Id.	Article 16
7 novembre 1963	640	Achille Peretti	Régime présidentiel
18 décembre 1963	771	Aimé Paquet	Article 16
2 avril 1966	1 737	Paul Coste-Floret	Vice-présidence de la République
		III° LÉGISLATURE	
12 avril 1967	26	Achille Peretti	Régime présidentiel
21 juin 1967	334	André Chazalon	Vice-présidence de la République (non publiée)
		IV° LÉGISLATURE	
8 octobre 1968	337	Achille Peretti	Régime présidentiel
16 septembre 1969	758	Alexandre Sanguinetti	Article 6 (mandat de 5 ans renouvelable une fois)
13 juin 1972	2 413	Michel Poniatowski	Article 10
		V° LÉGISLATURE	
10 mai 1973	346	Achille Peretti	Régime présidentiel
28 juin 1973	542	André Rossi	Régime présidentiel
11 décembre 1974	1 388	Charles Bignon	Article 18

VIe LÉGISLATURE
(néant)

VIIe LÉGISLATURE

29 octobre 1982   1 195   Georges Mesmin   Article 6   (mandat   de 6 ans)

VIIIe LÉGISLATURE

18 décembre 1986   576   Jean-Claude Dalbos   Vice-présidence de la République

IXe LÉGISLATURE
(néant)

SÉNAT

DATE DU DÉPÔT	N°	AUTEUR	OBJET
7 février 1963	52	Pierre Marcilhacy	Révision de la Constitution
2 avril 1964	152	Id.	Article 7
1er juin 1966	158	Id.	Révision de la Constitution
30 mai 1974	188	Robert Bruyneel	Articles 6 et 7
21 octobre 1976	27	Francis Palmero	Article 18
17 janvier 1980	156	Henri Caillavet	Article 6
Id.	158	Id.	Article 18
25 novembre 1981	68	Id.	Id.
8 novembre 1984	63	Francis Palmero	Article 6 (mandat non renouvelable)
13 décembre 1985	216	Jean Cluzel	Participation des anciens présidents de la République aux travaux du Parlement
17 mars 1987	154	Louis Jung	Article 6 (mandat non renouvelable)
14 mai 1991	325	Étienne Dailly	Article 6 (mandat non immédiatement renouvelable)
15 octobre 1991	31	Id.	Id.

CHAPITRE 11

LE POUVOIR PRÉSIDENTIEL
AUX ÉTATS-UNIS
ET EN FRANCE *
Une perspective comparative

INTRODUCTION

Malgré de nombreuses différences, la présidence française et la présidence américaine ont un trait en commun : les deux ont été récemment critiquées pour leur incapacité à donner une direction efficace à la conduite du pouvoir. Le but de ce chapitre est de comparer et d'évaluer la capacité à l'exercice réel du pouvoir dans les deux systèmes, et d'analyser comment le débat sur les forces et les faiblesses de chaque système pourrait être pertinent pour ceux qui se préoccupent de la conduite du pouvoir dans l'autre. Notre analyse de la capacité à l'exercice du pouvoir des systèmes présidentiels en France et aux États-Unis sera soutenue par une référence à la dynamique du pouvoir en Grande-Bretagne, dont le système parlementaire classique a constitué de longue date un modèle en contrepoint des débats des deux côtés de l'Atlantique.

Par ce concept de la capacité à l'exercice du pouvoir, nous entendons tout d'abord les aspects formels du pouvoir, ce que Richard Neustadt appelle la « fonction » présidentielle, mais

* Les auteurs remercient Marie-France Toinet et Serge Hurtig pour leurs précieux commentaires sur la première version de ce chapitre. Traduit de l'anglais par Dorine Bregman.

aussi les pratiques par lesquelles les présidents ont mis en œuvre ce pouvoir, afin d'exercer une influence sur l'action gouvernementale et l'ordre du jour législatif. « Tout le monde s'attend de nos jours à ce que l'homme de la Maison-Blanche fasse quelque chose à propos de tout », écrivait Neustadt dans *Presidential Power*. « Les lois et les usages reflètent aujourd'hui l'acceptation de son rôle en tant qu'initiateur principal, une acceptation pratiquement aussi répandue au Capitole qu'à l'autre bout de Pennsylvania Avenue [...]. Un président de nos jours dispose d'une fonction inestimable [...]. Pour son influence, c'est autre chose. Les lois et les usages en disent peu sur ce qu'est en réalité l'exercice du pouvoir [1]. »

L'analyse de Neustadt trace une perspective utile pour appréhender le système présidentiel français. La compréhension des *pouvoirs* formels du président français (la « fonction » présidentielle) est nécessaire pour une compréhension du pouvoir présidentiel mais, comme aux États-Unis, elle n'est pas suffisante. Le pouvoir présidentiel a été construit par ceux qui ont occupé la fonction, par des acteurs qui ont utilisé leurs pouvoirs pour construire un système de pouvoir. De plus, ce pouvoir a varié selon différentes circonstances. Comme aux États-Unis, l'exercice du pouvoir présidentiel a été façonné par le système formel, mais ce que Skowronek appelle la « force perturbatrice brutale » des présidences successives a aussi modifié la manière dont le système a fonctionné [2]. Finalement, la manière dont le pouvoir présidentiel a été exercée a eu un impact sur les attentes et les illusions du grand public.

En novembre 1991, un débat important fut ouvert au sein de la classe politique française, qui, pour la première fois en dix ans, s'interrogea sur l'organisation du régime présidentiel sous la Cinquième République. Le débat fut lancé par des responsables de l'opposition, alors que le soutien au régime dans le grand public était au plus haut point dans l'histoire politique française, mais à un moment où le « malaise » des électeurs ou leur déception vis-à-vis de l'action gouvernementale

---

1. Richard Neustadt, *Presidential Power and the Modern Presidents,* New York, The Free Press, 1990, p. X et 7.
2. Stephen Skowronek, *The Politics Presidents Make : Leadership from John Adams to George Bush,* Cambridge (Mass.), Harvard University Press, 1993, p. 4.

était fort et croissant. En fait, plusieurs chefs de l'opposition défendirent l'idée que la vraie capacité du gouvernement à diriger réside dans son aptitude à mobiliser et à incorporer une large part de l'opinion publique au travers de la participation parlementaire, plutôt que dans l'imposition de lois dans le style d'un président monarque à l'écart des sentiments publics [1].

Plusieurs arguments échangés dans ce débat paraîtront très familiers aux observateurs de la politique américaine et, en effet, une grande part de la discussion est liée à la perception française du système politique américain ou, plus exactement, à sa perception erronée. Jacques Chirac et Simone Veil ont tous deux appelé de leurs vœux des réformes institutionnelles qui donneraient une plus large initiative aux commissions parlementaires dans l'élaboration des lois et qui étendraient le champ d'investigation de commissions parlementaires afin de contrôler les activités de l'exécutif [2].

Au cours d'un colloque qui s'est tenu à l'Assemblée nationale le 24 octobre 1991, Simone Veil a expliqué qu'elle avait longtemps douté de l'efficacité de la Constitution de la Cinquième République : « Amenée depuis plus de dix ans à comparer la situation de la France à celle des pays voisins et curieuse d'analyser les raisons de certaines de nos difficultés spécifiques, j'ai bien dû constater que notre Constitution, loin de rendre plus efficace l'action gouvernementale, engendrait des tensions et des crispations, ou même des crises, aux conséquences des plus négatives sur l'image que nous donnons à l'extérieur. »

La stabilité de la Cinquième République est une réussite importante, poursuivait-elle (argument également avancé par J. Chirac), mais ce n'est plus un phénomène spécifique en Europe, et cette stabilité a été atteinte en Grande-Bretagne et en République fédérale d'Allemagne sans pour autant réduire les prérogatives du Parlement [3]. Dans les discussions du colloque, il apparaissait clairement que les participants français

---

1. Les principaux arguments du débat sont résumés dans Club Vauban, *Modernité de la politique,* Paris, Quai Voltaire, 1993.
2. Voir Jacques Chirac, « Changer la république », *Le Monde,* 24 octobre 1991.
3. Intervention de Simone Veil au 3ᵉ colloque du club Vauban, « Modernité de la politique », 24 octobre 1991, dans club Vauban, *op. cit.*

considéraient en général l'ouverture relative du système américain comme une modalité positive, permettant d'intégrer des positions diverses et de développer une législation cohérente, à comparer avec « des réformes hâtives, d'inspiration plus ou moins idéologique, imposées aux parlementaires et sur lesquelles dans bien des cas les mêmes gouvernements ou d'autres sont amenés à revenir ou à remettre en chantier, parfois sous la pression de la rue [1] ». Ainsi, contrastant avec le modèle américain, le rôle du pouvoir exécutif français dans l'élaboration de la loi avait pour corollaires à la fois un résultat moins efficace et une incapacité grandissante à réduire l'opposition « de la rue ».

Finalement, d'autres critiques admettaient que les systèmes présidentiels français et américain partagent une difficulté : les chefs de l'exécutif, élus pour un mandat déterminé et long, font leur temps avant la fin de leur mandat, et sont ainsi *usés* prématurément. On compare fréquemment cet inconvénient aux avantages de l'exécutif britannique, tels qu'on les conçoit généralement : la dépendance du pouvoir exécutif vis-à-vis du parti et du soutien parlementaire, combinée à la stabilité du contrôle exécutif.

Si l'enthousiasme pour une réforme institutionnelle diminua fortement après la victoire de l'opposition aux élections législatives de mars 1993, avec l'espoir fort que cette opposition d'alors puisse remporter l'Élysée en 1995, les questions soulevées à propos du pouvoir présidentiel sont toujours pertinentes. La comparaison entre le pouvoir présidentiel français et son équivalent américain accentue l'idée qu'il existe deux voies très différentes pour développer la capacité à l'exercice du pouvoir, et une comparaison avec le Premier ministre britannique permet de mettre l'accent sur encore une autre dimension de ce pouvoir. Dans l'analyse qui suit, nous insisterons sur deux types de relations : entre les pouvoirs formels et le pouvoir de contrôler le travail législatif d'une part, entre ce pouvoir de légiférer et la capacité à diriger une démocratie de masse de l'autre.

---

1. Simone Veil, *ibid.*

LE POUVOIR PRÉSIDENTIEL
AUX ÉTATS-UNIS

La présidence américaine est largement décrite comme une institution disposant d'un pouvoir fort qui permet au président en place d'utiliser des moyens suffisants pour trouver des solutions législatives aux problèmes de la nation. Une telle description a été accentuée à la fois par l'insistance des chercheurs sur le pouvoir présidentiel, et par le recours de certains présidents aux pouvoirs exceptionnels en politique intérieure et à des initiatives spectaculaires en politique étrangère. La longue période de la guerre froide, pendant laquelle les limites entre guerre et paix ont été substantiellement brouillées, a contribué à renforcer cette vision [1]. Cependant, la confiance dans un pouvoir présidentiel fort, et même l'évaluation de ses avantages, ont varié dans le temps parmi les chercheurs américains. Le professeur Arthur Schlesinger Jr, qui a fait la chronique et chanté les louanges de la présidence de Franklin Roosevelt et de John Kennedy, a sévèrement critiqué l'émergence de la « présidence impériale » en 1976 [2]. James MacGregor Burns a analysé le développement d'une présidence puissante dans un ouvrage qui date de 1966, mais a publié un important réexamen de cette analyse en 1984 [3].

Ce phénomène de remise en cause peut être en partie expliqué par l'affaire du Watergate et par les excès de la présidence Nixon (1969-1974). Cependant, un aspect plus important de cette nouvelle évaluation réside dans le changement de l'équilibre institutionnel entre la présidence et le Congrès qui a commencé avant que Richard Nixon entre en fonctions. Certains des outils institutionnels qui musclaient réellement la présidence ont maintenant été équilibrés par des outils équivalents en

---

1. Le meilleur ouvrage disponible en français sur la présidence américaine est celui de Marie-France Toinet, *La présidence américaine,* Paris, Montchrestien, 1991.
2. Arthur Schlesinger Jr, *La présidence impériale,* Paris, PUF, 1976.
3. James MacGregor Burns, *Presidential Government : The Crucible of Leadership,* Boston, Houghton Mifflin, 1966 ; *The Power to Lead : The Crisis of the American Presidency,* New York, Simon & Schuster, 1984. Voir également Theodore Lowi, *The Personal President : Power Invested, Promise Unfulfilled,* Ithaca, Cornell University Press, 1985.

— *242* —

force attribués au Congrès lui-même. D'autres ressources informelles auxquelles les présidents pouvaient avoir recours pour mobiliser des majorités parlementaires sont maintenant illégales ou « incorrectes ». Finalement, au sein du Congrès lui-même, la distribution structurelle du pouvoir s'est élargie, et chaque représentant ou sénateur dispose individuellement aujourd'hui de plus grandes possibilités de résister ou de faire de l'obstruction (et donc de négocier) à l'ordre du jour présidentiel que dans les années 1960. Un commentateur a récemment fait remarquer que les plus grands obstacles aux réformes de Clinton dans les années 1990 résident dans les réformes du Congrès de ces vingt-cinq dernières années [1].

Le contexte institutionnel

Jusque dans les années 1970, la structure institutionnelle du cabinet de la Maison-Blanche et du cabinet exécutif du président lui fournissait des ressources considérables pour dominer le processus législatif et pour exercer une influence prépondérante sur l'opinion publique, par rapport au Congrès. Mais la réorganisation du Congrès au cours des années 1970 et les nouvelles règles éthiques mises en place après la crise du Watergate ont largement amoindri les instruments formels et informels du pouvoir présidentiel.

La première série de réformes du Congrès a modifié l'organisation et la conduite du système des commissions. À la fin des années 1960, le Sénat et la Chambre des représentants modifièrent l'organisation de leur fonctionnement afin de réduire l'aspect arbitraire du pouvoir des présidents des commissions. Au Sénat comme à la Chambre des représentants, le pouvoir informel des présidents de commission fut encadré par des règles formelles ; le nombre et l'autorité des sous-commissions et de leurs présidents furent augmentés. Au début des années 1990, il y avait 20 commissions au Sénat et 24 à la Chambre, mais le nombre des sous-commissions s'élevait à 86 au Sénat et à 121 à la Chambre. Parce que

1. Adam Clymer, « Reform vs. Reform », *The New York Times,* 19 juin 1994, p. 1.

le parti majoritaire contrôle tous les sièges des commissions et des sous-commissions, les 57 sénateurs démocrates et la majorité des 259 représentants démocrates contrôlaient le sort d'une législation. Mais les républicains n'étaient pas pour autant dépourvus d'un pouvoir de décision. Au « rang » de membres de commissions (les membres du parti au rang le plus élevé), ils exerçaient aussi une influence sur les habituelles négociations, inhérentes à la formation de majorités législatives.

De plus, dans ce système décentralisé de commissions, les sous-commissions accédèrent fréquemment au statut d'acteurs indépendants dans le processus législatif. La Chambre attribue aujourd'hui couramment l'examen d'importants projets de loi directement aux sous-commissions, alors qu'au Sénat l'attribution varie selon les commissions. Ce schéma de décentralisation a été encore accentué par d'autres changements qui avaient réduit de manière drastique le pouvoir de structures de coordination au sein des deux Chambres qui auparavant dominaient le processus législatif (la commission des règles, *Rules Committee,* à la Chambre des représentants, par exemple). D'un côté, la décentralisation a affaibli la capacité du Congrès à exprimer une volonté unifiée quelle qu'elle soit ; de l'autre, cette réforme a aussi réduit la marge de manœuvre du président pour mobiliser des majorités au Congrès sur son propre programme.

Une deuxième série de réformes a donné aux commissions et sous-commissions du Congrès les moyens de concurrencer d'importantes dimensions de la fonction présidentielle. Jusqu'au début des années 1970, le Congrès dépendait des structures exécutives pour ses sources d'information. La création d'une administration du budget au Congrès *(Congressional Budget Office)* en 1974 lui fournit une source d'information qui concurrençait désormais l'administration présidentielle de la gestion et du budget *(Office of Management and Budget).* L'augmentation des effectifs des administrateurs travaillant pour les représentants et les commissions permit au Congrès de s'appuyer sur une bureaucratie plus large. Environ 1 500 personnes travaillent pour le président au cabinet exécutif de la présidence (qu'on appelle souvent la « présidence institutionnelle »), à comparer avec plus de 35 000 personnes qui travaillent pour le Congrès, dont 3 000 sont des administrateurs de commissions ou de sous-commissions [1].

Ainsi, il paraît plausible que, même dans les circonstances les plus propices, où un président jouit d'une majorité solide de son parti dans les deux chambres du Congrès, la réalité du pouvoir présidentiel américain est fortement circonscrite et conditionnelle. Compte tenu de l'indiscipline qui règne dans les partis américains, et de l'autonomie du Congrès, la plupart des présidents qui ont eu la chance de travailler dans un tel cas de figure – Eisenhower (pendant deux ans), Kennedy et Carter, par exemple – ont eu beaucoup de difficultés à véritablement contrôler l'ordre du jour législatif. Un membre moyen du Congrès vote avec la majorité de son parti et avec son président (quand il *a* un président) dans 70 % des cas seulement. Le président Kennedy, en réalité, ne put se prévaloir d'une majorité de congressistes pour voter ses programmes les plus importants, et même le président Roosevelt fut fréquemment mis en échec par un Congrès composé d'une majorité démocrate écrasante. Le système américain, à l'image du système français dans l'analyse de Michel Crozier, fonctionne mieux dans une situation de crise qui rassemble le président et le Congrès [2]. Même dans une telle situation, comme Skowronek l'a montré, les efforts de reconstruction de présidents ambitieux sont aujourd'hui confrontés à une élasticité institutionnelle sans précédent. Ronald Reagan, par exemple, a constaté que ses efforts pour exercer « une autorité qui bouleverse l'ordre établi » ne pouvaient venir à bout d'un « gouvernement toujours plus dense qui peut esquiver et détourner » la plus déterminée « des attaques pour le rejeter [3] ».

Dans les pires circonstances, quand un président doit faire face à une majorité d'opposition dans les deux chambres (ce qui a été la règle la plupart du temps depuis les années 1950), le résultat typique est un blocage. Comme David Mayhew l'a récemment démontré, il est, bien sûr, possible qu'un président qui travaille avec un Congrès d'opposition parvienne à élaborer

1. La meilleure étude sur les personnels du Congrès est celle de Michael W. Malbin, *Unelected Representatives,* New York, Basic Books, 1980.
2. Voir John T.S. Keeler, *Réformer : les conditions du changement politique,* Paris, PUF, 1994.
3. Stephen Skowronek, *op. cit.,* p. 413.

une législation importante [1]. Néanmoins, une législation élaborée de cette façon — par exemple le compromis sur le budget qui a obligé le président Bush à mettre de côté sa promesse aujourd'hui tristement célèbre : « Pas de nouveaux impôts » — n'est pas vraiment de nature à donner au président l'occasion de répondre aux attentes du public en matière d'exercice du pouvoir.

Compte tenu de cette situation, il n'est pas étonnant d'assister aujourd'hui à un débat important sur les moyens de renforcer les instruments de pouvoir d'un président (Bill Clinton) dont le parti dispose pourtant de majorités confortables au Congrès. Clinton, comme tout président moderne, est très conscient du fait que, malgré le contrôle effectif qu'un président moderne peut exercer sur l'ordre du jour législatif grâce à des majorités aux deux chambres du Congrès, son contrôle commence à s'affaiblir à partir du moment où les projets de loi se déplacent dans les arcanes du système complexe des commissions du Congrès. Les réunions de concertation entre Clinton et les chefs de la majorité des deux chambres (Foley et Mitchell), pendant les premiers mois de sa présidence, avaient pour objet d'examiner la possibilité d'accorder au président le « veto ligne par ligne » ou au moins un pouvoir de « recul étendu ». Qu'un tel pouvoir soit ou non abandonné un jour par le Congrès, ce qui semble improbable, il est révélateur qu'un nouveau président démocrate ressente la nécessité de faire avancer une telle réforme institutionnelle. Même en l'absence d'un blocage partisan, le nouveau président connaissait bien les difficultés qu'il rencontrerait pour contrôler le processus législatif armé seulement de ce que Neustadt appelle « le pouvoir de persuader ».

En fait, c'est précisément la manière dont le pouvoir est analysé dans le contexte américain qui signale l'adaptation de l'analyse à cette faiblesse institutionnelle de la fonction. L'étude de la présidence semble correspondre à l'essence véritable de l'intérêt pour l'exceptionnalisme américain. Le problème de la présidence américaine est constitutionnel dans sa nature, la séparation des pouvoirs, mais universel dans ses implications, le pouvoir au sein d'un système complexe de représentation. Dans l'édition la plus récente de son étude classique du pouvoir

1. David Mayhew, *Divided we govern. Party Control, Lawmaking and Investigations*, New Haven (Conn.), Yale University Press, 1991.

présidentiel, Richard Neustadt insiste à nouveau sur la faiblesse des « pouvoirs » formels du président américain, par comparaison avec l'exercice potentiel de son pouvoir : « Le président et le Congrès sont à la fois si indépendants et si interdépendants qu'on ne peut dire que l'un gouverne sans l'autre [...]. Partager, c'est se limiter ; telle est toute la question [...]. Avec les pouvoirs dont dispose le président, la réputation et le prestige deviennent les sources de son pouvoir, au cas par cas [1]. » Mais ce que Neustadt qualifie d'attentes vis-à-vis de la fonction présidentielle s'est projeté en images du pouvoir par l'action d'une succession de présidents modernes.

Images du pouvoir

Quelles que soient les limites réelles imposées aux initiatives présidentielles par le système constitutionnel, elles sont à peine visibles dans la manière dont les images du président sont projetées à partir de leur élaboration publique. Barbara Hinckley a constaté que les présidents américains se sont régulièrement sentis obligés de créer l'illusion de succès en puissance, afin d'étendre leur influence et de développer leur capacité à l'exercice du pouvoir : « Le travail du gouvernement est effectué d'abord par le président, le peuple américain et la nation. Ensemble, ces trois entités dominent l'activité décrite, puisqu'elles constituent plus des deux tiers des sujets des phrases et une large majorité des références nominatives [...]. Les présidents travaillent seuls à gouverner, avec l'aide minime du Congrès, de l'administration ou d'autres conseillers [...]. Le gouvernement ne semble pas fondé sur la séparation des pouvoirs. Quand le Congrès est mentionné, c'est pour le banaliser ou l'écarter [2]. »

Mais plutôt que d'accentuer le potentiel de pouvoir de la présidence, selon les recherches de Barbara Hinckley, de tels portraits de leur influence pourraient bien saper cette confiance que les présidents cherchent à obtenir :

---

1. Richard Neustadt, *op. cit.*, p. X et 7.
2. Barbara Hinckley, *The Symbolic Presidency : How Presidents Portray Themselves*, New York, Routledge, 1990, p. 131.

« De plus, des prétentions exagérées incitent à la désillusion et portent préjudice à l'institution elle-même. Quand les présidents ne peuvent pas tout mener à bien, eux-mêmes — ainsi que les gouvernements dont ils sont le symbole — s'exposent à la perte du soutien que leur apportent les citoyens [...]. Avec des espoirs irréalistes, la désillusion est inévitable. La popularité présidentielle, mesurée par les sondages d'opinion, décline à mesure que le mandat se poursuit [...]. Si l'on suit ce raisonnement, une vision moins grandiose de l'institution présidentielle pourrait renforcer le soutien aux présidents et à leur gouvernement, plutôt que l'affaiblir [1]. »

L'analyse de Barbara Hinckley, qui insiste sur les effets affaiblissants de ce fossé entre les attentes et les actes, comporte certaines implications pour la compréhension de la présidence en France, et pour celle de la variabilité de la capacité présidentielle à exercer le pouvoir.

LE POUVOIR PRÉSIDENTIEL EN FRANCE

À bien des égards, la présidence française ne pourrait paraître plus différente de celle des États-Unis, en ce qui concerne les pouvoirs formels pouvant être mis en œuvre pour un exercice réel du pouvoir politique. Les atouts structurels et les armes constitutionnelles dont dispose le président de la Cinquième République soutenu par une majorité solide à l'Assemblée nationale — ce qui lui permet de nommer un Premier ministre approprié — se sont généralement révélés suffisants pour rendre le président français aussi puissant que son homologue américain tel qu'il apparaît dans la mythologie populaire. Malgré les obstacles posés par la limitation des ressources, les divisions internes à la majorité, la mobilisation protestataire extra-parlementaire, et plus récemment par le Conseil constitutionnel, les présidents français depuis de Gaulle ont généralement pu mener à bien au moins leurs projets prioritaires. À l'exception des phases de cohabitation, par exemple, aucun président de la Cinquième République n'a eu à craindre — ce que Bill Clinton éprouve aujourd'hui avec sa réforme du système de

---

1. *Ibid.*, p. 139-140.

santé – de voir son initiative principale se perdre dans les sous-bois touffus des commissions parlementaires. Même dans la période récente de simples majorités relatives, le blocage à l'américaine est évité, grâce aux instruments fournis par la Constitution. C'est seulement quand le président ne dispose pas d'une majorité claire, et qu'il doit nommer un Premier ministre de l'opposition, que le pouvoir présidentiel est réduit à la négociation et à l'expression symbolique [1].

Néanmoins, l'analyse de Neustadt présente une perspective intéressante pour analyser le système présidentiel français. La compréhension des pouvoirs présidentiels formels (la « fonction » présidentielle) est nécessaire pour comprendre le pouvoir présidentiel mais, comme aux États-Unis, n'est pas suffisante. La capacité à exercer le pouvoir a été construite par ceux qui ont occupé ce poste, par des acteurs qui ont utilisé leurs pouvoirs pour construire un système de pouvoir. De plus, ce pouvoir a varié suivant les circonstances [2]. Comme aux États-Unis, l'exercice du pouvoir présidentiel a été façonné par certains aspects du système formel, mais il a aussi été influencé par les méthodes grâce auxquelles les acteurs présidentiels ont transformé leurs pouvoirs en pouvoir de leader : « ... la manière dont le président organise son pouvoir afin de réduire les contraintes qui pèsent sur ses activités [3] ».

Le paradoxe du cas français est que le pouvoir de mise en œuvre de politiques publiques, que les chercheurs américains considèrent implicitement comme le moyen pour le président de conduire effectivement le pouvoir et d'éviter l'écroulement des attentes, a produit, en particulier dans la période récente, l'image d'un pouvoir inefficace et des espoirs brisés. Les phases hyper-réformistes de 1981-1985 et de 1986-1987, selon la plupart des sources, ont provoqué chez de nombreux citoyens

---

1. Voir Jean-Claude Colliard, « Que peut le président ? », *Pouvoirs,* 68, 1994.
2. Nous avons exploré plusieurs modèles de relations gouvernementales en France dans John T.S. Keeler et Martin A. Schain, « Models of Democracy in Fifth Republic France : Institutions, Actors and Regime Evolution », dans Kurt von Mettenheim (ed.), *Presidential Institutions and Democratic Politics : Comparative and Regional Perspective* (à paraître).
3. Ezra Suleiman, « Presidential Government in France », dans Richard Rose, Ezra Suleiman, *Presidents and Prime Ministers,* Washington (D.C.), American Enterprise Institute, 1981, p. 105.

français une interrogation sur l'hypothèse qui sous-tend les fondations mêmes de la Cinquième République : un gouvernement fort serait un gouvernement efficace.

De plus, les dernières années du deuxième septennat de François Mitterrand – alors qu'une arme constitutionnelle telle que l'article 49-3 est utilisée à un rythme sans précédent, et alors qu'un président âgé paraît dépourvu d'idées nouvelles bien avant la fin de son mandat – sont si problématiques qu'un débat s'est répandu sur la nécessité d'une réforme constitutionnelle qui réduirait en réalité les atouts constitutionnels sur lesquels le pouvoir présidentiel est fondé sous la Cinquième République. De même qu'aux États-Unis la manière dont la conduite du pouvoir a été pratiquée a eu un impact sur les attentes et les illusions des élites et des citoyens. En réalité, il semble maintenant que les attentes varient et qu'un succès législatif ne serait pas suffisant pour justifier la situation présente.

Le paradoxe du pouvoir : faiblesse française, forces américaines

Le débat constitutionnel actuel en France éclaire deux aspects du système américain qu'on pourrait considérer à juste titre comme des forces relatives dans la perspective de la capacité présidentielle à la conduite du pouvoir. Primo, la pauvreté des armes constitutionnelles dans le cas américain oblige réellement les présidents américains à diriger les affaires du pays par la persuasion, par la négociation avec les élites gouvernementales (en particulier avec les leaders du Congrès), par la construction d'un consensus, plutôt que par la contrainte. Le système américain encourage et gratifie un style d'exercice du pouvoir fondé sur la construction de majorités législatives et sur le bon vouloir d'un système complexe sans majorité fiable. Les indispensables négociations par lesquelles est passé Ronald Reagan pour faire voter un projet tel que ses restrictions budgétaires historiques de 1981 sont inconcevables pour un président français, mais on peut soutenir que de telles «campagnes politiques» donnent l'assurance qu'un projet voté de cette manière sera considéré comme légitime.

Secundo, la durée plus courte du mandat présidentiel américain évite, ou du moins modère ce phénomène français très caractéristique, qu'on pourrait appeler l'épuisement de légitimité [1]. Quelle que soit l'utilité des pouvoirs formels du président français pour exercer le pouvoir, il est clair qu'ils s'émoussent avec le temps – en particulier pendant le second mandat (il suffit de penser aux problèmes comparables que de Gaulle et Mitterrand ont rencontrés respectivement dans leur dixième et onzième année de pouvoir).

Les spécialistes de la présidence américaine parlent d'un « cycle d'influence déclinante [2] » ou de la « courbe délabrée [de popularité] [3] » qui privent progressivement les présidents de toute efficacité au pouvoir. Brace et Hinckley ont récemment soutenu que le problème de ce cycle ou de cette courbe est accentué à l'ère de ce qu'ils appellent le « nouveau référendum », c'est-à-dire des sondages permanents. On peut donc avancer qu'en termes de pouvoir effectif, plutôt que de pouvoirs formels, un président américain nouvellement élu, en place pour quatre ans, possède un avantage significatif dans l'exercice du pouvoir sur un président français qui se situe dans un cycle présidentiel long, mais dont la légitimité s'épuise. En d'autres termes, un Ronald Reagan ou un Bill Clinton, dans la première année, pourrait bien être un chef plus puissant qu'un François Mitterrand dans la cinquième année (sans parler de la treizième !) de son mandat, et cela malgré les limites apportées aux pouvoirs formels des chefs de l'exécutif américain.

Cette analyse implique que, comme pour le président américain et le Premier ministre britannique, le pouvoir présidentiel français est limité par des freins politiques, dont le plus important est la capacité du président à maintenir sa popularité dans l'électorat et son influence sur la majorité gouvernementale au Parlement. Même avec une majorité solide au sein d'un Parlement relativement faible, le président est contraint par la

1. Voir John T.S. Keeler, « Executive Power and Policymaking Patterns in France : Gauging the Impact of the Fifth Republic », *West European Politics*, Octobre 1993.
2. Paul Light, *The Presidents, Agenda : Domestic Policy Choice from Kennedy to Carter*, Baltimore, Johns Hopkins University Press, 1982.
3. Paul Brace et Barbara Hinckley, *Follow the Leader : Public Opinion Polls and the Modern Presidents*, New York, Basic Books, 1992.

relation qu'il entretient avec « son » Premier ministre, par les chefs de la majorité parlementaire, et par l'efficacité de ses initiatives politiques [1]. Bien sûr, en France, les présidents sont aussi limités par les manifestations de rue. La faiblesse de la présidence française, rarement évoquée, réside dans le fait que l'abondance de pouvoirs institutionnels et le manque apparent de contraintes formelles semblent encourager tout président à sous-estimer les véritables contraintes politiques qui pèsent sur le pouvoir présidentiel. À commencer par les défis posés à de Gaulle lors de la grève des mineurs de 1963, chaque président a été obligé de supporter le retrait humiliant de projets qui ne pouvaient être menés à bien [2].

Du point de vue américain, le débat constitutionnel met l'accent sur certains aspects du système français qui paraissent clairement bénéfiques si l'on souhaite maximiser le potentiel institutionnel d'un pouvoir efficace et peut-être responsable. Que l'on estime ou non que des armes institutionnelles telles que le 49-3 ou le 44-3 (le vote bloqué) ont été trop utilisées, il est difficile de nier qu'elles permettent au président français (et au Premier ministre), contrairement au président américain, de contrôler l'élaboration des lois dans de telles proportions qu'aucun doute n'est possible sur l'attribution de la responsabilité du succès ou de l'échec d'innovations politiques. Ainsi qu'on le constate aujourd'hui, les présidents américains sont souvent critiqués pour les résultats d'un processus législatif sur lequel ils exercent seulement un faible contrôle. En effet, les instruments constitutionnels qui ont été inscrits dans la Constitution française en 1958 devaient fournir un « remède » à certains problèmes similaires dans l'élaboration responsable des politiques publiques, qui sont endémiques au sein du système américain, en particulier le problème de majorités parlementaires fragmentées et peu disciplinées. S'inspirer du modèle français permettrait, par conséquent, de clarifier les responsabilités, de rendre les pouvoirs du président américain plus conformes aux attentes et aux aspirations des citoyens, et ainsi

---

1. Voir Ezra Suleiman, « Presidential Government in France », dans Richard Rose et Ezra Suleiman, *op. cit.*
2. Voir le numéro double spécial de *French Politics and Society,* été-automne 1994.

de rendre plus rationnelles les évaluations par les citoyens de la performance présidentielle.

Il est intéressant de remarquer qu'un débat suivant ces mêmes lignes de fracture occupa l'Association américaine de science politique aux États-Unis au début des années 1950. Les politologues américains ont longtemps été très critiques vis-à-vis du système de séparation des pouvoirs [1]. Le rapport publié en 1950 par l'Association américaine de science politique (APSA) reflétait parfaitement cette tradition : « Vers un système à deux partis plus responsable : un rapport de la commission des partis politiques de l'Association américaine de science politique [2]. » Dans ce rapport, la commission défendait l'idée qu'il serait « plus réalisable » de changer le système de partis que de modifier la Constitution, et que des partis renforcés deviendraient un lien entre les branches séparées qui changerait la nature fondamentale de tout le système [3]. Des partis politiques renforcés, programmatiques, produiraient des politiques publiques argumentées sur lesquelles les candidats s'engageraient et les électeurs auraient des choix clairs à faire sur des buts clairs le jour de l'élection.

Ainsi, en 1950, le rapport de l'APSA, à la recherche d'un gouvernement responsable, défendait l'argument que des partis plus forts produiraient des chefs parlementaires plus responsables, alors que les auteurs de la Constitution française, quelques années plus tard, firent l'hypothèse que les partis resteraient faibles et fragmentés et choisirent de renforcer la responsabilité de l'exécutif en modifiant la Constitution. Au total, l'ingénierie constitutionnelle de la Cinquième République eut pour résultat, entre autres, de faire émerger des partis présidentiels forts, à l'image des partis défendus par le rapport de l'APSA.

1. Voir Woodrow Wilson, *Congressional Government : A Study in American Politics*, 1885.
2. *American Political Science Review*, 44 (3), supplément, septembre 1950, 2ᵉ partie.
3. Pour un examen du rapport et des contributions publiées à la suite du rapport, voir Evron M. Kirkpatrick, « Toward a More Responsible Two-Party System : Political Science, Policy Science or Pseudo-Science ? », *American Political Science Review*, 65 (4), décembre 1971.

CONTRASTE : LE MODÈLE BRITANNIQUE

En tout cas, le système britannique de gouvernement partisan a bien été un modèle implicite à la fois pour les réformateurs français et américains. Selon les critiques français et américains de leur propre système, le modèle britannique a donné l'exemple parfait d'un gouvernement démocratique stable, responsable et capable de réagir [1]. Le gouvernement de parti britannique offre un choix clair aux électeurs au moment du vote, ainsi que les moyens de mener à bien les réformes promises dans les programmes électoraux, et la souplesse de fonctionnement qui permet de faire se retirer les responsables politiques qui ont épuisé leur légitimité. En un sens, les armes constitutionnelles introduites dans la Constitution de la Cinquième République servaient de substitut fonctionnel au rôle joué par les partis politiques dans le système britannique. Pour plusieurs générations de chercheurs américains, le modèle britannique a constitué l'échelle de valeur selon laquelle on évaluait l'efficacité et la responsabilité de tout gouvernement, même quand ils soutenaient que ce modèle était inapplicable aux États-Unis [2].

L'attirance pour le modèle britannique a diminué cependant, en partie à cause de son évolution pendant les vingt dernières années, et en partie parce que les réformateurs se sont plus préoccupés dans la période récente de la question de l'abus de pouvoir du gouvernement. Du point de vue français, la division et l'éclatement du système de partis britannique dans les années 1970 ont remis en question la capacité du système à produire des gouvernements forts et efficaces [3]. La décennie de gouvernement Thatcher pendant les années 1980 a interrompu, au moins provisoirement, ce phénomène, mais le pouvoir fort exercé par le Premier ministre pendant cette période a soulevé des questions importantes (semblables à celles qui ont pu se poser en France à certaines époques) sur le manque de limites apportées au pouvoir exécutif, une préoccupation très américaine :

1. Voir Maurice Duverger, « L'éternel marais. Essai sur le centrisme français », *Revue française de science politique,* 14 (1), 1964, p. 33 et Evron M. Kirkpatrick, art. cité.
2. Voir Leon Epstein, « What Happened to the British Party Model ? », *American Political Science Review,* 74 (1), mars 1980.
3. Voir l'analyse de L. Epstein, art. cité.

« Alors que les réformateurs constitutionnels américains songent aux vertus d'une fusion des pouvoirs, les réformateurs britanniques aspirent à la séparation. Ils veulent libérer le Parlement. Ils veulent une Constitution écrite. Ils ont enfin achevé l'élaboration de commissions parlementaires, ils souhaitent augmenter le nombre des administrateurs, et étendre leurs pouvoirs d'enquête et de surveillance. Ils exigent le droit d'auditionner des témoins en commission... Avant de succomber au mythe romantique des avantages du régime parlementaire, les Américains seraient bien avisés d'écouter ceux qui doivent vivre avec les réalités de l'ordre parlementaire [1]. »

La période post-thatchérienne a aussi mis en lumière une autre faiblesse du modèle britannique : l'épuisement de légitimité. En 1994, après avoir remporté les élections législatives du printemps 1992, John Major est devenu le Premier ministre le plus impopulaire de l'histoire britannique. Pourtant, il est resté à son poste, avec un profil exécutif faible, obligé de faire des compromis ou de renoncer à certaines de ses priorités législatives les plus importantes.

Le maintien au pouvoir d'un Premier ministre dont la légitimité était à l'évidence épuisée a fourni, une fois de plus, l'occasion de mettre en lumière la nature politique changeante des principes constitutionnels britanniques. Après tout, Margaret Thatcher est restée au pouvoir pendant au moins deux ans durant lesquels les sondages indiquaient que sa légitimité s'était évanouie. Quoi qu'il en soit, les conservateurs étaient peu enclins à changer de Premier ministre, étant donné la faiblesse d'une opposition divisée et l'absence d'un responsable au sein du parti qui constitue une alternative évidente. D'une manière un peu différente, la période Major depuis 1992 rappelle les années 1970, quand James Callaghan demeura en poste, bien qu'il ait subi plusieurs défaites sur certains projets clefs de son gouvernement.

En pratique, la faiblesse du modèle britannique semble résider dans le fait que le Premier ministre est, dans un cas de figure, trop puissant et non encadré, à cause du manque de freins institutionnels réels; dans l'autre cas de figure, il est trop dépendant de la majorité parlementaire sans être capable de

---

1. Arthur M. Schlesinger Jr, « Leave the Constitution Alone », dans Arend Lijphart (ed.), *Parliamentary Versus Presidential Government,* Oxford, Oxford University Press, 1992, p. 92.

discipliner effectivement cette majorité quand le système de partis est divisé ou quand le parti au pouvoir manque de cohésion.

Comme pour le président américain ou le président français, la capacité du Premier ministre britannique à exercer pleinement son pouvoir est limitée par son habileté à mobiliser ses soutiens législatifs. Dans le cas américain, ce soutien varie d'un problème à l'autre, et traverse les frontières partisanes ; dans le cas français, ce soutien est normalement mobilisé et maintenu au sein de la coalition gouvernementale avec l'aide du Premier ministre et grâce à l'utilisation de certaines armes constitutionnelles ; dans le cas britannique, ce soutien doit être normalement trouvé au sein du parti au pouvoir. Alors que les Premiers ministres forts dominent le parti et ses structures organisationnelles, un Premier ministre faible tel que John Major se retrouve dans une position peu enviable : il doit négocier en permanence le soutien de son parti sur les questions importantes.

CONCLUSION

Quelles conclusions générales pouvons-nous tirer sur la dynamique de la capacité présidentielle à l'exercice du pouvoir en ayant examiné les cas de la France et des États-Unis ? En premier lieu, les institutions font vraiment la différence. Quand ils sont soutenus par une majorité à l'Assemblée nationale, les chefs de l'exécutif sous la Cinquième République exercent des pouvoirs qui les placent dans une position beaucoup plus favorable que celle de leurs homologues américains pour remporter des succès législatifs. De tels succès ne sont pas forcément suffisants pour faire une réputation de responsable efficace, mais cela aide beaucoup. De plus, les ensembles différents de ressources qui sont à la disposition des présidents dans les deux systèmes encouragent le développement de différents types de savoir-faire au pouvoir. On attendrait des présidents français qu'ils adoptent une attitude qui les place « au-dessus des partis », mais en réalité le mode de leur accession au pouvoir et leur pratique s'appuient substantiellement sur leur capacité à mobiliser le soutien de leurs élites partisanes au changement programmatique qu'ils entendent mettre en œuvre. Alors que les présidents américains doivent aussi faire preuve d'une aptitude à traiter réellement avec ces élites, la faiblesse des partis américains rend la réputation du pouvoir présidentiel plus dépendante de l'aptitude à négocier avec des acteurs parlementaires partiellement autonomes et à communiquer utilement au travers des médias avec le grand public.

En second lieu, aucune formule institutionnelle ne peut garantir l'efficacité du pouvoir à élaborer les politiques publiques. Le système français de la Cinquième République empêche normalement le blocage à l'américaine, mais il ne produit souvent rien de plus que des programmes imposés dont le destin est d'être attaqués pour leur inaptitude à résoudre les problèmes et leur manque d'assise consensuelle. Par contraste, le système américain prévient contre ce qui est considéré comme les dérives néo-monarchiques du système français, mais il produit fréquemment plus de non-décisions que de solutions consensuelles. Dans tous les cas, l'exercice du pouvoir sera réputé réussi autant par des conditions structurelles favorables et des qualités personnelles que grâce aux institutions.

En troisième lieu, il paraît difficile de nos jours de construire une réputation d'exercice du pouvoir réussi, quel que soit le contexte institutionnel. Avec des médias qui apportent un éclairage sans précédent sur les échecs personnels des chefs de gouvernement, avec des économies qui évoluent selon des courbes molles, à cause de facteurs qui échappent au contrôle national, avec des équilibres démographiques qui amplifient les coûts du maintien des systèmes traditionnels de protection sociale, avec l'effritement du ciment idéologique qui unissait les partis sous le poids de problèmes publics insolubles, les présidents et les Premiers ministres doivent faire face à des défis redoutables dans chaque système. Le travail qui attend les politistes est de ce point de vue non seulement d'aider les « ingénieurs » constitutionnels à tirer le maximum de la perspective d'un pouvoir efficace, mais aussi d'éduquer le public afin qu'il reconnaisse qu'on ne peut valablement blâmer les tenants du pouvoir chaque fois que ses attentes ne sont pas satisfaites.

Martin A. SCHAIN
John T.S. KEELER

OBSERVATIONS

Martin A. Schain et John T.S. Keeler nous invitent à comparer de manière plus systématique que cela n'a été fait jusqu'à présent l'institution présidentielle des deux pays. Ils ont raison : les études comparatives ne sont pas fréquentes en France ; elles ne le sont pas non plus aux États-Unis. L'analyse comparative pourrait mettre en perspective la présidence américaine, notamment aux yeux des étudiants américains. Beaucoup d'excellents manuels de *American Government* gagneraient à montrer explicitement ce qu'il y a de spécifique dans les institutions qu'ils décrivent : *eslsewhere it's different...*

Les auteurs de ce livre montrent à quel point l'analyse des institutions françaises est enrichie par un questionnement comparatif. Le travail de Schain et Keeler, si éclairant, me suggère une question préalable : quand on critique, en France comme aux États-Unis, la relative inefficacité de la présidence, le reproche s'adresse-t-il à l'institution ou à son titulaire ? Le partage est parfois difficile à faire.

Lorsqu'on constate la difficulté qu'il y a à exercer un leadership efficace à la Maison-Blanche, on pense surtout à Jimmy Carter, puis à Ronald Reagan et à George Bush ; était-ce également vrai de John Kennedy, de Lyndon Johnson, de Richard Nixon pendant son premier mandat ? Il est difficile, en France comme aux États-Unis, de séparer l'institution de son titulaire. Et il faut se rappeler que la présidence présente en France, de ce point de vue, deux particularités.

Première particularité : la jeunesse de l'institution. Dans le cadre de la Cinquième République, la présidence de la République, modifiée par la révision institutionnelle de 1962, n'a que trente ans − la présidence américaine est bicentenaire. À l'aune de l'histoire des États-Unis, et si cette comparaison était légitime, nous serions dans les années 1820, sous la présidence de James Monroe, cinquième titulaire, à un moment où la fragilité de la présidence et de l'édifice institutionnel tout entier paraissait encore très grande. Adaptabilité, plus que fragilité, cependant : œuvre des « fédéralistes », partisans d'un pouvoir relativement fort et centralisé, le régime avait résisté à l'alternance qui avait conduit au pouvoir les partisans d'un pouvoir relativement faible et décentralisé. Les circonstances avaient

— 258 —

conduit ceux-ci, de la même manière que François Mitterrand, quatrième président de la Cinquième République, – ou leur caractère, peut-être, de la même manière peut-être que pour François Mitterrand – à revêtir des habits qui n'avaient pas été taillés à leur goût, et à exercer sans guère d'hésitation la plénitude du pouvoir dont ils pouvaient disposer.

Deuxième particularité : la plasticité, déjà évoquée, d'une institution dont le titulaire est unique, et cela pendant des périodes relativement longues. Une institution collective ou collégiale, un Parlement, une commission, un gouvernement, un tribunal à plusieurs membres peuvent certes subir l'influence d'une forte personnalité – les évolutions sont généralement plus lentes, moins immédiatement apparentes. Personnalité et circonstances ont un poids particulier lorsqu'on analyse la présidence des États-Unis. Le rôle est sans doute défini en termes de droit constitutionnel et a été construit par l'histoire, mais celui qui le joue, l'interprète et le façonne à son tour. Pour ce qui est de la France, lorsque François Mitterrand achèvera son second mandat, en 1995, la présidence avec élection directe au suffrage universel aura un peu plus de trente ans, dont quatorze auront été les siens – six ans de plus qu'aucun président américain, sauf Franklin Roosevelt. C'est dire à quel point, lorsque nous nous penchons sur la présidence française, nous nous attachons en fait à celle de François Mitterrand. *The past is prologue.* Comment imaginer le style de son successeur ? À quel point celui-ci sera-t-il lié par les précédents ?

L'analyse de Richard Neustadt de la présidence américaine, rappelée par Schain et Keeler, est-elle applicable à la France ? Permet-elle de mieux comprendre l'exercice des fonctions présidentielles par leurs titulaires français ? J'en suis persuadé. Pourquoi est-elle si mal connue, si peu utilisée ? Je le regrette d'autant plus que c'est à mon initiative que le livre de Neustadt [1] avait été traduit, et que ma préface en signalait l'intérêt. Sans doute les premières analyses de la présidence de la Cinquième République étaient-elles dues, on ne s'en étonnera pas, à des juristes ; peut-être aussi les nouvelles institutions paraissaient-elles à ce point spécifiques que la comparaison à partir

---

1. *Presidential Power.* Première édition française : *Les pouvoirs de la Maison Blanche*, Paris, Seghers, 1968 *(Vent d'Ouest).*

du schéma de Richard Neustadt ne semblait pas féconde. Il est vrai, en outre, que le fonctionnement de l'institution présidentielle s'opère dans des cadres très différents aux États-Unis et en France. Le président des États-Unis agit dans un système de partis stable. Ses ressources dépendent d'institutions modelées par les deux partis, alors qu'en France, si chacun des partis est le plus souvent discipliné pour l'essentiel, l'instabilité des partis mêmes a été une constante de la vie politique, à gauche comme à droite et au centre. Le président des États-Unis, Neustadt le montre, n'a guère d'autorité hiérarchique : rares sont les administrations auxquelles il peut donner des ordres en sachant qu'il sera obéi. Il lui faut donc user de son pouvoir de persuasion – moins de son aptitude à convaincre de la justesse de ses positions que de celle à faire comprendre que l'intérêt de ses interlocuteurs est de se conformer à ses demandes. Cette aptitude dépend de son prestige, de sa réputation professionnelle, de ses relations avec la presse, de son pouvoir de négociation, et, bien entendu, de sa personnalité.

La capacité de négociation du président des États-Unis, il faut rappeler à quel point elle s'exerce dans un système de partis caractérisé à la fois par la stabilité et par l'inconsistance. La négociation se fait, pour l'essentiel, avec les groupes parlementaires des deux chambres du Congrès, avec les présidents des commissions et des multiples sous-commissions, qui ont de véritables pouvoirs d'obstruction, voire de veto, qu'ils appartiennent au parti du président ou au parti adverse. En l'absence de partis organisés en dehors du Congrès, le président et ses collaborateurs doivent négocier, surtout depuis les réformes des années 1970 et 1980, avec des dizaines, parfois des centaines de parlementaires, les convaincre, acheter leur vote en faveur des projets politiquement importants par des concessions sur d'autres projets ou des avantages accordés à leur circonscription ou à leur État.

Ce système fragmenté présente des inconvénients graves, et même des risques de paralysie, mais il oblige le président des États-Unis à constamment entendre, directement ou indirectement, un très grand nombre d'interlocuteurs divers. Si la « démocratie délibérative » chère à Olivier Duhamel existe peu en France, c'est peut-être que le président de la République n'est pas soumis à cette contrainte : il a peu d'interlocuteurs obligés.

Le président de la République élu en 1981 doit certes tenir compte des dirigeants du Parti socialiste, mais c'est lui qui les désigne : il choisit alors son successeur comme premier secrétaire du parti, les présidents des deux groupes parlementaires, le président de l'Assemblée nationale, en plus du Premier ministre et des membres du gouvernement, qui comprend les chefs de tous les courants du parti et des représentants des formations alliées. Le dialogue avec eux existe, bien entendu, mais il est nécessairement marqué d'une inégalité fondamentale. Quant à l'opposition, elle est rejetée dans les ténèbres — et ce n'est pas une vraie innovation en 1981.

Quel que soit son pouvoir, le président des États-Unis est constamment sur le qui-vive, contraint de discuter avec des responsables politiques qui ne sont pas ses obligés, qui peuvent exprimer des opinions différentes des siennes et lui résister. Certaines institutions organisent la confrontation de points de vue différents, dans le secret des délibérations, et parfois sur des sujets très importants. Le rapport Tower a montré à quel point, au sein du Conseil national de sécurité, le président peut être contredit, avec une liberté de ton difficile à imaginer en France, et à quel point le processus décisionnel peut y être de fait collégial et délibératif.

L'exemple américain conduit à souhaiter que le président de la République française soit parallèlement doté d'interlocuteurs politiques et institutionnels qu'il ne puisse pas facilement éviter : la nature même de ses fonctions tend, pour peu que son caractère l'y pousse, à lui faire rechercher le contact avec ses admirateurs plus qu'avec ceux qui lui déplaisent. Le président y gagnerait, le fonctionnement du régime aussi. Vœu pieu ?

Serge HURTIG

EN GUISE DE CONCLUSION

SUR LA FRANCE PRÉSIDENTIELLE

1. Nicholas Wahl a intitulé cette réflexion « la France présidentielle » et nous avons tous considéré que ce titre allait de soi. Il me semble cependant qu'il n'est pas inutile de s'y arrêter un instant.

« La France présidentielle » évoque naturellement les trente ans pendant lesquels les institutions de la France ont connu un président de la République élu au suffrage universel et, à ce titre, nous incite à centrer nos débats sur les conséquences que ce changement institutionnel de première grandeur a eues pour le fonctionnement du système politique français.

Mais n'est-ce pas réduire exagérément la portée de notre réflexion que de se tenir à une interprétation strictement institutionnelle du titre de notre colloque ? Dans *La France présidentielle* n'avons-nous pas un peu trop négligé le substantif au profit de l'adjectif ? Ne serait-il pas souhaitable, pour apprécier exactement l'influence des institutions, de nous interroger sur l'évolution de la France pendant cette période et sur l'état de la France au bout de ces trente ans ? Je me contenterai de quelques notations qui rappelleront, me semble-t-il, l'arrière-plan que nous ne devons pas perdre de vue. Dans quel état se trouve la France « présidentielle » par rapport aux autres « France » qui l'ont précédée ? Certes, la France connaît aujourd'hui des difficultés conjoncturelles sérieuses et je n'ai pas besoin de m'étendre sur le drame que constitue le chômage, surtout le chômage des jeunes, depuis trop d'années. Certes, il reste dans ce pays un besoin considérable de modernisation dans un certain nombre de secteurs clefs. Mais personne ne peut nier que le déclin de la France qui a, dans l'ensemble, marqué la période de 1918-1958 – de 1918 à 1946 en tout cas – est enrayé depuis 1958. Sans doute la France n'est-elle plus au tout premier rang des puissances mondiales, mais elle reste dans le peloton de tête, en quatrième ou cinquième position suivant les indicateurs. Surtout, la France est aujourd'hui relativement exemplaire du point de vue de ce qu'on pourrait appeler le triangle magique ou le triangle d'or des pays européens avancés, la combinaison de la démocratie politique, du dynamisme économique et de la protection sociale. Triangle rare dans le monde – beaucoup de pays développés sont aujourd'hui privés de l'un ou l'autre de ses côtés – mais triangle essentiel car il est au cœur de l'identité française et de l'identité européenne. Sans m'étendre davantage, il n'est sans doute pas inutile de signaler que la France « présidentielle » n'a rien à envier à cet égard à la France « parlementaire » qui l'a précédée. Le changement des institutions n'est peut-être pas responsable de cette consolidation, voire de ce progrès. Mais il n'y a pas fait obstacle.

2. S'il n'est pas inutile de considérer l'état de la France pour apprécier l'effet de ses institutions, il n'en reste pas moins que dans *La France présidentielle* notre colloque devait être naturellement amené à privilégier l'adjectif par rapport au substantif et à « revisiter » la présidence de la République. Je dis la présidence et non les présidents par fidélité à la logique de science politique qui a guidé nos débats. Mais cette logique ne doit pas nous interdire de relativiser la présidence comme institution. La relativiser par rapport à ses titulaires qui ne pouvaient manquer de marquer de leur sceau personnel une institution aussi personnalisée. La relativiser par rapport aux circonstances qui l'ont également marquée, qu'il s'agisse de la guerre d'Algérie, de mai 1968, de la crise économique ou de l'effondrement de l'empire communiste. Mais la relativiser aussi, plus peut-être qu'on ne l'a fait dans ce colloque, par rapport à l'héritage institutionnel des républiques passées. Car la présidence de la République n'est pas née en France en 1962. Ni même en 1958. Si elle prend une dimension nouvelle

avec la Cinquième République, elle comporte dès 1958 un statut et un rôle assez contraignants pour son premier titulaire du seul fait de la tradition institutionnelle française. Même s'il le voulait – ce dont je doute – de Gaulle ne pouvait pas faire abstraction en 1958 d'une grande partie de ce qui fait le contenu historique de la présidence à la française. Dès l'origine, en effet, le président de la République est en France le chef de l'État et, compte tenu de ce qu'est l'État en France, cela le conduit à ne pas se considérer ni être considéré comme un « leader » élu. Cette prénotion n'a pas été effacée par trente ans de présidence élective. Elle marque encore profondément les attentes des citoyens et du personnel politique. Lorsque nous comparons le président français aux autres chefs de l'exécutif des grands pays démocratiques, nous ne devons pas oublier que son rôle a d'abord été façonné, dans une certaine mesure, par Mac-Mahon, Fallières ou Coty avant de l'être par le général de Gaulle et François Mitterrand.

3. Cette institution qu'il convient de relativiser par rapport à ses titulaires, aux événements qui l'ont marquée et à la tradition institutionnelle française, n'en est pas moins une institution clef qui a introduit une novation extraordinaire dans le paysage politique français.

Parce que c'est la clef de voûte du système établi en 1958, pour reprendre l'expression de Michel Debré, en raison des pouvoirs effectifs et latents du président de la Cinquième République. Et ce colloque nous a très heureusement rappelé que, suivant la façon dont on lisait le texte constitutionnel, suivant la qualité de l'interprète et de l'interprétation, le texte de 1958 pouvait se révéler, même dans ses aspects les plus anodins, gros d'extraordinaires pouvoirs. Mais c'est surtout en 1962 que cette clef de voûte, qui tirait beaucoup de sa force de la puissance personnelle de son premier occupant, a été institutionnalisée. C'est à ce titre que l'anniversaire que nous avons fêté en 1992 est bien celui de la deuxième naissance de la Cinquième République. Qui en douterait aujourd'hui ? À gauche comme à droite, personne ne remet ouvertement en cause la réforme de 1962 qui paraît s'inscrire dans « la nature des choses ». Lorsqu'elle fut proposée par de Gaulle, faut-il le rappeler, elle coalisa contre elle la majorité de l'Assemblée nationale élue en 1958, qui censura le gouvernement Pompidou, et tous les partis, de l'extrême gauche à l'extrême droite, à l'exception du parti gaulliste et d'une poignée de ralliés. Le peuple fut plus clairvoyant puisque, le 28 octobre 1962, la réforme fut adoptée par plus de 62 % des suffrages exprimés, le *non* ne récoltant pas la moitié des votes qui s'étaient portés en 1958 sur les partis qui le préconisaient quatre ans plus tard.

4. Institution clef, la présidence de la République reste pourtant une institution paradoxale et cela constitue la deuxième grande conclusion de notre réflexion. Elle est paradoxale parce qu'elle est à la fois le symbole et l'instrument de la modernisation politique et de l'archaïsme politique français. On peut « lire » la présidence, « penser » la présidence, en fonction de ses virtualités modernisatrices comme on peut le faire en fonction de ses virtualités archaïsantes, voire réactionnaires. Pour apprécier comment ces virtualités se sont effectivement traduites dans la politique française, je crois que la meilleure grille de lecture, dans sa forte simplicité, est celle que nous a proposée Olivier Duhamel en distinguant la démocratie gouvernante et la démocratie délibérative – que j'appellerais volontiers, pour ma part, démocratie citoyenne. Mais on ne peut faire l'économie d'une analyse historique si l'on veut apprécier, dans ces deux dimensions, la signification de l'institution présidentielle française et faire apparaître le paradoxe qui continue de la marquer.

Pour ce faire, en essayant de ne pas tomber dans une vision trop polémique des événements, il me semble qu'on peut distinguer trois grandes périodes sous la Cinquième République, qui iraient respectivement de 1958 à 1969, de 1969 à 1983-1984 et de 1983-1984 à nos jours. La première, c'est celle de l'établissement de la démocratie gouvernante. Les choses commencent mal de ce point de vue car la première démocratie instituée par la Cinquième République n'est guère qu'une démocratie de ratification. Sans doute les citoyens interviennent-ils dans la politique nationale – et souvent très massivement comme aux référendums de 1958 à 1961. Mais ils interviennent après coup, pour approuver ou refuser les grands choix du président, pour ratifier plus que pour investir. C'est déjà un progrès par rapport à la situation réelle de l'électeur français sous la Quatrième République, qu'on pourrait qualifier avec Maurice Duverger de « démocratie sans le peuple » et qu'on peut effectivement présenter comme une démocratie confisquée.

Sous la république parlementaire, les apparences étaient certes on ne peut plus démocratiques : les électeurs votaient régulièrement et librement. Mais, en fait, ils distribuaient les cartes et leur rôle s'arrêtait là. Après s'être recensés dans une élection où chacun indiquait ses préférences politiques, ils assistaient, impuissants et politiquement « aliénés », à la composition, la recomposition et la décomposition d'une vie parlementaire qui n'avait qu'une très faible traduction gouvernante. S'il n'y avait pas eu, à côté du Parlement, une administration autonome, une techno-structure habile pour permettre le redémarrage du pays, celui-ci n'aurait certainement pas reconquis les bases de son expansion. Le retour de De Gaulle consacre l'effondrement de cette démocratie limitée par la confiscation parlementaire. Mais le pendule va très loin dans le sens de la confiscation présidentielle ou gouvernementale. S'il y a démocratie, c'est par la ratification plébiscitaire et « le principat n'est libéral qu'en raison de la personnalité du prince ». C'est la renaissance du débat politique à la fin de la guerre d'Algérie qui bouleverse la situation en 1962 et pousse de Gaulle à une « relance » institutionnelle. Par le miracle d'une victoire massive mais non unanimitaire au référendum du 28 octobre (62,2 % contre 82,6 % le 28 septembre 1958 et 90,8 % le 8 avril 1962), de Gaulle est condamné à s'engager dans la voie d'une démocratie majoritaire. À contrecœur, ce n'est pas ce qu'il a voulu. Mais il joue le jeu et il deviendra à partir de 1962 et jusqu'en 1969, bien que cela lui pèse, un « semi-leader majoritaire » ou, mieux, un « leader semi-majoritaire », comme le confirme le ballottage de 1965 où il ne recueille que 44,6 % des voix au premier tour avant d'en obtenir 55,2 % au second. Cela lui pèse et on peut penser qu'il se sent plus conforme à son essence et à sa stature quand il peut volontairement refermer sur lui la porte du tombeau politique en 1969 après son échec référendaire, afin de ne plus se retrouver prisonnier des péripéties électorales et de leurs décomptes politiciens. C'est pourtant pendant cette période que s'est installée la démocratie gouvernante et qu'elle a constitué une part essentielle de la France présidentielle en donnant aux Français l'occasion de choisir clairement un gouvernement et une politique à l'occasion des élections législatives de 1962, 1967 et 1968 et de l'élection présidentielle de 1965. En revanche, pendant cette première période, la démocratie gouvernante s'établit sans, voire contre, la démocratie citoyenne.

Il suffit de considérer le statut de l'information, comme le rappelle très bien Roland Cayrol, ou le manque de légitimité des partis de la majorité gaulliste aux yeux mêmes de leur inspirateur pour comprendre que la démocratie gouvernante naissante n'a pas bénéficié des instruments de la mobilisation citoyenne. Elle s'est établie et s'est développée contre la volonté profonde de ses premiers bénéficiaires, qui souhaitaient « dépolitiser l'essentiel national », par la logique propre des institutions et sans appel réel à la participation active et constante des citoyens.

5. De 1969 à 1983-1984, on entre dans une tout autre période, celle de la modernisation démocratique, dont les acteurs sont, au pouvoir, Georges Pompidou et Jacques Chaban-Delmas puis Valéry Giscard d'Estaing, qui remettent en valeur la participation politique et président à la structuration partisane de la coalition de la droite et du centre-droit, et, dans l'opposition avant d'accéder à la présidence, François Mitterrand qui joue un rôle majeur pour que la démocratie gouvernante s'accompagne d'une démocratie citoyenne en donnant à la gauche divisée les instruments d'une mobilisation à vocation majoritaire. C'est le moment où se consolident face à face la présidence majoritaire et la contre-présidence à vocation majoritaire, participant l'une et l'autre de la démocratie gouvernante moderne qui ne connaît pas de changement majeur d'orientation politique en dehors du choix direct de l'électorat et qui repose, comme Pierre Avril le souligne, sur le fonctionnement d'un système de partis simple et significatif. Toutes les forces concourent alors à la mobilisation des soutiens autour de la conquête et de la conservation de la Présidence d'opinion, suivant l'excellent terme de Roland Cayrol. On enregistre parallèlement un élargissement progressif de l'État de droit, sensible dans la « nouvelle société » de Jacques Chaban-Delmas, poussé plus loin encore dans les premières réformes de la présidence Giscard d'Estaing, sous le gouvernement de Jacques Chirac, et notablement accéléré après l'accession au pouvoir de François Mitterrand. On observe enfin l'intégration non moins régulière et non moins progressive de l'espace politique français dans une communauté européenne qui introduit une dimension supplémentaire dans le jeu démocratique. Au total, une modernisation démocratique profonde qui permet au régime de fonctionner

d'une manière très différente de celle qu'imaginaient ses partisans ou ses adversaires dans les années 1958-1962. Cette « divine surprise » de la Cinquième République ne risque-t-elle pas aujourd'hui d'évoquer un âge d'or révolu ?

6. La troisième période, qui va de 1983-1984 à nos jours, est marquée en effet par un certain retour à l'ambiguïté. Sans doute enregistre-t-on pendant cette période quelques approfondissements significatifs de la démocratie citoyenne — notamment dans l'État de droit ou dans la constitution d'un espace politique européen plus intégré, éléments de modernisation politique évidents. Mais on observe en même temps une régression préoccupante du point de vue de la démocratie gouvernante. En acceptant de paraître un peu polémique dans ma formulation, je dirai que François Mitterrand a joué trois mauvais tours aux institutions de la Cinquième République rénovées en 1962. Le premier constitue le tournant de 1983-1984, lorsque le président change profondément de politique, et même de majorité, sans faire intervenir les électeurs, sans passer un nouveau contrat avec les Français. Cette pratique me paraît un recul, même par rapport à la démocratie de ratification des premières années de la présidence gaullienne. En 1958, de Gaulle passe un pacte initial avec les Français en croyant sans doute et en laissant croire en tout cas que l'Algérie pourrait demeurer plus ou moins française. Deux ans plus tard, il reconnaît que « la République algérienne existera un jour ». Mais le référendum du 8 janvier 1961 lui permet de montrer aussitôt que ce tournant fondamental est ratifié par les Français. Ceux qui estimaient depuis 1959-1960 que de Gaulle leur avait « volé le 13 mai » et n'était qu'un usurpateur, découvrent alors à leurs dépens que ce fameux 13 mai n'était qu'une péripétie, dont la signification et la portée leur échappent *a posteriori* et qui n'a été que l'occasion et non l'élément constituant du pacte fondateur. Ceux qui ont cru en 1981 que la gauche au pouvoir ferait disparaître, en chassant « les gens du château », le chômage et l'inflation et qui se retrouvent en 1983 devant l'aggravation de la crise et l'instauration d'un « barrisme de gauche », ont eu le même sentiment d'être trompés : on leur a volé le 10 mai... Le président aurait certainement pu tenter de les convaincre du bien-fondé de son

grand tournant économique. Il a reculé devant l'épreuve de vérité.

Le deuxième mauvais tour est celui de 1985-1986, lorsque l'on remplace le mode de scrutin majoritaire, constitutif de la démocratie gouvernante depuis 1958, par la représentation proportionnelle dans le but d'empêcher un changement de majorité, même au prix d'une forte représentation de l'extrême droite antiparlementaire dont le pouvoir socialiste espérait qu'elle affaiblirait la coalition de droite. Il s'agit en somme de changer la règle du jeu pour que la volonté des électeurs ne puisse pas être complètement prise en compte, négation de la démocratie gouvernante, fût-ce au profit des adversaires du système démocratique, légèreté, à tout le moins, vis-à-vis de la démocratie tout court.

Le troisième mauvais tour intervient en 1988 avec la disparition du contenu proprement politique de la campagne présidentielle et le retour à une présidence « paternelle » ou, pour mieux dire, « avunculaire ». Il n'est sans doute pas innocent en effet que de Gaulle, familièrement appelé « le grand Charles », fût considéré comme un père et que François Mitterrand soit affectueusement appelé « tonton » par ses électeurs, avec la connotation anti-autoritaire que cette appellation comporte dans l'imaginaire familial français où, comme Jesse Pitts le rappelait jadis, « mon oncle » joue le collatéral irresponsable en face de la figure imposante du père. Or le candidat de 1988 n'a pas seulement sept ans de plus que celui de 1981. Il a laissé ses 110 propositions au vestiaire et se contente d'une *Lettre à tous les Français* qui ne les éclaire ni ne l'engage beaucoup sur ses intentions politiques. Bien plus, il annonce qu'il ne lui paraît pas nécessaire, ni peut-être même souhaitable, qu'un seul parti ait la majorité à l'Assemblée. Ce « désengagement » présidentiel, que lui reprochera publiquement Lionel Jospin, ne peut manquer d'entraîner une nouvelle régression de la démocratie gouvernante en réintroduisant un jeu politico-parlementaire plus ouvert et plus incertain, plus proche de la Quatrième République.

Les conséquences de ces mauvais tours sont claires aujourd'hui. C'est d'abord la crise du système de partis simple et significatif des années 1970 avec la division de la gauche, le déclin des partis à vocation majoritaire, l'irruption et l'enracinement du Front national et du mouvement écologiste. La crise de ce système partisan libère les ambitions purement personnelles et transforme les forces politiques en « écuries » présidentielles plus ou moins dopées par les sondages du moment.

Plus profondément encore, le « débrayage » de la présidence de la République par rapport aux grands courants politiques et à la direction de l'exécutif — débrayage particulièrement éclatant en période de cohabitation — s'accompagne d'un processus accéléré de démoralisation collective, au double sens d'une perte du moral et de la morale, et de la montée concomitante des désillusions et des conduites de retrait, de fraude ou de corruption qui traduisent le retour de l'aliénation politique.

Faudrait-il aller plus loin et parler du mauvais tour que les institutions finissent par jouer à François Mitterrand, par l'effet d'un double mandat trop long dont les dernières années ont parfois la tristesse d'une fin de règne ? C'est certainement l'impression que ressentent, en tout cas, ceux qui croient à l'importance capitale de la présidence dans le jeu politique français en voyant aujourd'hui une présidence sans avenir et sans autre projet que le respect des échéances institutionnelles. Lionel Jospin a eu le courage de poser publiquement la vraie question en 1992 : « La cohabitation, pour quoi faire ? » Question clef pour les institutions tout autant que pour la politique française. Faute d'y avoir répondu, François Mitterrand relance en fait la question institutionnelle que la réforme de 1962 paraissait avoir tranchée et redonne leurs chances aux partisans d'une France moins présidentielle que celle que nous avons connue depuis lors.

7. Ce retour de la question institutionnelle — qui s'est manifesté dans la création du Comité consultatif pour la révision de la Constitution — est naturellement relatif. Si François Mitterrand et une partie de ses amis retrouvent dans une certaine mesure leur culture politique initiale — celle de la république parlementaire — et renouent sans peine avec la pratique politique traditionnelle des radicaux français qui se font élire à gauche et gouvernent au centre ou à droite, il n'en reste pas moins que le carcan institutionnel de la Cinquième République empêche un retour trop marqué aux méfaits du parlementarisme à la française. Les institutions imposent leur logique propre et Michel Rocard comme Pierre Bérégovoy, qui ne disposaient que d'une majorité relative, ont sans doute gouverné

le pays avec plus de constance et d'efficacité que les meilleurs présidents du Conseil de la Quatrième République.

Faut-il se contenter de cela ? Cela serait, à mon avis, un recul par rapport à ce qu'a apporté la mutation présidentielle de la politique française, dans son âge d'or, en termes de démocratie gouvernante et de démocratie citoyenne. Il conviendrait donc de s'attaquer sérieusement au problème clef, celui de l'*accountability*. Nos discussions me paraissent avoir confirmé à cet égard l'importance de la durée du mandat, principal point dont on discute généralement et sans doute avec raison. Contrairement à d'autres, je suis de ceux qui croient que, si l'on veut que le mandat présidentiel soit un mandat démocratique, au sens fort du terme, il faut que ce soit un mandat politique, donc assez court et renouvelable. Pour que s'estompe quelque peu la notion de chef de l'État — avec sa double connotation monarchique et technocratique — au profit de celle de président-leader politique, il faut que le président incarne une ligne politique, se donne les moyens de la mettre en œuvre par une mobilisation adéquate et en soit clairement responsable devant les électeurs. Cela n'exclut pas, bien au contraire, qu'il soit un homme d'État, mais cela devrait exclure qu'il réduise son rôle à celui du monarque constitutionnel dans une monarchie parlementaire.

8. Pour conclure cette conclusion, il importe de revenir à la démocratie citoyenne, dont nous n'avons pas beaucoup parlé mais sur laquelle nos travaux ont peut-être été les plus intéressants. J'en retire l'idée que nous devons avoir d'urgence un chantier comparatif pour rechercher, dans l'expérience des grandes démocraties confrontées aux mêmes défis et aux mêmes difficultés que la démocratie française, des exemples de modernisation et d'approfondissement. Pour imaginer de nouvelles pratiques démocratiques en France, il faut certainement explorer la pratique parlementaire, la pratique de l'information, la pratique partisane, la pratique syndicale et associative, la pratique de la régionalisation, et bien d'autres encore, telles qu'elles existent chez nos partenaires en dehors de la France.

Cela ne suffira pas cependant. Le principal chantier que doit ouvrir la démocratie française se situe en amont. C'est celui de la re-création du citoyen. Chaque âge de la démocratie appelle un type de citoyen et donc un type d'éducation civique appropriés. Pour que la France présidentielle ne soit pas seulement le champ clos où s'affrontent à coup de sondages et d'astuces médiatiques des « écuries présidentielles » cimentées par la seule ambition, mais un espace démocratique ouvert à de véritables débats, où s'élaborent des projets alternatifs, il est plus qu'urgent de réapprendre le civisme aux électeurs et aux élus. De ce point de vue, en tout cas, l'état de la France présidentielle laisse aujourd'hui cruellement à désirer.

Alain LANCELOT

INDEX DES NOMS DE PERSONNES

Composé et achevé d'imprimer
par l'Imprimerie Floch
à Mayenne, le 19 janvier 1995.
Dépôt légal : février 1995.
Numéro d'imprimeur : 36810.
Imprimé en France.